ENCICLOPEDIA FAMILIAR DE LA SALUD

LA MADRE Y EL NIÑO 1

L. SCHULTZ-WILD / F. MUÑOZ LOPEZ

Ediciones
DANAE, s.a.
MUNTANER, 81 BARCELONA-11

Título del original alemán: DAS NEUE GROSSE BABYBUCH

Printed in Spain

Traducción al español:
Mauricio Wiesenthal

N.º de Registro 771

ISBN - 84-7060-122-9 (obra completa)
ISBN - 84-7060-124-5 (tomo I)
ISBN - 84-7060-206-3 (primera publicación)

Depósito Legal: B. 52.549-1976 (I)
Impresión: Publicaciones Reunidas, S.A.
Avda. Alfonso XII, s/n. Badalona (Barcelona)

Los editores desean testimoniar su agradecimiento a cuantos han colaborado en la ilustración de esta obra, especialmente a:
BOEHRINGER SOHN INGELHEIM, S.A.E.
NESTLÉ, S.A.
D. Enrique Torras.

PRÓLOGO A LA EDICIÓN ESPAÑOLA

Nunca se encarecerá bastante la necesidad de una divulgación seria, razonada y científica de todas las cuestiones relacionadas con la maternidad, el parto y la crianza del bebé. Es este un terreno en el que una información práctica, obtenida en el momento adecuado, puede ser de un valor inapreciable. El médico ginecólogo o el puericultor están ahí, ciertamente, para atender cualquier consulta; pero la maternidad es una tarea de todos los días y de todas las horas, y tan decisivos como los momentos de alarma o enfermedad son aquellos en que, aparentemente, todo está en calma.

Pero el problema no está en la falta de libros de divulgación sobre estos temas, sino en la falta de buenos *libros. En este aspecto, la obra de Lore Schultz-Wild puede decirse que es una grata excepción, por el orden riguroso que sigue, la sencillez y simpatía con que aborda el tratamiento de cada tema, y la intención explícita de dar una guía que sea de utilidad en todos los momentos y situaciones que puedan presentarse en la práctica, abarcando los más variados aspectos que van desde la estética hasta las relaciones sociales, sin descuidar las recomendaciones de orden médico, especialmente de carácter preventivo y de cuidados generales. En este sentido ha sido para mí una grata experiencia conocer cómo se plantean a las madres ciertas dudas y comprobar cómo trata de resolverlas una madre experta, culta y con un demostrado interés en conocer, lo más a fondo que es posible a un profano en medicina, los problemas de la maternología y la puericultura.*

Por ello ha sido para mí especial motivo de satisfacción el colaborar en la edición española del Libro de la madre y el niño. *Las supresiones y correcciones del original alemán han sido, ciertamente, pocas: las indispensables para matizar las opiniones de la autora a la luz de los adelantos más recientes en las técnicas ginecológicas y las últimas tendencias de la puericultura, amén de adaptarlas a nuestro ambiente, que difiere muchas veces en costumbres y en criterios. La diferencia más decisiva con el texto de la autora reside en la ampliación de lo referente a materias propiamente médicas, que suponen una aportación muy considerable y exclusiva de esta edición. Se ha querido lograr así una síntesis equilibrada entre las preocupaciones y los puntos de vista propios de una madre de familia, y la exposición, breve pero lo más completa posible, de la situación actual de la medicina en este importantísimo campo.*

Creo que de esta forma se contribuye a la difusión de conocimientos prácticos, y tengo la esperanza de que este libro sea de gran utilidad a las madres que lo adopten como obra de consulta.

DR. F. MUÑOZ LÓPEZ

PRÓLOGO A LA EDICIÓN ALEMANA

Todos los matrimonios jóvenes, cuando esperan un hijo, se preocupan por preparar al máximo este acontecimiento y temen siempre olvidar cualquier detalle que pudiera ser importante.

Por este motivo, los libros que se ocupan del bebé encuentran lectores especialmente atentos y críticos, sobre todo desde que los maridos ya no opinan que es «de poca hombría» el interesarse en estas cuestiones. Así pues, no debe extrañar que, una y otra vez, nuevos autores insistan en el tema. Nuestros conocimientos sobre los fenómenos de la vida aumentan continuamente y, del mismo modo, cambian o pasan de moda aquellos que hasta un momento antes se consideraban válidos. Muy difícilmente pueden encontrar los futuros padres, durante los nueve meses de espera, tiempo y ocasión para informarse de todas las novedades tranquilizadoras que la ciencia, la medicina y la técnica proporcionan.

Este Libro de la madre y el niño *quiere ser el consejero práctico del hogar desde el primer mes del embarazo hasta un año después del nacimiento del bebé, como mínimo. Si se le compara con los consejeros personales –demasiado humanos y, a menudo contradictorios–, el libro tiene la ventaja de estar en todo momento a mano; además, siempre puede dejarse a un lado cuando estorba o importuna. Pero su utilidad indiscutible estriba en que intenta dar una explicación profunda de los hechos, reglas o prescripciones facultativas que puedan interesar en cualquier momento.*

Se diferencia de los demás libros que tratan del bebé en que ha sido escrito por una «profana», con la colaboración importantísima de un médico especialista, que ha precisado y completado en algunos puntos con su conocimiento clínico mis propias experiencias vividas. Los capítulos siguen exactamente el mismo curso que la espera, el nacimiento y el posterior desarrollo de mi hijo Florián. Para las descripciones y los consejos de las fases más tardías de la evolución del bebé, tomé como modelo a su hermana mayor, Andrea Pate. El camino de la realidad a la palabra impresa y de ésta, nuevamente, a la práctica, no podía ser más corto.

Cada pregunta debe contestarse en su momento oportuno. Deseo que este libro pueda responder, con exactitud y en el momento adecuado, a todas las consultas que se le hagan. Si lo consigue, todas las madres razonables seguirán siendo esposas amantes y todos los maridos atareados serán padres juiciosos, por amor al niño.

LORE SCHULTZ-WILD

LOS PRELIMINARES DEL NACIMIENTO

HECHOS Y NORMAS

La duda:

¿Será verdad que voy a tener un niño? Esta es la primera pregunta que se hace cualquier mujer cuando no puede tachar en el calendario las fechas de costumbre. Pero después se comporta de distinta manera a como lo hicieron sus abuelas y sus tías, y no se reserva durante semanas este «dulce secreto». Secreta dulzura que, por otra parte, es muy relativa.

Hace algún tiempo, cuando las familias se rodeaban de un estilo más ceremonioso, se consideraba que el ocuparse de la gestación y nacimiento de los niños era, casi exclusivamente, un «quehacer femenino». Los severos patriarcas se interesaban en el acontecimiento de un modo marginal, atendiendo principalmente a los problemas de la sucesión. Actualmente, la llegada de un nuevo ser humano es el acontecimiento más importante que puede presentarse a un matrimonio joven o a una familia. El hombre se siente tan emocionado como la mujer y, en consecuencia,

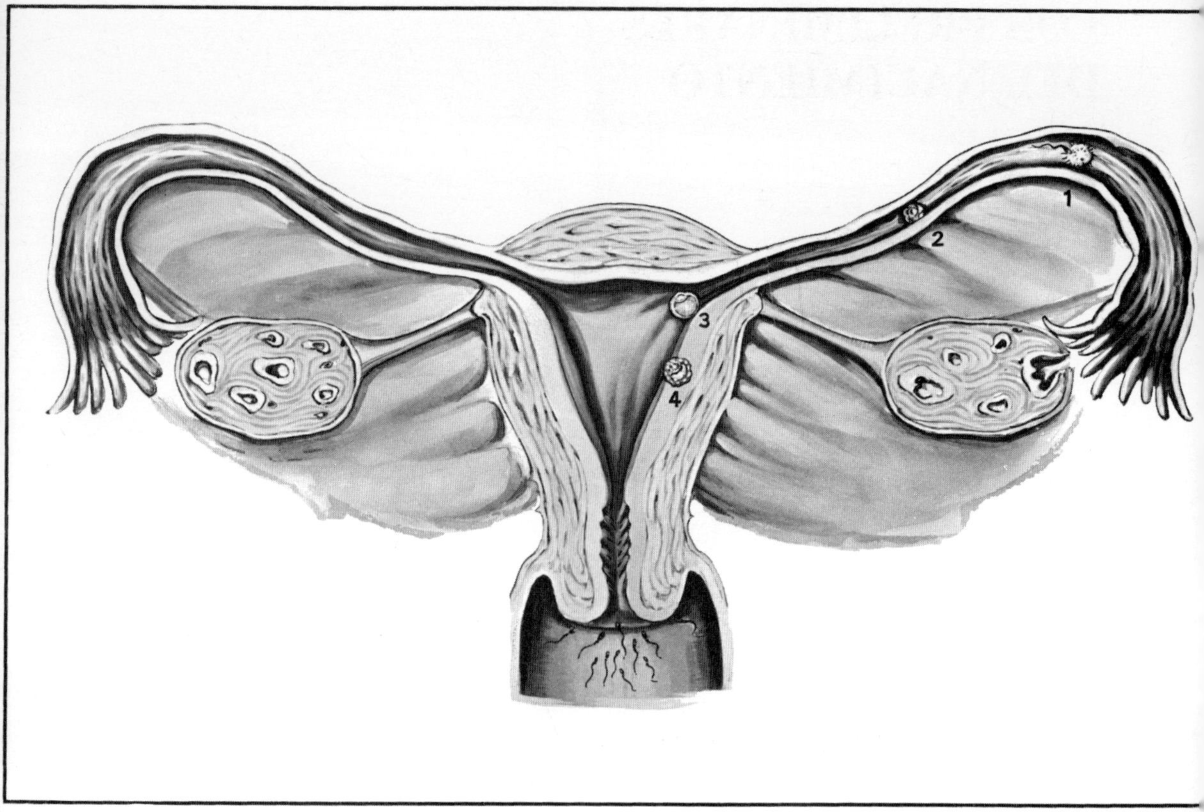

Fecundación de un óvulo. Los espermatozoides alcanzan el óvulo en la parte alta de la trompa (1). El huevo fecundado toma forma de mórula (2), aún en la trompa, y de blástula (3), al entrar en el útero. Finalmente, penetra en el endometrio (4), y se fija allí.

carece de sentido rodear de misterio estos primeros momentos. El varón ha tomado conciencia de que sus deberes de padre empiezan ya con el comienzo de la gestación, se prolongan a lo largo de los nueve meses que dura ésta y se extienden, al menos, a todos los años que dura el crecimiento y la educación de su hijo.

En cualquier caso, es importante confiarse pronto al marido. Resulta más sencillo planear las cosas conjuntamente, y hasta la misma incertidumbre se soporta mejor; porque antes de que una pareja, feliz hasta entonces, se vaya haciendo a la idea de convertirse en otra familia, más feliz si cabe, los hechos y sensaciones

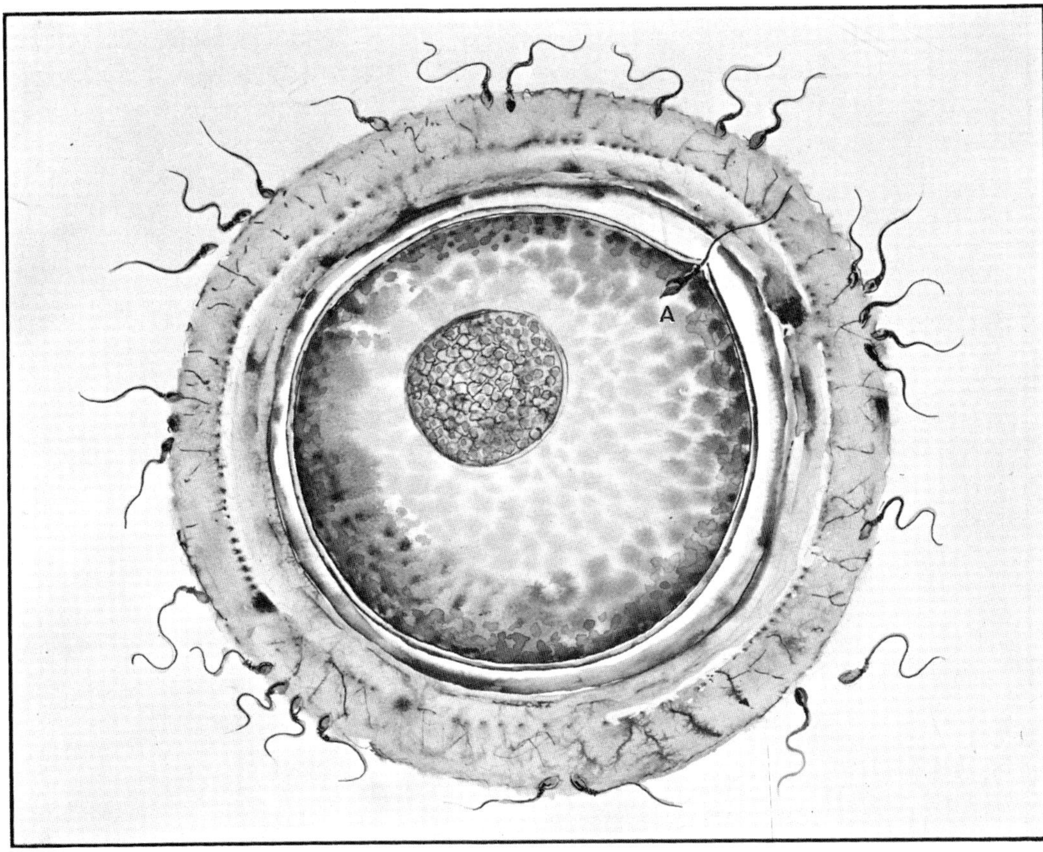

El dibujo muestra el momento de la fecundación de un óvulo. Uno de los espermatozoides que lo cercaban (A) se ha abierto paso a través de las membranas exteriores y avanza hacia el núcleo femenino. Cuando se fundan ambos núcleos comenzará el proceso de la división celular.

Muchos indicios no confirman nada.

más dispares serán interpretados como «pruebas» a favor o en contra de este futuro ideal. Ninguno de los síntomas siguientes, ni siquiera la combinación simultánea de todos ellos, puede garantizar la existencia de un embarazo.

Si los esposos saben que han hecho uso del matrimonio en los días fértiles de la mujer, pueden sospechar que tendrá lugar un embarazo y ya estarán alertas a los primeros síntomas, que aparecerán a los pocos días.

El primer signo casi seguro de que existe un embarazo es la falta de la regla en los días en que se esperaba. Este es un dato fidedigno en aquellas mujeres que tienen la menstruación de forma muy regular, y la esperan para una fecha fija. En aquellas otras mujeres en que la regla se presenta con cierta irregularidad, la falta de menstruación tiene menos valor, pero si el atraso es de más días de lo habitual, se puede sospechar que ha tenido lugar la fecundación de un óvulo, es decir, que ha comenzado el embarazo.

No siempre la desaparición de la regla es un hecho cierto que apoye la existencia de embarazo. Puede obedecer a otras causas, y entre ellas quizá la más importante sean los factores emocionales; muchas mujeres sufren desarreglos con ocasión de viajes importantes, de problemas familiares y aun, a veces, por el solo gran deseo de tener un hijo. En otras ocasiones, enfermedades como la anemia, el cansancio excesivo o una enfermedad infecciosa prolongada, el adelgazamiento rápido y otras debidas a distintas causas, pueden detener por uno o varios meses las hemorragias genitales.

Por otra parte es frecuente que, aun existiendo un embarazo, haya pequeñas hemorragias en las fechas que se tenían previstas; lo que puede ocurrir en los primeros meses e incluso durante toda la gestación. Es algo que no debe preocupar; por el contrario, llamarán la atención hemorragias mayores, en fechas no esperadas, pues pueden ser un aviso de que hay una amenaza de aborto.

También puede sospecharse el embarazo porque aparece un estado de inapetencia, náuseas, vómitos o, simplemente, repugnancia o aversión («ascos») a ciertos alimentos, síntomas todos que pueden ser pasajeros o prolongarse durante los primeros meses de la gestación.

Algunas mujeres experimentan una salivación excesiva, o desarreglos intestinales, como estreñimiento o diarrea, y otros pequeños trastornos que pueden ser los primeros signos de un embarazo.

No siempre estos síntomas anuncian la llegada de un nuevo ser humano. Existen mujeres especialmente sensibles que, incluso por la sola ilusión o el deseo de tener un niño, experimentan algunos o todos los trastornos citados. De hecho, muchas embarazadas no acusan, ni al principio ni más tarde, molestias en su estado general; por el contrario, ocurre precisamente que la mayoría de las mujeres se encuentran, durante este tiempo, en inmejorables condiciones. Esta es la mejor prueba de que el embarazo no es una enfermedad, sino un hecho completamente natural.

¿Cómo puede diagnosticarse con seguridad un embarazo?

Es imprescindible visitar al médico tan pronto como la sospecha -ya sea en forma de débil esperanza o de pequeño temor- vaya aumentando. Cuanto antes se descubra y se logre eliminar la más pequeña molestia, tanto mejor para la joven madre y también para el, hasta el momento, sólo intuido niño. Mediante un reconocimiento efectuado hacia las seis semanas de comenzar el embarazo, el médico ya puede asegurar si realmente el niño está en camino. Pero hoy en día nadie necesita esperar tanto tiempo para obtener esta confirmación.

El médico realiza el test *del embarazo.*

Transcurridos diez días desde la fecha en que normalmente debiera tener la regla, cualquier mujer puede acudir al médico para hacerse el *test* del embarazo. Para ello, al levantarse, pondrá en una botella limpia unos 30 cm^3 de orina. Este líquido será inyectado a animalillos experimentales (ranas o ratas) y pocas horas más tarde se tendrá ya un resultado; sólo si existe un definitivo embarazo se observará la presencia en la orina de determinadas hormonas en mayor cantidad de lo que, en circunstancias normales, es corriente; esas hormonas provocan en la rana macho determinada reacción, de la que el médico se vale para diagnosticar el embarazo con muy pocas posibilidades de error.

Puede darse un resultado falsamente positivo cuando previamente se han administrado ciertos medicamentos que contienen esas hormonas, y, por el contrario, resultados falsamente negativos cuando el *test* se hace demasiado pronto. En ambas circunstancias es mejor asegurarse y repetir la prueba una o dos semanas más tarde.

También valiéndose de la orina, se hacen en la actualidad otros *tests* de embarazo, más cómodos y más rápidos, también muy seguros pero no tan fidedignos como el que emplea la rana.

Otro tipo de *test,* más moderno y algo más económico, puede efectuarlo el médico al cabo de unos diez días de la fecha prevista para la regla, mediante inyecciones o comprimidos de hormonas: cuando todos los síntomas del embarazo son falsos, las hormonas provocan una regla; por el contrario, estos preparados no causan ningún efecto en las mujeres embarazadas.

Cualquiera de estos *tests* puede ser negativo si se realiza demasiado pronto; si ha sido así y la sospecha continúa después de algunos días (una o dos semanas), al repetir las pruebas seguro que se hallará la respuesta esperada.

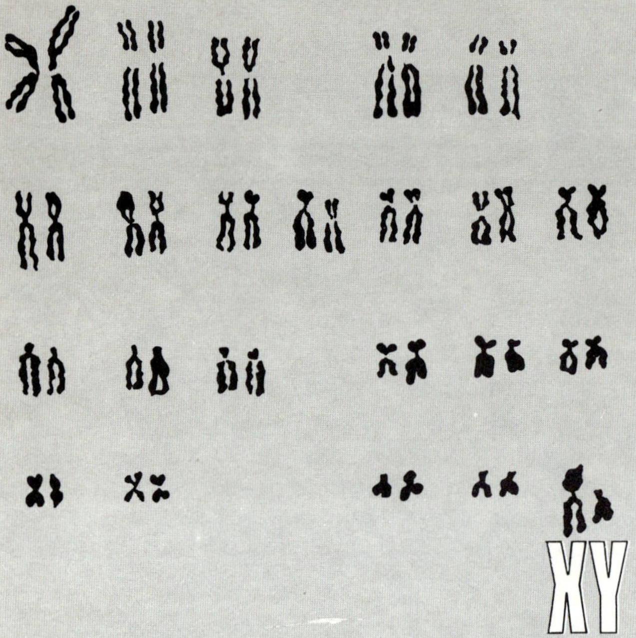

En estos bastoncillos microscópicos agrupados por parejas está la herencia biológica del futuro individuo. El grupo cromosómico XY indica que se tratará de un varón.

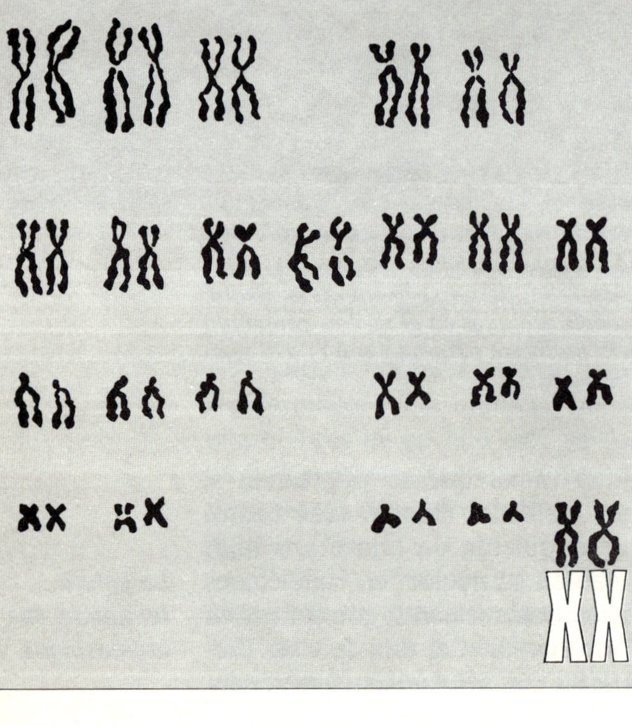

Cromosomas correspondientes a una futura mujer. En la parte inferior derecha, el grupo XX, que determina su sexo.

linas (espermatozoides) y las femeninas (óvulos) poseen, cada una, sólo la mitad de esta cifra de cromosomas; de esta forma, las células germinales que resultan de su unión, es decir, las células que marcan el comienzo de una nueva vida, están provistas del número completo de filamentos nucleares.

Los 23 cromosomas de un espermatozoide pueden llevar consigo el germen del sexo femenino (cromosoma *X*) o del sexo masculino (cromosoma *Y*). Los cromosomas del óvulo llevan siempre el germen del sexo femenino (cromosoma *X*). Cuando las dos células se fusionan, junto con sus cromosomas, se determina enseguida el sexo de la futura criatura. De la combinación *XX* nacerá una niña, y de la combinación *XY*, un niño.

El sexo queda determinado en el momento de la concepción.

Los científicos han descubierto que las células espermáticas provistas de cromosomas *Y* son más pequeñas, más rápidas y más activas, pero de vida más corta que las portadoras de cromosomas *X*. De aquí se deduce que el nacimiento de hijos o hijas se pueda regular a voluntad. Si la unión de los padres se realiza en el momento de la maduración del óvulo, es decir, el día de la ovulación, la célula espermática provista de cromosomas *Y*, más veloz que la provista de cromosomas *X*, llegará antes al óvulo, que encontrará a punto de ser fecundado; por lo que, en este caso, existen grandes posibilidades de que nazca un varón. Si la unión tiene lugar cuarenta y ocho horas antes de la ovulación, el óvulo maduro será fecundado seguramente por la célula espermática provista de cromosomas *X*, que tiene más larga vida. En este caso nacerá una niña.

Teorías genéticas psicológicas

Existe una teoría que concede una importancia decisiva al estado psíquico de los padres en el momento de la fecundación. Esta teoría afirma que los niños heredan el sexo de aquel de los padres que estaba débil, corporal o espiritualmente, en el momento de la procreación. Esto parece confirmarse mediante las estadísticas de los nacimientos en los periodos de guerra y posguerra; las embarazadas que, por necesidad, se veían obligadas a realizar trabajos duros para ganarse la vida, tuvieron más hijos varones. Viceversa, una investigación hecha a oficiales americanos mostró que fueron, en su mayoría, padres de niñas. Pero esta teoría posiblemente no resistiría una crítica seria, ya que no es posible valorar con toda exactitud el estado psíquico o emocional de los padres y el grado de debilidad o fortaleza del mismo en un momento determinado; por otra parte, todas las estadísticas están expuestas a múltiples errores y, en este caso, las posibilidades de error son infinitas, como bien se comprende.

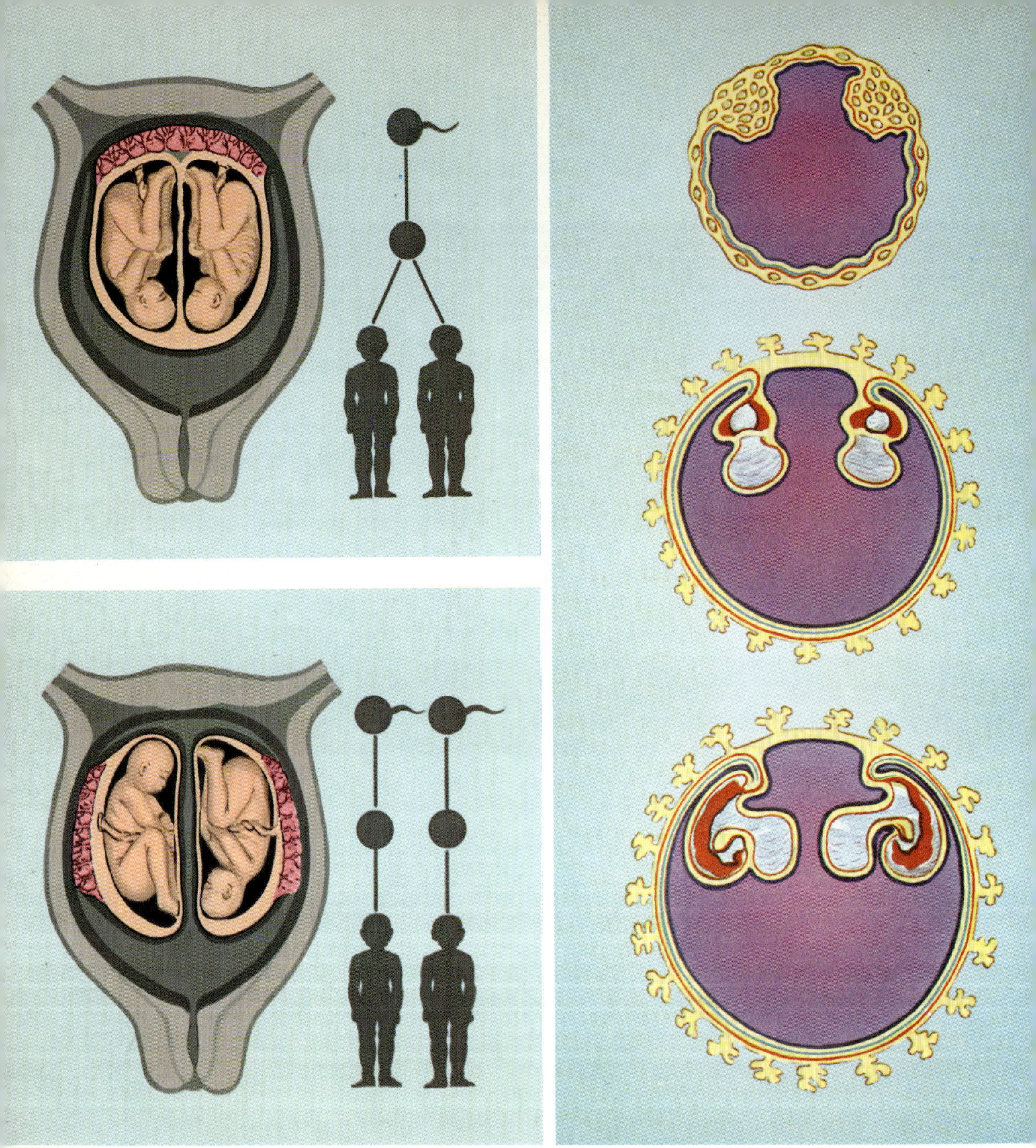

A la izquierda, posición en la matriz de dos gemelos univitelinos (arriba) y bivitelinos (abajo); en el primer caso se alimentan a través de una placenta única; en el segundo, hay dos placentas bien definidas. A la derecha, esquema del desarrollo de dos embriones univitelinos, a partir de masas embrionales completamente separadas. Es el caso típico; más raros, y siempre difíciles de resolver, son los casos de gemelos con miembros u órganos comunes.

Datos interesantes en torno a los nacimientos de mellizos

Los buenos amigos y los parientes apuntan enseguida la posibilidad de que nazcan gemelos, pero ningún médico hará semejante profecía, ni aun cuando el volumen del vientre de la futura madre aumente mucho y rápidamente. Sólo si en una fase

Los gemelos que nacen de un mismo óvulo son físicamente iguales: son, diríamos, el mismo niño repetido. *No es de extrañar, pues, que su carácter y sus reacciones sean también muy parecidos. Sin embargo, historias como las de que pueden comunicarse los pensamientos a distancia, etcétera, tan utilizadas en obras literarias y teatrales, no pasan de ser pura fantasía.*

más tardía del embarazo (en el quinto mes) se pueden distinguir con claridad los latidos de los corazones de dos niños, cosa que no ocurre siempre, los padres pueden prepararse para una doble alegría.

Largas investigaciones científicas han demostrado que el nacimiento de gemelos y, en general, los nacimientos múltiples se producen con una cierta regularidad: se da un caso de gemelos por cada 80 nacimientos, uno de trillizos por cada 80 veces 80 (o sea, por cada 6400 nacimientos), y un caso de cuatrillizos por cada 80 veces esta última cantidad, es decir, por cada 512000 nacimientos. Casos de quintillizos, en los últimos 500 años, se calculan unos treinta en todo el mundo.

Ochenta, el número mágico.

Con frecuencia, la predisposición a los embarazos múltiples es hereditaria; todos conocemos familias en las que hay varias parejas de mellizos y aun trillizos; una misma mujer puede tener varios embarazos múltiples. Las mujeres que esperan su primer hijo, según se ha demostrado en la práctica, tienen mellizos con menos frecuencia que las madres que ya han tenido descendencia. Los embarazos múltiples, en un elevado porcentaje de casos, causan abortos, ya que la notable sobrecarga que soporta el tejido de la matriz provoca su prematuro vaciado. Por lo demás, estos embarazos y su consiguiente parto no se diferencian generalmente de los embarazos y del parto normales, aunque el control y las atenciones médicas son especialmente importantes.

Hay que distinguir dos tipos de gemelos: los que proceden de un óvulo y los que proceden de dos.

Los gemelos que proceden de un solo óvulo (univitelinos) se desarrollan en una célula única que, inmediatamente después de la fecundación, se divide en dos partes, las cuales se multiplican por separado, aunque su alimentación se efectúa por medio de una sola placenta. Lógicamente, los gemelos procedentes de un solo óvulo son del mismo sexo y, muy a menudo, desconcertantemente parecidos en sus reacciones espontáneas y en sus más secretos deseos.

Algunas veces, el ovario pone en libertad,simultáneamente o con un intervalo de tiempo muy breve, de uno o dos días, no uno sino dos óvulos; ambos pueden ser fecundados, con lo que se produce un embarazo gemelar por un procedimiento distinto al anterior; es el embarazo bivitelino. Los gemelos que proceden de dos óvulos no tienen por qué parecerse más de lo que se parecen dos hermanos normales. Aproximadamente un 70% de los gemelos pertenecen a este grupo.

Un 70% de los mellizos proceden de dos óvulos.

«Ya tenemos diez años», está escrito en la pizarra ante la que posan los cuatrillizos checos Vasek, Iván, Jana y Mirka Houra. La similitud de los rasgos de los dos chicos parece indicar que son gemelos auténticos, es decir, univitelinos; las niñas, en cambio, proceden sin duda de óvulos distintos.

Para el médico, las palabras mellizo y gemelo son sinónimas, por lo que las emplea indistintamente; muchas personas quieren asimilarlas a las de univitelino y bivitelino respectivamente, pero la única distinción entre estos términos científicos se basa en los hechos antedichos; de modo que el médico solamente hace la distinción entre «embarazo gemelar univitelino» y «embarazo gemelar bivitelino».

Los meses de espera transcurren siempre con excesiva lentitud para la futura madre. La luz de cada nueva mañana parece traer mil interrogantes, que no pueden tener aún respuesta, sobre la vida y sexo del futuro hijo. Pero la tranquilidad y la confianza son la mejor garantía de un parto feliz. ▷

Cálculo de la fecha de nacimiento

Existe un sistema que pueden emplear todas las mujeres que deseen saber «el día X» en que nacerá su hijo. Consiste en sumar un año y diez días a la fecha en que comenzó su última menstruación y restar después tres meses. El dato obtenido corresponderá al día en que, teóricamente, debe nacer el niño. Así pues, se calcula un promedio de 280 días (10 meses lunares o aproximadamente nueve meses del calendario) para la duración de un emba-

Ene.	**1**	**2**	**3**	**4**	**5**	**6**	**7**	**8**	**9**	**10**	**11**	**12**	**13**	**14**	**15**	**16**	**17**	**18**	**19**	**20**	**21**	**22**	**23**	**24**	**25**	**26**	**27**	**28**	**29**	**30**	**31**	Ene.
Oct.	8	9	10	11	12	13	14	15	16	17	18	19	20	21	22	23	24	25	26	27	28	29	30	31	1	2	3	4	5	6	7	Nov.
Feb.	**1**	**2**	**3**	**4**	**5**	**6**	**7**	**8**	**9**	**10**	**11**	**12**	**13**	**14**	**15**	**16**	**17**	**18**	**19**	**20**	**21**	**22**	**23**	**24**	**25**	**26**	**27**	**28**	–	–	–	Feb.
Nov.	8	9	10	11	12	13	14	15	16	17	18	19	20	21	22	23	24	25	26	27	28	29	30	1	2	3	4	5	–	–	–	Dic.
Mar.	**1**	**2**	**3**	**4**	**5**	**6**	**7**	**8**	**9**	**10**	**11**	**12**	**13**	**14**	**15**	**16**	**17**	**18**	**19**	**20**	**21**	**22**	**23**	**24**	**25**	**26**	**27**	**28**	**29**	**30**	**31**	Mar.
Dic.	6	7	8	9	10	11	12	13	14	15	16	17	18	19	20	21	22	23	24	25	26	27	28	29	30	31	1	2	3	4	5	Ene.
Abr.	**1**	**2**	**3**	**4**	**5**	**6**	**7**	**8**	**9**	**10**	**11**	**12**	**13**	**14**	**15**	**16**	**17**	**18**	**19**	**20**	**21**	**22**	**23**	**24**	**25**	**26**	**27**	**28**	**29**	**30**	–	Abr.
Ene.	6	7	8	9	10	11	12	13	14	15	16	17	18	19	20	21	22	23	24	25	26	27	28	29	30	31	1	2	3	4	–	Feb.
May.	**1**	**2**	**3**	**4**	**5**	**6**	**7**	**8**	**9**	**10**	**11**	**12**	**13**	**14**	**15**	**16**	**17**	**18**	**19**	**20**	**21**	**22**	**23**	**24**	**25**	**26**	**27**	**28**	**29**	**30**	**31**	May.
Feb.	5	6	7	8	9	10	11	12	13	14	15	16	17	18	19	20	21	22	23	24	25	26	27	28	1	2	3	4	5	6	7	Mar.
Jun.	**1**	**2**	**3**	**4**	**5**	**6**	**7**	**8**	**9**	**10**	**11**	**12**	**13**	**14**	**15**	**16**	**17**	**18**	**19**	**20**	**21**	**22**	**23**	**24**	**25**	**26**	**27**	**28**	**29**	**30**	–	Jun.
Mar.	8	9	10	11	12	13	14	15	16	17	18	19	20	21	22	23	24	25	26	27	28	29	30	31	1	2	3	4	5	6	–	Abr.
Jul.	**1**	**2**	**3**	**4**	**5**	**6**	**7**	**8**	**9**	**10**	**11**	**12**	**13**	**14**	**15**	**16**	**17**	**18**	**19**	**20**	**21**	**22**	**23**	**24**	**25**	**26**	**27**	**28**	**29**	**30**	**31**	Jul.
Abr.	7	8	9	10	11	12	13	14	15	16	17	18	19	20	21	22	23	24	25	26	27	28	29	30	1	2	3	4	5	6	7	May.
Ago.	**1**	**2**	**3**	**4**	**5**	**6**	**7**	**8**	**9**	**10**	**11**	**12**	**13**	**14**	**15**	**16**	**17**	**18**	**19**	**20**	**21**	**22**	**23**	**24**	**25**	**26**	**27**	**28**	**29**	**30**	**31**	Ago.
May.	8	9	10	11	12	13	14	15	16	17	18	19	20	21	22	23	24	25	26	27	28	29	30	31	1	2	3	4	5	6	7	Jun.
Sep.	**1**	**2**	**3**	**4**	**5**	**6**	**7**	**8**	**9**	**10**	**11**	**12**	**13**	**14**	**15**	**16**	**17**	**18**	**19**	**20**	**21**	**22**	**23**	**24**	**25**	**26**	**27**	**28**	**29**	**30**	–	Sep.
Jun.	8	9	10	11	12	13	14	15	16	17	18	19	20	21	22	23	24	25	26	27	28	29	30	1	2	3	4	5	6	7	–	Jul.
Oct.	**1**	**2**	**3**	**4**	**5**	**6**	**7**	**8**	**9**	**10**	**11**	**12**	**13**	**14**	**15**	**16**	**17**	**18**	**19**	**20**	**21**	**22**	**23**	**24**	**25**	**26**	**27**	**28**	**29**	**30**	**31**	Oct.
Jul.	8	9	10	11	12	13	14	15	16	17	18	19	20	21	22	23	24	25	26	27	28	29	30	31	1	2	3	4	5	6	7	Ago.
Nov.	**1**	**2**	**3**	**4**	**5**	**6**	**7**	**8**	**9**	**10**	**11**	**12**	**13**	**14**	**15**	**16**	**17**	**18**	**19**	**20**	**21**	**22**	**23**	**24**	**25**	**26**	**27**	**28**	**29**	**30**	–	Nov.
Ago.	8	9	10	11	12	13	14	15	16	17	18	19	20	21	22	23	24	25	26	27	28	29	30	31	1	2	3	4	5	6	–	Sep.
Dic.	**1**	**2**	**3**	**4**	**5**	**6**	**7**	**8**	**9**	**10**	**11**	**12**	**13**	**14**	**15**	**16**	**17**	**18**	**19**	**20**	**21**	**22**	**23**	**24**	**25**	**26**	**27**	**28**	**29**	**30**	**31**	Dic.
Sep.	7	8	9	10	11	12	13	14	15	16	17	18	19	20	21	22	23	24	25	26	27	28	29	30	1	2	3	4	5	6	7	Oct.

razo. Pero este tiempo no es absolutamente exacto, sino que es la cifra media obtenida de amplias estadísticas que comprenden partos con niños normales en su desarrollo, peso y aspecto externo. Las estadísticas de mayor garantía nos demuestran que sólo 4 de cada 100 niños nacen puntualmente a los 280 días. Algunos vienen a toda prisa y otros lo toman con más calma. O sea, que no hay que preocuparse si transcurre el plazo calculado sin que tenga lugar el esperado acontecimiento. Pero, de todas formas, una vez transcurridos diez días desde la supuesta fecha límite, hay que visitar al médico.

Sólo uno de cada 25 niños llega, puntualmente, al cabo de los 280 días.

El médico, estudiando los movimientos del niño, puede deducir el término del embarazo. Las primerizas notan esos gratos movimientos, por primera vez, en el quinto mes. En posteriores embarazos, los niños se hacen notar ya entre el cuarto y quinto mes. Una mujer que no haya llevado bien las cuentas de su menstruación debe anotar con precisión esta nueva fecha, pues se trata de otro punto de referencia para el cálculo del día en que nacerá su hijo. Los médicos también utilizan esta fecha como punto de referencia y fijan el parto de una primeriza cuatro meses y medio después. Las madres que esperan ya su segundo o tercer hijo tienen hasta tres semanas más de plazo.

La tabla que figura en la página 24 proporciona el cálculo de la fecha probable del nacimiento del niño, a partir de la última menstruación. Su utilización es sencilla: debe buscarse el primer día de la última menstruación, e inmediatamente debajo se encontrará el «día X».

La vida del niño antes de nacer

Antiguamente, se creía que los niños, durante la mayor parte del tiempo que estaban en el claustro materno, eran como una especie de plantas o renacuajos, más o menos parecidos a los seres humanos. En la actualidad, gracias a los nuevos conocimientos de la fetología (se llama feto o *foetus* al niño antes de nacer), se sabe que el nonato, a partir ya del primer tercio del embarazo, se asemeja por completo al ser humano. Ahora, mediante los rayos X y fotográficamente podemos observar al feto en su propio «habitáculo», bañado por el líquido amniótico que le rodea y en un estado casi ingrávido. Hace unos años, las investigaciones sobre la vida que precede al nacimiento se basaban exclusivamente en el estudio de los fetos obtenidos de abor-

El niño, antes de nacer, vive casi en estado de ingravidez, en una especie de "cápsula espacial" particular.

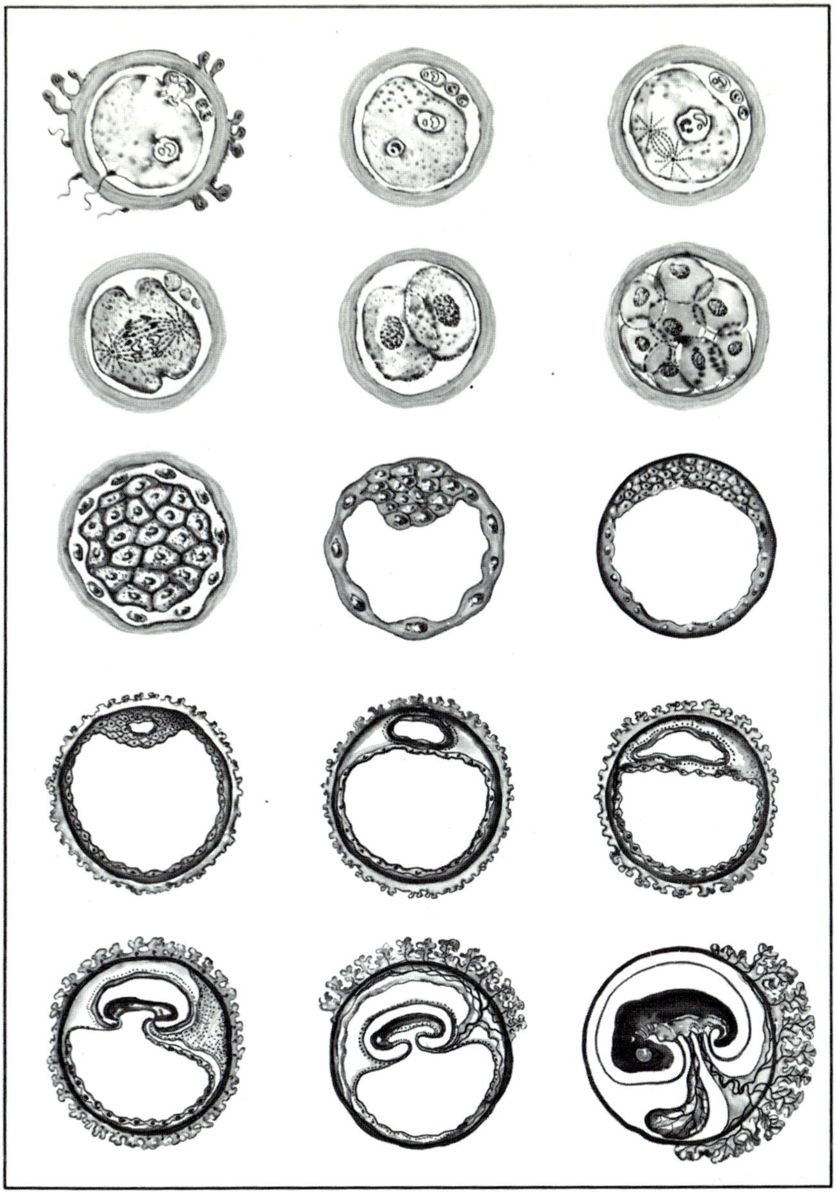

Desarrollo del embrión a partir de la fecundación del óvulo. En las imágenes superiores, penetración del espermatozoide, fusión con el núcleo femenino y primeras divisiones celulares; las seis primeras figuras corresponden al desarrollo del huevo en la trompa. Luego, en forma de mórula, ingresa en la cavidad uterina, que se transforma más tarde en blástula, con la masa celular en posición excéntrica. Dentro del huevo (blastocisto) se forma primero la cavidad amniótica, y luego el saco vitelino y el disco embrional. Finalmente, el embrión queda definido y empieza su metamorfosis, mientras se desarrolla el corion frondoso.

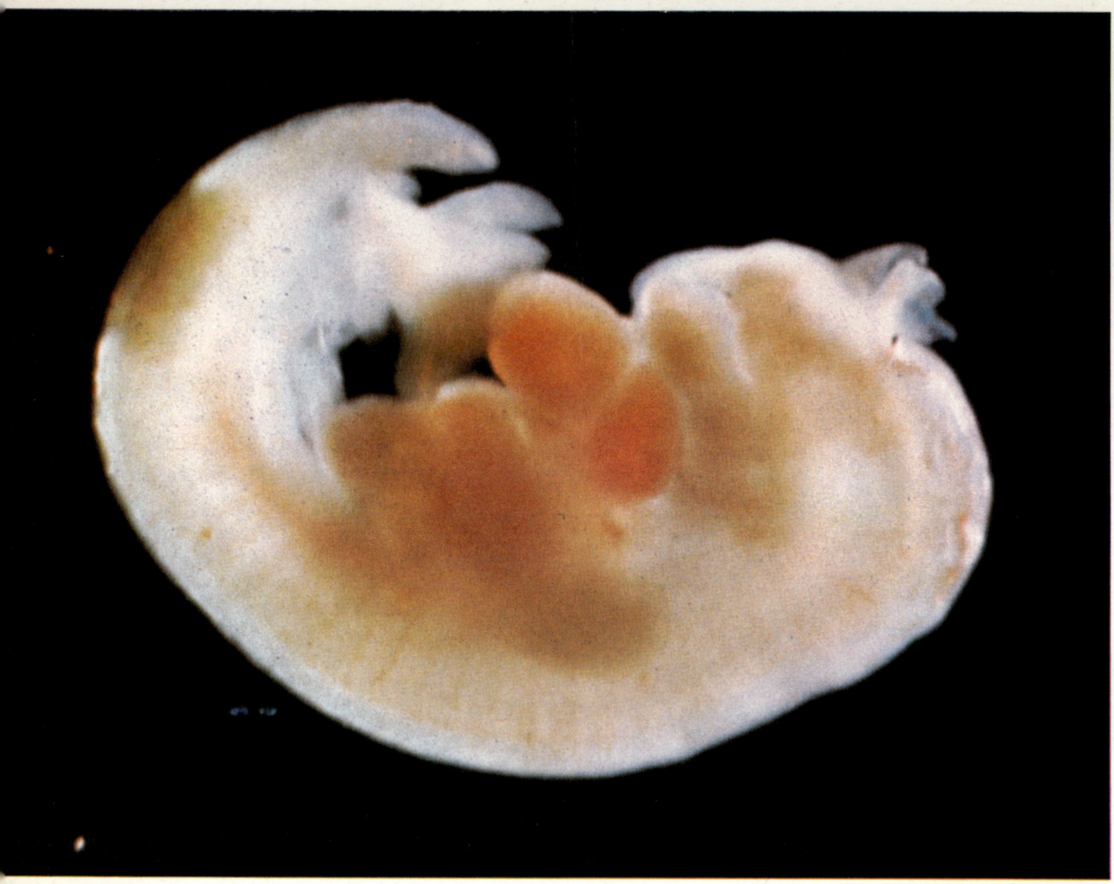

A las cinco semanas, el feto tiene el aspecto de un renacuajo, y apenas mide un centímetro. La cabeza ocupa más de la mitad del volumen total, y es informe aún; en el cuerpecillo apenas esbozado se insinúan cuatro pequeños apéndices: los brazos y las piernas.

tos; en ellos se ha estudiado el desarrollo progresivo de cada uno de los órganos del cuerpo humano.

Cada futura madre debe conocer el proceso de crecimiento del niño en su seno, observar cómo se desarrolla y advertir la intensidad con que le afecta la vida orgánica y espiritual que ella misma lleva: su consumo de medicamentos, de tabaco, de alcohol, sus nervios... pero también sus alegrías y su tranquilidad. Principalmente, durante las primeras catorce semanas que siguen a la

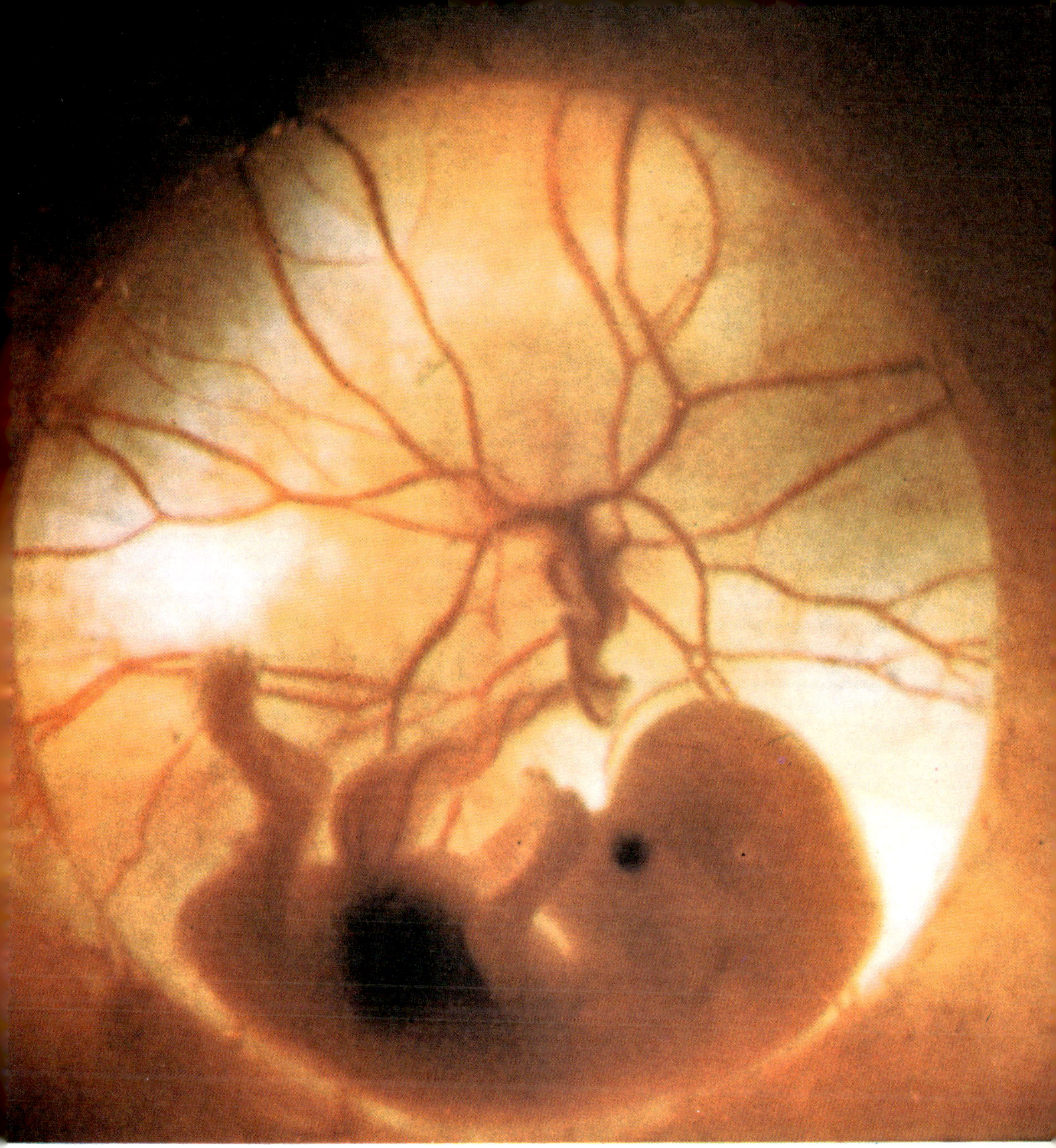

La forma de un feto de once semanas es ya totalmente humana. La fotografía lo muestra sumergido en la bolsa amniótica, cuyo líquido sirve de alimento al pequeño y se renueva por completo cada tres horas, aproximadamente. Por el cordón umbilical, también visible, el niño recibe de la madre la cantidad de sangre que necesita para su desarrollo: un cuarto de litro por minuto.

concepción, cuando sus órganos se van formando, el niño es muy sensible a las perturbaciones. En este periodo se corre el peligro de que la influencia conjunta de ciertos factores maternos dé lugar a malformaciones.

Sólo si las madres conocen el curso de la vida de su hijo antes de nacer, comprenderán las recomendaciones de los médicos y psicólogos en su verdadero significado práctico, prescindiendo de todo carácter puramente teórico.

Primer mes

A partir de la célula germinal, por medio de una constante división celular...

Inmediatamente después de realizada la fusión del óvulo femenino con el espermatozoide masculino y una vez formada la célula germinal del nuevo ser, comienzan la división celular y la producción de las células que formarán más tarde el cuerpo humano. Cada una de estas células posee una membrana exterior, un protoplasma y un núcleo con 46 filamentos o cromosomas. Al cabo de unos días, por partición y multiplicación, aumenta a varios millares el número de células, cada una de las cuales dispone de un sitio determinado y de un trabajo preciso. Así comienza a estructurarse el organismo. La aglomeración de células, que, en forma de mora (latín: *morula*), existía hasta este momento, da origen a tres hojas blastodérmicas. A partir de la hoja interna se desarrollarán los pulmones, el hígado, el aparato digestivo y las vías urinarias; la hoja blastodérmica media dará origen a la columna vertebral, los huesos, los músculos, las venas y las glándulas genitales y riñones; a partir de la hoja externa se formarán, con el tiempo, los nervios, la médula, el cerebro y la piel. La célula germinal se ha convertido así en un embrión y, entre tanto, se ha fijado en la membrana de la matriz, que se constituye en un nido para los próximos nueve meses. Al término del primer mes el embrión ha alcanzado un tamaño de un centímetro. La envoltura que lo rodea, y que contiene también el líquido amniótico, tiene el tamaño de un huevo de paloma. Precisamente en esta fase, cuando la mujer no sospecha todavía que está embarazada, comienza a formarse, en su manifestación más simple, el corazón, que, por medio de contracciones rítmicas, transmite la sangre al sistema circulatorio del embrión.

...se forma el embrión.

Segundo mes

El embrión sigue creciendo hasta alcanzar un tamaño de 2-3 centímetros cuando finaliza la octava semana; ya es posible constatar la aparición de la cabeza, los brazos y las piernas. Su peso es insignificante y, por este mismo motivo, la madre aún no ha comenzado a engordar.

La futura madre no debe empezar a engordar todavía.

Tercer mes

A partir de ahora el futuro ser ya no se llama embrión, sino feto. Sus manos están ya perfectamente formadas; tiene de 8 a 9 centímetros de largo y pesa alrededor de los 30 gramos.

Cuarto mes

El insignificante cuerpecito se cubre de una espesa capa de finos cabellos, los cuales conservan una película de grasa sobre la piel del niño y la protegen del reblandecimiento que le causaría el líquido amniótico. La cabeza se desarrolla más activamente que los demás órganos: ojos, orejas, nariz y boca están ya formados casi por completo. A través de los rayos X pueden reconocerse, aunque muy débilmente, los huesos; comienza el proceso digestivo. En este momento el feto alcanza, por término medio, un largo de 17 centímetros y un peso de 115 gramos. La futura madre, a la vista de su perfil, comprueba ya que el feto y la matriz ocupan un espacio considerable.

Notable desarrollo de la cabeza.

Quinto mes

Durante los dos meses anteriores el tamaño del futuro ser se ha triplicado: de 8 a 30 centímetros. A partir de ahora, el proceso de crecimiento se desarrolla con mayor intensidad en los órganos internos. Algunos fetos comienzan ya a chuparse el pulgar, otros parece como si jugaran con los dedos de los pies; pero aún tienen los párpados fuertemente cerrados. La madre nota los primeros débiles pataleos contra la pared abdominal.

Se perciben ya los movimientos del niño.

Sexto mes

Es ahora cuando el feto comienza verdaderamente a ultimar su «tocado»: empieza a tener cabello en la cabeza y crecen sus pestañas. Los párpados superiores e inferiores se separan; crecen las uñas, aunque sin alcanzar todavía la punta de los dedos. El feto alcanza ya una quinta o sexta parte del peso que tendrá al nacer. El líquido amniótico que lo rodea le protege de los golpes y movimientos bruscos que puedan llegarle desde el exterior.

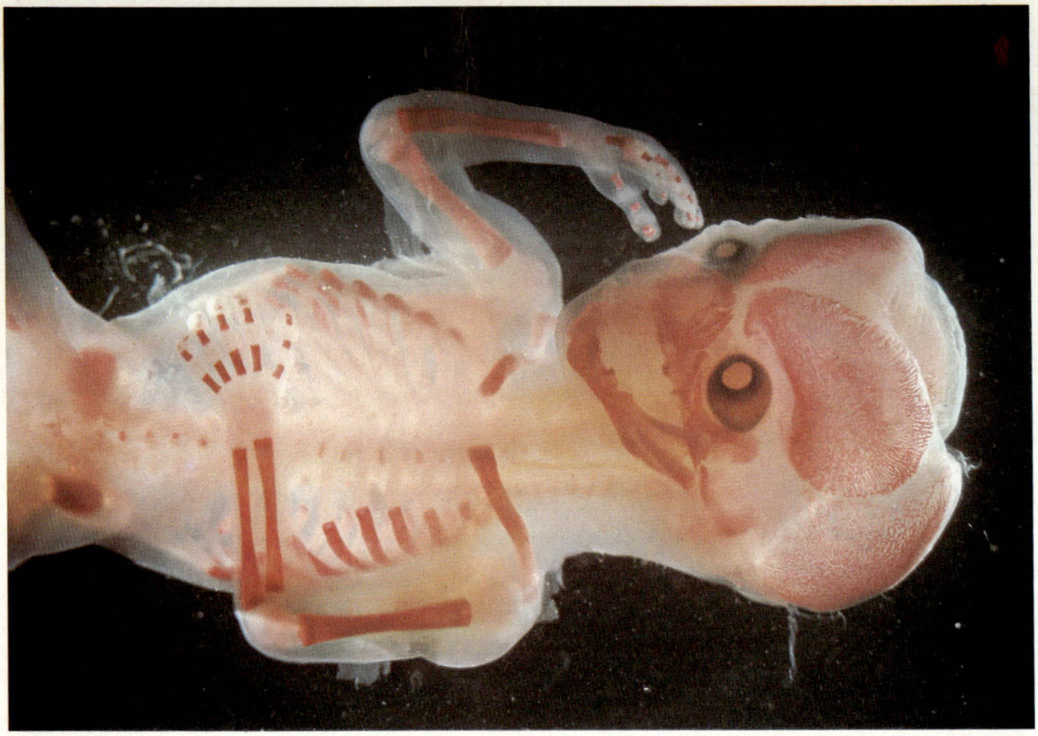

Este excepcional documento gráfico corresponde a un feto de doce semanas; puede apreciarse perfectamente el esqueleto en vías de formación. La especial técnica fotográfica intrauterina es causa del aspecto «fantasmal» del feto, al hacer que las partes blandas aparezcan transparentes y luminosas, y destacar exageradamente los huesos y órganos internos.

Séptimo mes

Los niños prematuros tienen posibilidades de sobrevivir.

La piel está todavía enrojecida y arrugada y, por debajo de ella, se forma el primer panículo adiposo. Si se produce el parto en esta época, el neonato tiene bastantes posibilidades de sobrevivir, siempre que se le administren los cuidados pertinentes. El peso se eleva ya a 1 200 gramos. Paulatinamente, el espacio de la matriz va quedando insuficiente y el feto ya no puede dar sus «volatines» con toda tranquilidad. La madre distingue ahora, claramente, cómo intenta apoyarse sobre la cabeza, para colocarse en la posición en que suelen nacer los niños.

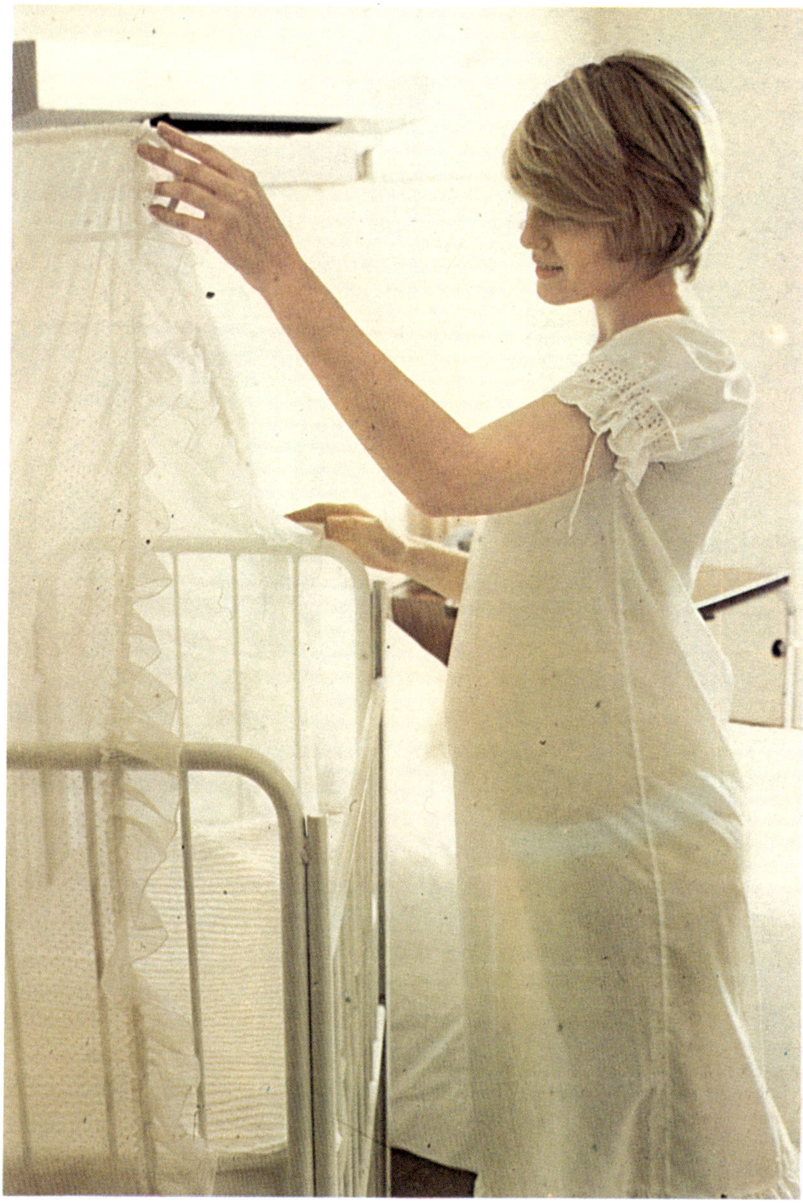

La espera se acerca a su desenlace. La futura madre da unos retoques finales a la cuna que recibirá adecuadamente a su «invitado». Es en la clínica, y pocos momentos antes de acudir a la sala de partos, donde tiene lugar esta escena.

Octavo mes

Los huesos de la cabeza aún están muy blandos; los de las manos están ya formados en lo fundamental, aunque no alcanzarán su completo acabado hasta cumplir los 16 meses de vida. Desaparecen los finos cabellos. El feto reacciona ya a los estímulos de calor o frío. Los pulmones, que proveen al organismo humano de oxígeno limpio, no desempeñan aún esta función en el niño que permanece en el vientre materno; la placenta, a través del cordón umbilical, proporciona al feto todo lo que necesita para vivir y desarrollarse, tanto el oxígeno como las demás sustancias, alimenticias o de mantenimiento.

La placenta, centro de intercambio.

Noveno mes

El feto sigue creciendo hasta alcanzar el tamaño y el peso que tendrá al nacer: aproximadamente 52 centímetros de largo, 3 400 gramos en los niños y 3 170 gramos en las niñas. Una diferencia de peso de pocos gramos, en exceso o en defecto, no debe preocupar. La vitalidad de un niño no depende forzosamente de su peso. Algunos niños que al nacer sólo pesaban 1 500 gramos han crecido luego tan sanos como otros «pesos pesados» de 4 500 gramos. Durante las últimas semanas que pasa en el claustro materno, el niño puede ya abrir y cerrar los ojos; a ratos, duerme o está despierto; incluso puede oír los latidos del corazón de su madre. Su libertad de movimientos está muy restringida, pues apenas tiene espacio para mover las piernas. El volumen de líquido amniótico disminuye hasta ser escasamente superior a un litro. La placenta, que se forma una vez que el óvulo fecundado se ha instalado en la pared de la matriz, funciona como centro de intercambio entre la madre y el niño; el feto, por medio de ella, respira, se nutre y realiza sus funciones hormonales y de secreción. Hacia el final del embarazo, la placenta va mostrando signos progresivos de envejecimiento y desgaste; en efecto, ya ha cumplido su misión y, poco después de nacer el niño, es expulsada al exterior, con la membrana ovular y el resto del cordón umbilical.

Los "pesos pluma" no están forzosamente menos capacitados para vivir.

Cómodamente recostado, las piernas encogidas, la cabeza algo inclinada hacia delante y protegida por los brazos alzados; sumergido en el líquido amniótico y alimentado sin esfuerzo a través del cordón umbilical. Así espera el pequeño, en el más completo bienestar, el gran acontecimiento del parto. ▷

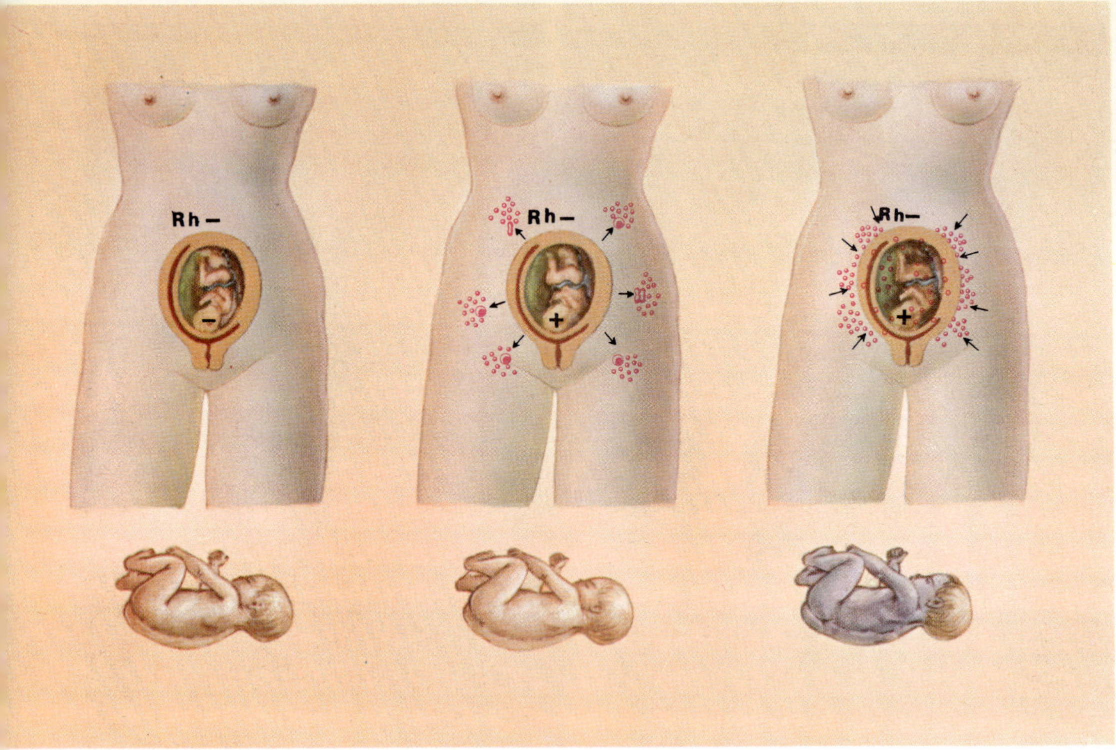

Tres casos de niños Rh. *El de la izquierda tiene un* Rh *negativo, como el de la madre, y no se ve afectado por ninguna incompatibilidad. Los del centro y derecha son de* Rh *positivo. El del centro corresponde a un primer embarazo; suele ser normal, pero la madre elabora anticuerpos anti-Rh (representados gráficamente en forma de topitos); en los siguientes embarazos —dibujo de la derecha—, estos anticuerpos provocarán graves anormalidades, e incluso el aborto.*

El factor Rh y las operaciones que se practican antes del nacimiento del niño

Es conveniente para las parejas que van a contraer matrimonio hacerse un análisis de sangre, antes de la boda, para conocer los respectivos grupos sanguíneos, pues su compatibilidad es muy importante para la salud de los futuros hijos. Hay que advertir que la incompatibilidad de los grupos sanguíneos no debe constituir, en principio, un impedimento para el matrimonio;

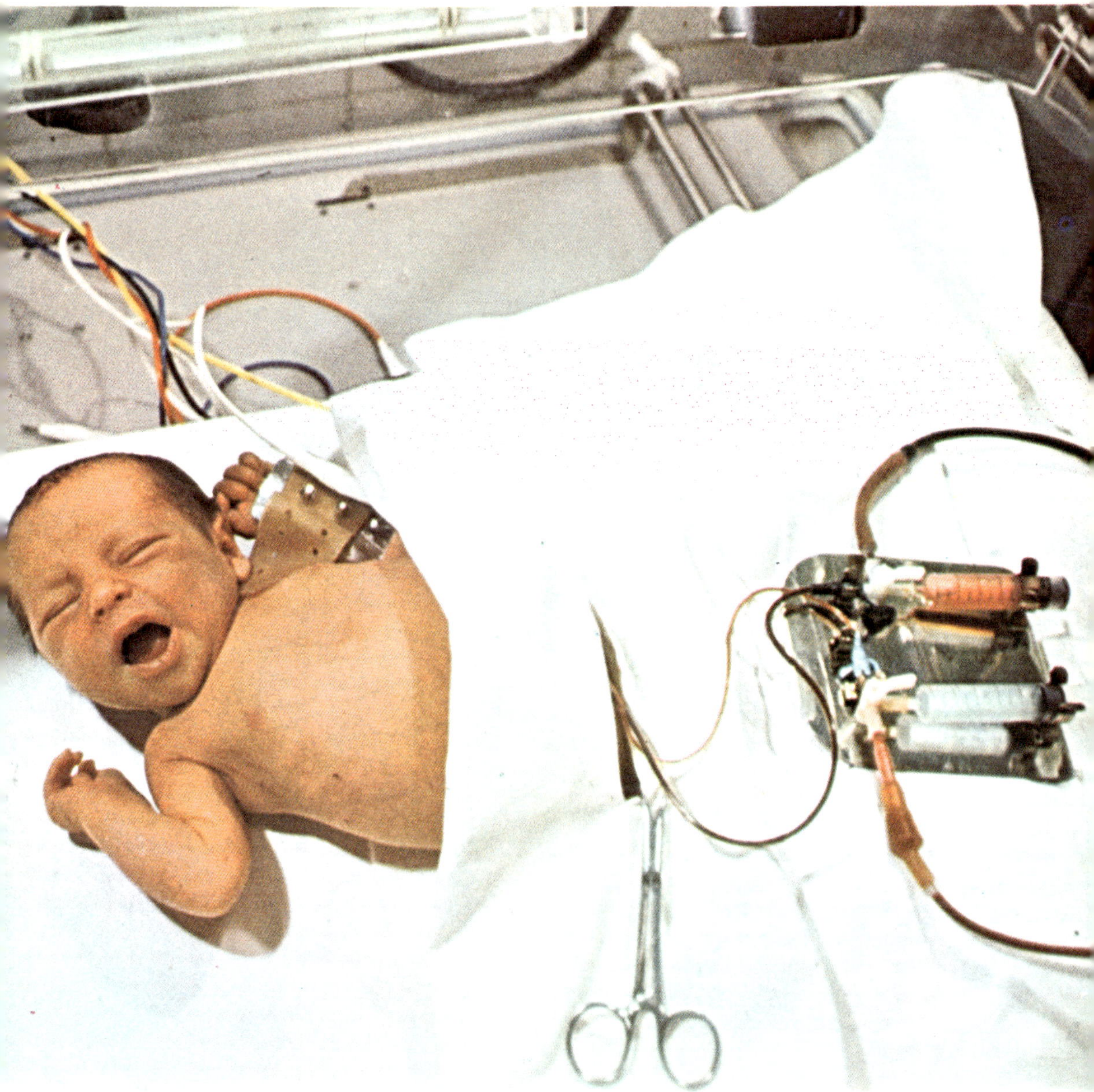

La fotografía muestra un momento de una operación delicada, pero repetida ya muchas veces con éxito en los últimos años: la transfusión completa de la sangre de un recién nacido afectado por la incompatibilidad del llamado «factor Rh».

sin embargo, dado que algunas de estas contrayentes tendrán que enfrentarse con partos difíciles, deben conocer los riesgos que corren.

De todos los reconocimientos médicos que se hacen durante el embarazo, el análisis de sangre es, por los motivos expuestos, uno de los más importantes. En él, además de los grupos sanguíneos *A, B, AB* y *O,* se determina también el factor *Rh,* que decide en gran manera –aunque no de forma definitiva– la «compatibilidad» sanguínea del matrimonio. En el año 1940, en unos experimentos realizados con monos *Rhesus,* se descubrió que estos animales tienen ciertas particularidades en su sangre (factor *Rh*) que pueden presentarse (en cuyo caso se habla de *Rh* positivo) o no (*Rh* negativo) en la sangre humana. Alrededor de un 85% de nuestra población tiene el factor *Rh* positivo; así pues, sólo un 15% presenta un *Rh* negativo. La vida del niño nonato peligra si la madre tiene un *Rh* negativo y el padre lo tiene positivo. Un 13% de los matrimonios está en este caso. Si el niño hereda el *Rh* de la madre, es decir, si su *Rh* es negativo, no hay problema; pero si hereda el del padre, su *Rh (+)* es incompatible con el *Rh (–)* de la madre. Algunos glóbulos rojos de la sangre del feto pasan a la madre y provocan en ella la formación de sustancias que tratan de neutralizar el *Rh* del niño; esas sustancias se llaman anticuerpos *anti-Rh,* y pasan al feto destruyendo sus glóbulos rojos. La consecuencia de esta destrucción de glóbulos rojos es la anemia y la ictericia.

La guerra entre el factor Rh *y los anticuerpos.*

Generalmente, en el primer embarazo no hay tiempo para que la madre haya producido anticuerpos en cantidad suficiente para provocar la anemia o la ictericia del feto, por lo que el primer hijo suele ser normal.

Si la madre, en cualquier época anterior de su vida, hubiese recibido una transfusión sanguínea con una sangre *Rh (+),* ya en el primer embarazo tendrá anticuerpos *anti-Rh* y el primer hijo presentará alteraciones casi con seguridad.

En embarazos sucesivos, si son de hijos *Rh (+),* la cantidad de anticuerpos en la sangre materna será cada vez mayor y cada hijo presentará alteraciones más graves: ictericia, anemia y otras varias que incluso son incompatibles con la vida, por lo que el niño nace muerto o muere inmediatamente. Otras veces el embarazo se interrumpe precozmente, dando lugar a un aborto. Por esto, en los matrimonios con la esposa *Rh (-)* hay uno o dos hijos normales, los primeros, y, en embarazos sucesivos, hijos que presentan anemia o ictericia -a veces muy graves- de recién nacidos, hijos nacidos muertos y abortos. A veces, en esta serie de hijos, embarazos y abortos, algún hijo nace sin alteración alguna, debido a que su *Rh* es negativo como el de la madre.

Conociendo el problema antes del comienzo del embarazo, se puede vigilar el aumento de anticuerpos en la sangre materna e incluso interrumpir el embarazo a los ocho meses, en caso de que el aumento de esos anticuerpos sea muy elevado, y antes de que se ocasionen graves perturbaciones en el feto. Lo más usual es que, al término normal del embarazo, se efectúe un cambio de la sangre del recién nacido por otra compatible, libre de anticuerpos *anti-Rh;* este tratamiento, llamado exanguinotransfusión, ha sido el más empleado en los últimos años, y con él se ha logrado salvar a muchos niños. A veces, cuando la anemia o la ictericia no son muy graves, basta con hacer varias transfusiones sanguíneas, con algunos días de intervalo.

Transfusión de sangre en el claustro materno.

Sin embargo, en un caso de cada diez, esta ayuda llega tarde, debido a que la sangre se encuentra en un estado de descomposición demasiado avanzado. Tras laboriosas investigaciones, se ha encontrado al fin una solución para estos casos: hacer una transfusión ya en el mismo vientre de la madre. Esta técnica audaz se debe a un médico neozelandés, que consiguió abrir, con una larga aguja hueca, un camino hasta la cavidad abdominal del feto, atravesando el vientre de la madre; la operación es enormemente complicada, porque el niño nonato se mueve constantemente. A través de la aguja se introduce una sonda artificial, se retira luego la aguja y, por último, se inyecta en el feto, a través de la sonda, un concentrado de glóbulos rojos. Siguiendo el ciclo específico de la sangre del niño en el vientre materno, esta sangre nueva, sana y prácticamente libre de suero, atraviesa el peritoneo y llega, desde la cavidad abdominal, hasta el sistema circulatorio del niño. Según las estadísticas médicas, más de 100 niños, en América, Inglaterra, Canadá y también en España y otros países de Europa, han sido salvados de la muerte, antes de nacer, por medio de este procedimiento.

Recientemente, el Instituto Central de Transfusiones de Hamburgo puso en práctica un nuevo sistema: si se trata el factor *Rh* negativo de la madre con la nueva sustancia «Inmunoglobina Anti-D», se provoca la formación de anti-anticuerpos y, con ello, se hace desaparecer el peligro que acecha al hijo esperado. Este procedimiento, totalmente eficaz, es la solución del problema de la incompatibilidad *Rh;* actualmente se emplea en todo el mundo, pero para que sea eficaz requiere que se inyecte dentro de las

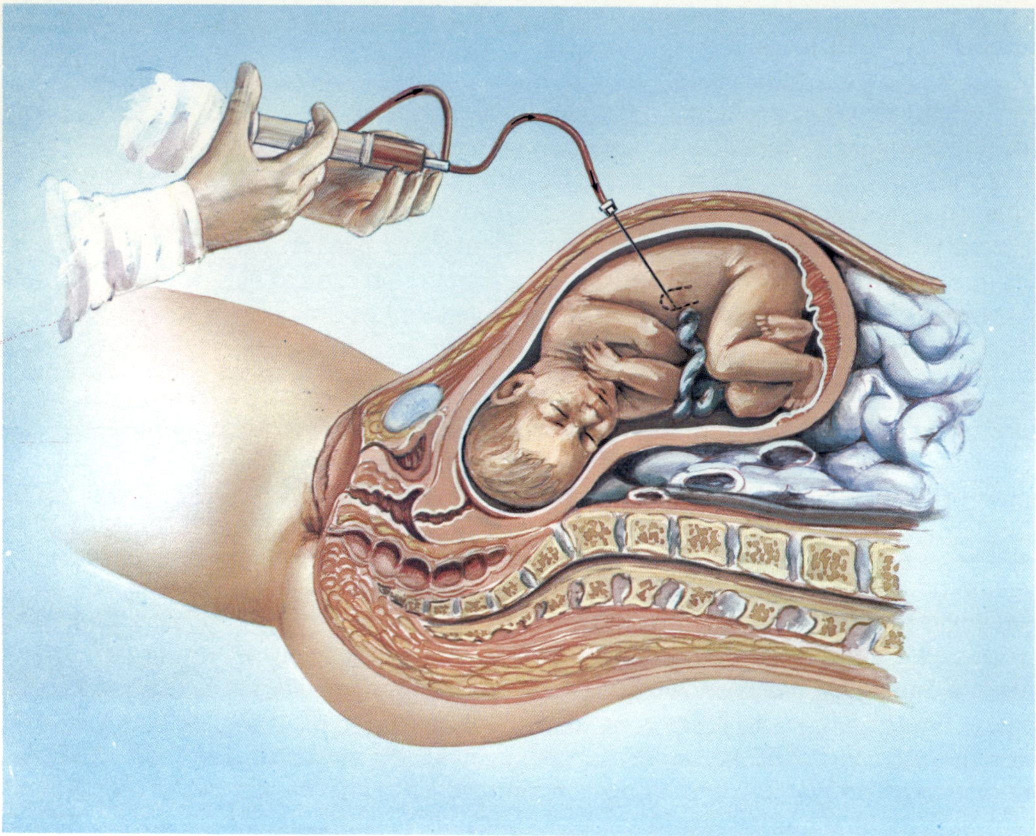

El dibujo muestra el procedimiento de transfusión parcial de sangre a un niño Rhesus *en el interior del útero materno. La aguja atraviesa la pared abdominal, la pared uterina y la placenta de la madre, antes de insertarse en la cavidad abdominal del niño. Al nacimiento de éste, deberá hacérsele una nueva transfusión, esta vez completa.*

Un análisis de sangre, como medida de precaución.

72 horas que siguen a cada parto. Por este motivo es totalmente imprescindible conocer el *Rh* de los cónyuges antes de que tenga lugar el primer parto.

Algunas investigaciones han demostrado que sólo uno, de cada veinte matrimonios realizados entre parejas de *Rh* contrario, tiene que enfrentarse con uno de estos conflictos entre la sangre de la madre y del niño.

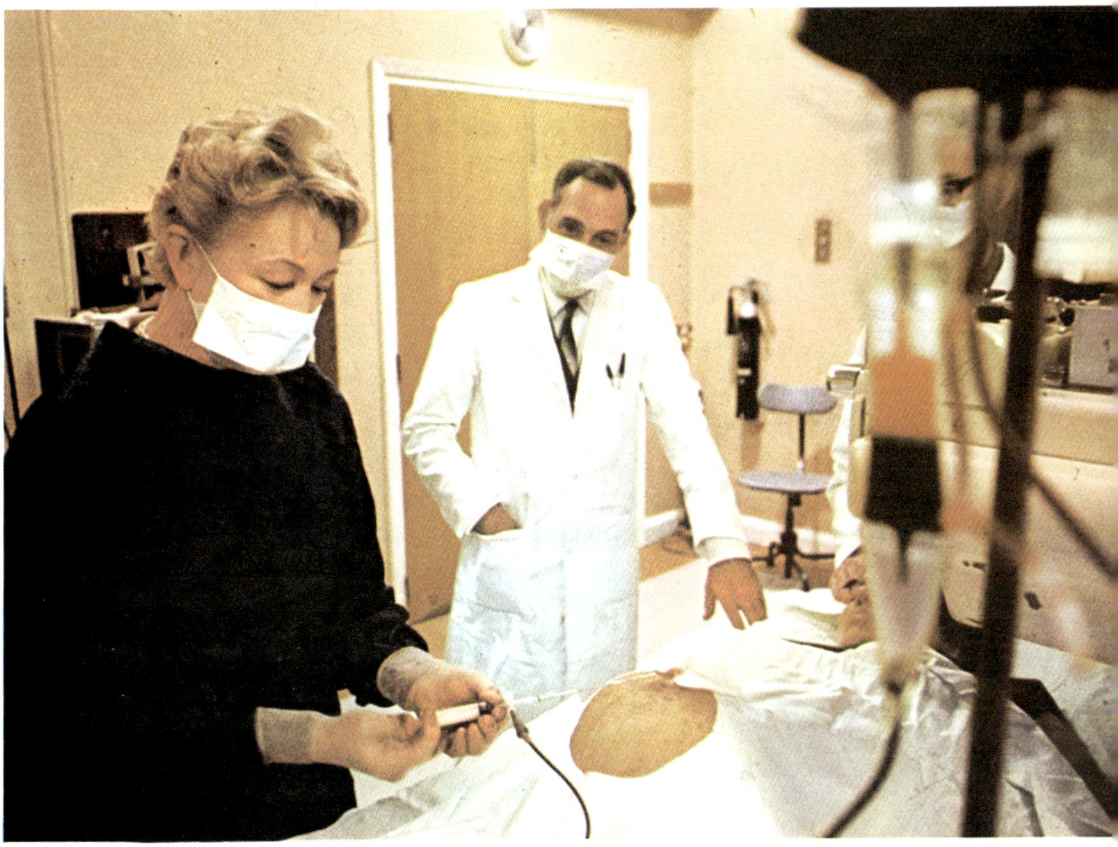

Todo está preparado para una transfusión intrauterina. La penetración de la aguja será controlada a través de pantallas de rayos X; luego, y durante media hora aproximadamente, la sangre nueva, libre de anticuerpos anti Rh, *fluirá gota a gota al abdomen del pequeño.*

Partos prematuros y abortos

Algunas futuras madres se atormentan con el temor de que su hijo pueda venir al mundo antes de tiempo. Las estadísticas demuestran que, por ejemplo en Alemania, y también en España, entre el seis y el siete por ciento de los nacimientos son prematuros. Pero aún preocupa más a estas mujeres la opinión de los profanos, que hablan continuamente de los peligros de tener un «niño de ocho meses»; todos afirman que es preferible un parto prematuro en el séptimo mes.

Lo verdaderamente decisivo es el desarrollo del niño, no el número de meses.

Para los médicos, esta opinión es un ejemplo clásico del cuento de viejas. En términos médicos, la diferencia entre parto prematuro o normal no la decide el calendario, sino el desarrollo corporal del niño. Según se establece en las normas de la Organización Mundial de la Salud, todo niño que pese al nacer menos de 2500 gramos debe ser considerado prematuro, sin que importe el número de meses que haya pasado en el claustro materno.

Los niños prematuros, comparados con los que nacen con su peso normal, tienen, lógicamente, unos comienzos algo más difíciles. Por lo general, no pueden sobrevivir sin una temperatura especial, sin una alimentación adecuada y sin una ayuda para respirar. Todo esto requiere el internamiento del niño en un Centro de Prematuros, donde se le administran los cuidados necesarios mediante incubadoras. A falta de estos centros especializados, la mayoría de los hospitales y clínicas disponen de incubadoras, ubicadas en el lugar adecuado para su mejor utilización. Al cabo de un tiempo relativamente corto, la mayoría de estos niños logran desarrollarse de forma absolutamente normal.

Causas del parto prematuro.

Son muchas las causas que pueden dar origen a un parto prematuro, algunas de ellas previsibles, por lo que en cierto modo se puede hacer algo por evitarlas. Unas dependen de ciertas costumbres de la madre, y un esfuerzo por su parte puede contribuir a un embarazo de duración normal; otras son debidas a enfermedades, cuyo tratamiento está en manos del médico; finalmente, influyen también causas sociales, y de esto la actual legislación laboral se ocupa de modo muy eficiente. En términos generales, las causas de prematuridad son las que siguen:

Ciertas toxicomanías, como las derivadas del abuso del tabaco o el alcohol, y otras más peligrosas.

Enfermedades infecciosas prolongadas o graves: tuberculosis, sífilis, fiebre de Malta, tifus, pulmonía, etcétera.

Ciertas enfermedades crónicas, como las del riñón, hígado, diabetes, tiroides, etcétera.

Anomalías de la matriz; enfermedades derivadas del propio embarazo, como la eclampsia. También hay tendencia al parto prematuro en los embarazos gemelares.

El trabajo físico excesivo, cuando obliga a grandes esfuerzos o a permanecer mucho tiempo de pie. A veces perjudican igualmente ciertos gases u olores desprendidos de sustancias de uso en determinadas fábricas o industrias, que actúan como tóxicos (benzoles, plomo, etcétera).

La futura madre tiene, pues, a su alcance, en muchos casos, los medios de evitar un parto prematuro, si lleva una vida ordenada, visita al médico regularmente y, en caso necesario, recurre al ginecólogo a tiempo.

La muerte acecha al recién nacido. Los vigilantes ojos de una enfermera se reflejan en la incubadora. Estos son días de angustia para la nueva madre, dividida entre el temor y el deseo de abrazar al niño.

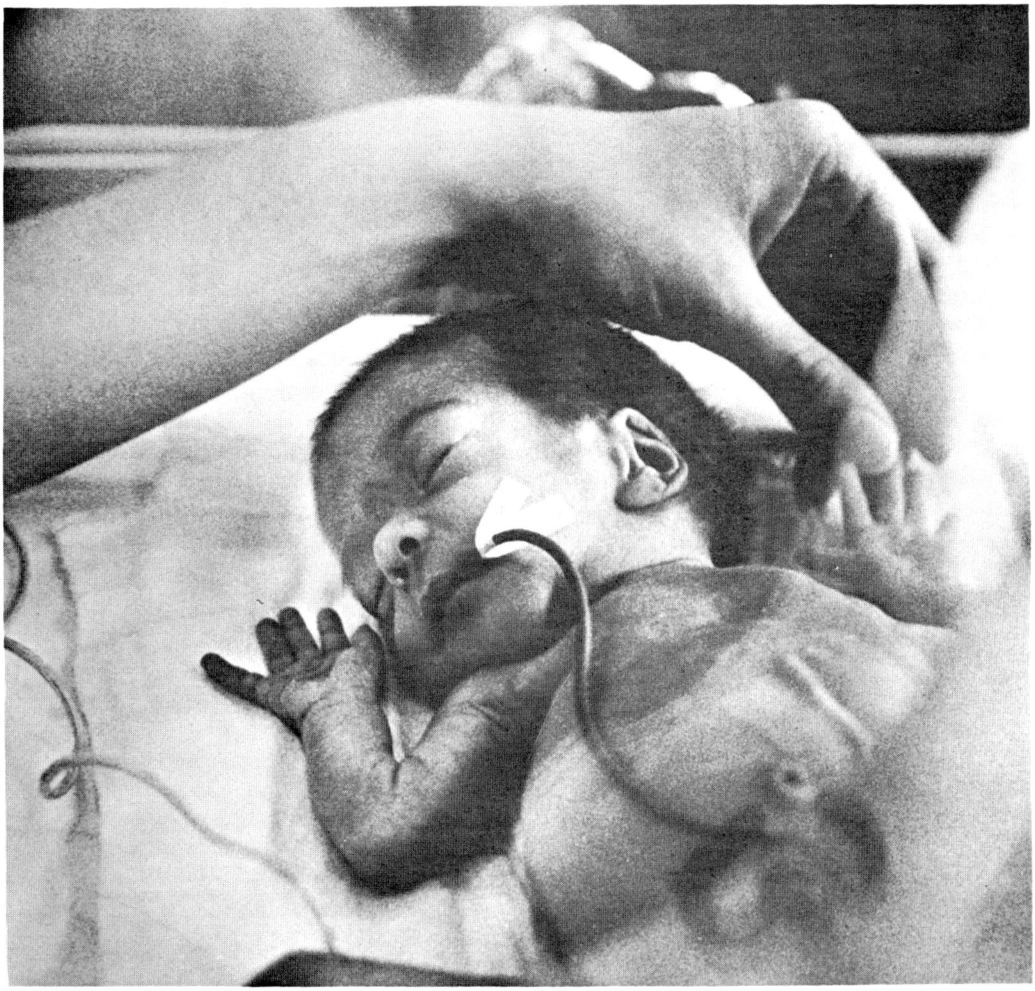

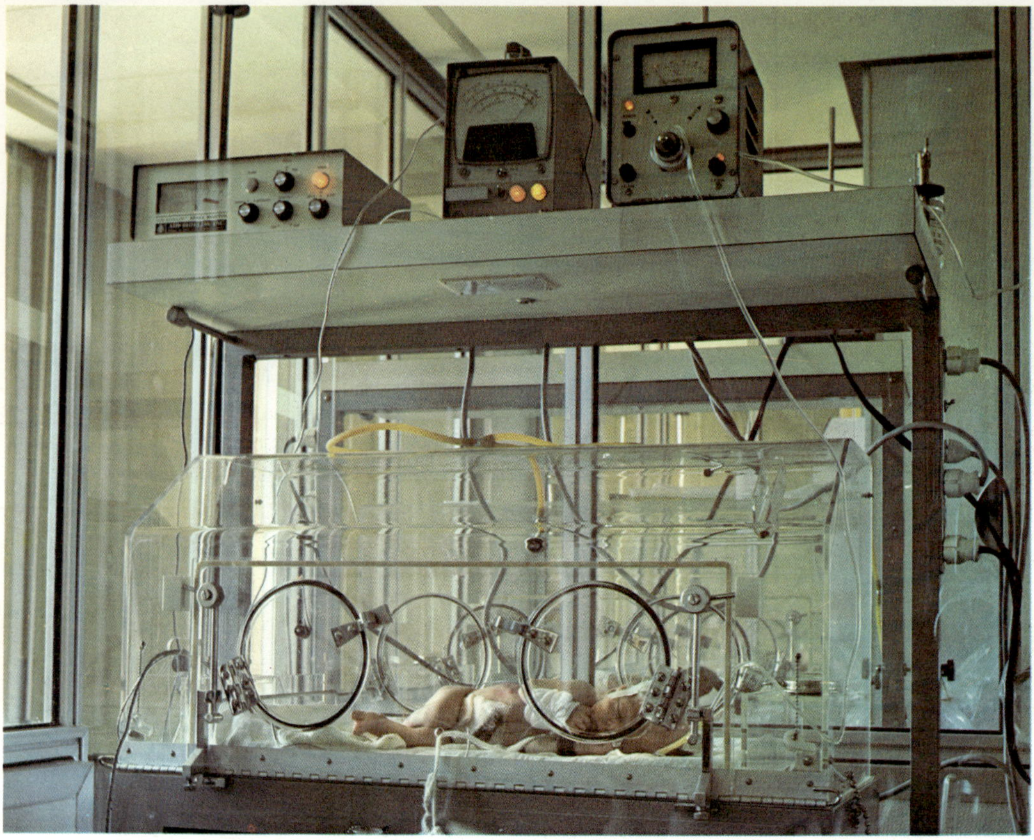

Toda esta complicada tecnología se requiere en la creación de un ambiente artificial adecuado para el desarrollo del pequeño prematuro. Incubadora de un Centro Maternal de Barcelona.

Los abortos amenazan especialmente durante el segundo y tercer mes del embarazo.

Para el médico y para la futura madre resulta más inquietante, y más difícil de evitar, la amenaza de un aborto. El peligro se presenta sobre todo en el segundo o tercer mes del embarazo y se manifiesta siempre con hemorragias, acompañadas a menudo de intensos dolores en el bajo vientre. El aborto puede evitarse, en la mayoría de los casos, si se recurre al médico cuando aparecen los primeros síntomas anómalos en el embarazo; el tratamiento será a base de medicinas o, en ciertos casos en que el aborto amenaza por haber una alteración en el cuello de la matriz, por

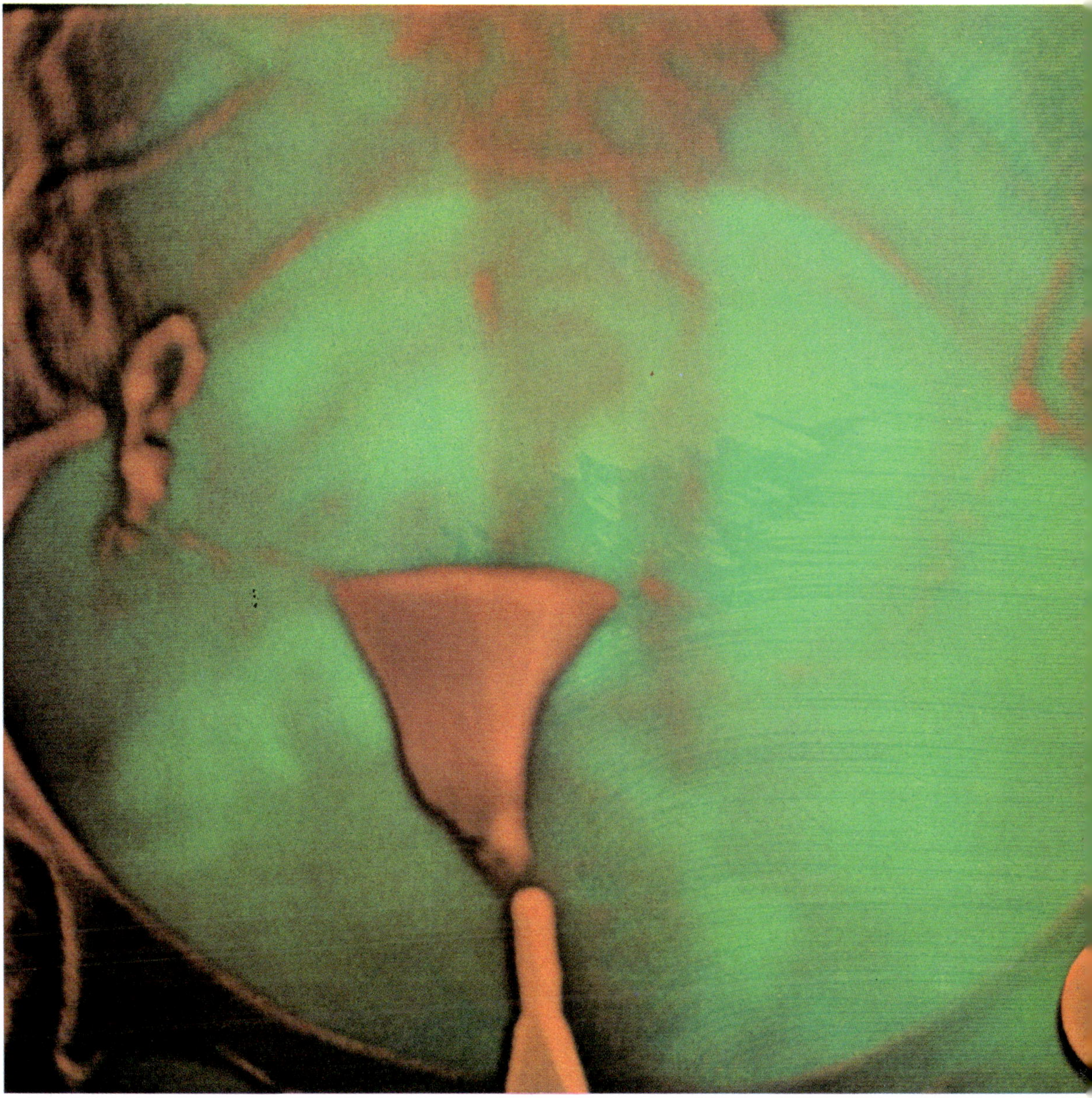

En el centro de esta radiografía en color destaca, en rojo, la cavidad triangular del útero, el pequeño «laboratorio» donde se gesta la vida. La obtención de radiografías en color es una reciente adquisición de la técnica radiográfica.

medio de una operación que recibe el nombre de su descubridor, Shirodkar. Esta operación se realiza a finales del tercer mes del embarazo; consiste en la colocación, alrededor del cuello relajado de la matriz, de un hilo especial que se anuda de forma que, en una tercera parte de los casos, los niños no nacen hasta que no se retira el lazo, pasados los nueve meses.

El aborto se debe a que el feto muere y el útero trata de desembarazarse de él; esa muerte fetal puede deberse a múltiples causas, no siempre fáciles de reconocer. En general son factores que determinan, bien una grave alteración del feto, bien una gran dificultad en su nutrición. En ocasiones el aborto es debido a que ya el huevo trae consigo un defecto que le impide desarrollarse normalmente, y muere pronto. Las causas que impiden una buena nutrición del feto son muy similares a las que provocan el parto prematuro, pero actúan mucho antes, en los primeros meses del embarazo; así hay que recordar las enfermedades infecciosas, las anemias importantes, otras enfermedades graves de la madre, la incompatibilidad *Rh* ya expuesta, los grandes esfuerzos y los traumatismos (golpes, caídas) grandes sufridos en el vientre.

Afortunadamente, la mayoría de las veces los síntomas citados: hemorragia y dolor, se presentan en cuanto el feto, aún vivo, empieza a sufrir; y con frecuencia se puede actuar antes de que sea tarde.

Parto sin temor: la base para un parto sin dolor. Método del doctor Grantly Dick-Read

Todavía hay madres que creen preparar a sus hijas para el primer parto diciendo: «tienes que ser valiente en este momento tan difícil». Desde el punto de vista psicológico, esta frase es uno de los mejores métodos para proporcionar a sus hijas un parto difícil y doloroso, ya que sugiere, precisamente, la idea de que todo parto es doloroso y de que, en él, el sufrimiento es inevitable, lo cual es una equivocación.

La gestación y el parto son funciones naturales y como tales son absolutamente normales, fisiológicas. Ninguna función del organismo, que se realice en condiciones adecuadas, va encaminada a perjudicarlo; pueden, pues, aceptarse como naturales y aliviarse con métodos fáciles.

En todas las partes del mundo y en todos los tiempos, ser madre supone para la mujer una nueva dignidad, un título de respeto. En algunos países la maternidad se expresa incluso con distintivos externos, como los del tocado de esta joven de Mali, que pasea con orgullo a su hijo.

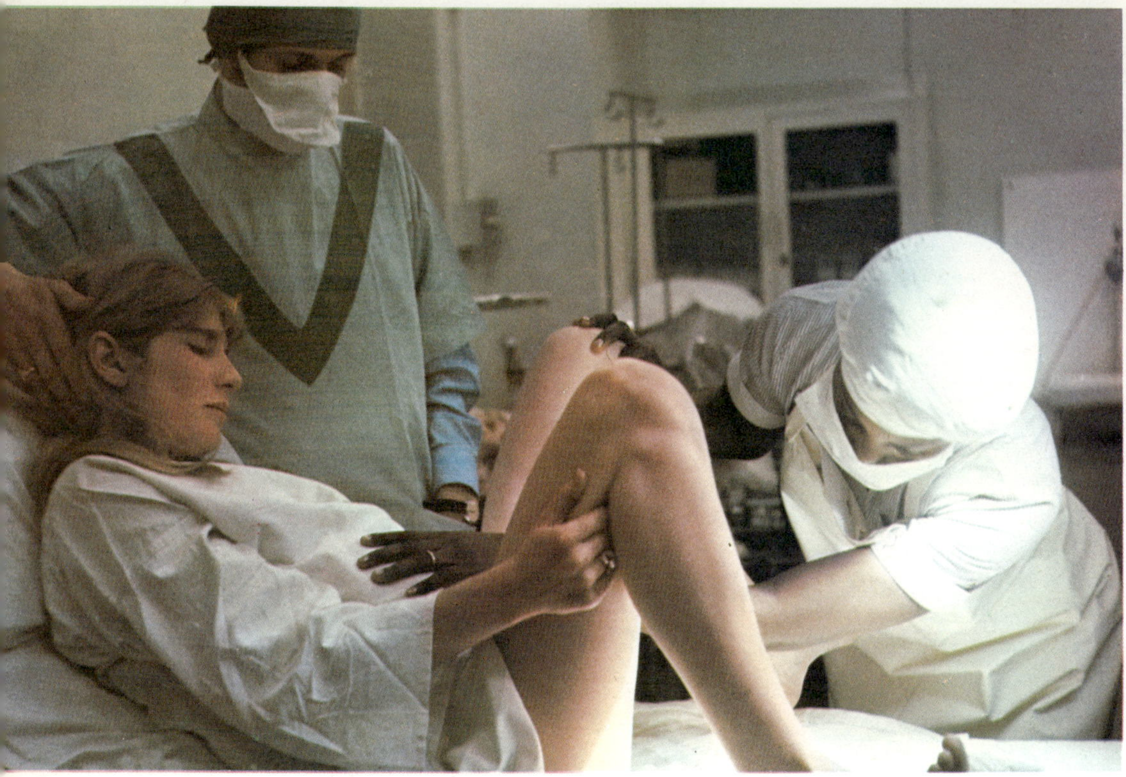

Preliminares de un parto. La tranquilidad de la madre y su colaboración consciente pueden ayudar muchísimo, tanto a ella como a su hijo. La mal llamada «hora difícil» se convertirá, así, en la más hermosa.

Los dolores se originan en gran parte cuando los músculos, que tenían que estar relajados, se tensan. Y la tensión es una consecuencia indudable del miedo. Este temor acomete a las futuras madres, sobre todo a las más sensibles, cuando no saben bien lo que les espera, cuando imaginan infundados peligros y recuerdan los terribles detalles con que sus madres, tías y amigas, les han descrito estos momentos «tan difíciles». Todas estas imágenes aumentan, por desgracia muy a menudo, los dolores.

La llamada "hora más difícil" puede ser una de las más hermosas.

La tan impropiamente llamada «hora más difícil» podría ser, para muchas mujeres, la más hermosa de todas: sólo es necesario que lo deseen así. Para ello, deben conocer lo que es verdaderamente un parto -lo cual ya eliminará buena parte de su temor (ver el apartado «El nacimiento»)– y estar preparadas para colaborar en el nacimiento de su hijo. De esta manera no tendrán tiempo para sentir miedo. No en vano lo que en español llamamos «dolores» -palabra que, de por sí, atemoriza- se llama en inglés *labour,* o sea «trabajos». Por este motivo las mujeres inglesas no conciben el parto, al modo de las españolas, como una tortura.

Cuando el ginecólogo inglés doctor Grantly Dick-Read comprobó por primera vez la forma en que muchas mujeres –en condiciones miserables– tienen sus hijos sin aparentes dolores, empezó a meditar en la posible existencia del «diabólico ciclo» formado por el miedo y el dolor. Se había dado así el primer paso para llegar al método, hoy mundialmente conocido, del «parto sin dolor».

Desde entonces, millones de futuras madres han comprendido que nada, ni las leyes de la naturaleza, ni los dogmas religiosos, podía justificar la necesidad de los dolores del parto. En su libro *El parto natural,* el doctor Dick-Read describe cómo sus largas observaciones sobre la tranquilidad interior de las madres en este instante le demostraron que el parto sin dolor se basa, fundamentalmente, en «una sosegada confianza, casi una fe, en lo normal y natural que es el desarrollo del parto».

Más adelante, el mismo doctor dice: «La civilización y la cultura han llevado al ánimo y al espíritu de las mujeres un miedo terrible ante el parto. A medida que se han ido civilizando las razas de este mundo, se ha extendido la opinión dogmática de que el parto es un acontecimiento peligroso, doloroso y temible. Este miedo, este prejuicio, conduce a la mujer a las naturales reacciones de defensa; y esta actitud defensiva no se manifiesta sólo en el ánimo. El mecanismo de las reacciones de defensa en las personas provoca también un estado de tensión muscular».

El ciclo diabólico miedo-tensión-dolor.

El médico explica este fenómeno estableciendo una correlación entre los siguientes estados: «Mujeres atemorizadas - mujeres hipersensibilizadas - cuello de la matriz en tensión - parto doloroso - temor ante la posibilidad de un próximo parto». Para acabar definitivamente con este ciclo diabólico sólo existe una solución: lograr que la mujer pierda el miedo. Esto puede conseguirse de dos formas: por medio de un claro conocimiento de la realidad del parto y a través de un relajamiento consciente (ver el apartado «Gimnasia en el embarazo»).

Naturalmente, este proceso para llegar a un parto sin dolor sólo puede resultar efectivo si la madre colabora en él activamente. El método del doctor Dick-Read no garantiza, en absoluto, un parto completamente indoloro. Su verdadera misión es situar el dolor en la escala que le corresponde: el dolor no es lo más relevante de un parto; se puede esquivar, reducir y hacer más soportable.

En realidad, en la sensación dolorosa intervienen dos factores. De un lado,la percepción física por parte de las fibras nerviosas encargadas de transmitir al cerebro las sensaciones dolorosas que el cuerpo recibe en cada uno de sus órganos, músculos, piel, etcétera; así, en el caso del parto, unas fibras nerviosas recogen los efectos del estiramiento, compresión, rotura, falta de riego sanguíneo, etc., que sufren los músculos del útero, y los transmiten al cerebro, que los recibe en forma de sensación dolorosa. De otro lado, esta sensación, sin un control emocional, da lugar a un estado de temor y de alerta más o menos consciente; al recibir un nuevo estímulo doloroso, la sobrexcitación causada por el temor hace que la sensación se perciba con una intensidad muy superior a la real; este factor psíquico es el segundo que interviene en la percepción dolorosa. Algo parecido ocurre en la percepción del frío.

Si la mujer está preparada psíquicamente; si conoce el mecanismo del dolor, es decir, si sabe cómo su aparición periódica es consecuencia de las contracciones del útero; si consigue eliminar el factor psíquico del dolor e, incluso, aprende a ayudar a esas contracciones mediante una buena relajación, respiración y utilización adecuada de sus músculos abdominales, habrá ganado una buena baza para vencer sus molestias.

Además del método de Dick-Read, que se describió en 1933, se han practicado igualmente con éxito otros basados en la relajación muscular, la buena respiración y la preparación psicológica de la embarazada; son éstos los que en conjunto se han llamado métodos psico-profilácticos.

Parecido, pero más centrado en la preparación psicológica, es el del doctor Earn, que induce a la embarazada a una concentración mental, con lo que el subconsciente se encarga de eliminar el factor psíquico del dolor.

Con frecuencia se oye hablar de partos prodigiosos, conseguidos sin el más mínimo dolor. Efectivamente, la aplicación clínica de nuevos métodos de anestesia o de medicamentos especiales hace posibles estos partos indoloros, vividos por la paciente «con pleno conocimiento, sin recurrir a los narcóticos o a las borracheras de éter». Muchas mujeres, al conocer estos hechos, creen que se han acabado para siempre los sacrificios que exige un parto. No se dan cuenta de que, en la mayoría de los casos, estos métodos especiales se reservan exclusivamente para ciertas situaciones críticas en que debe salvarse una vida amenazada.

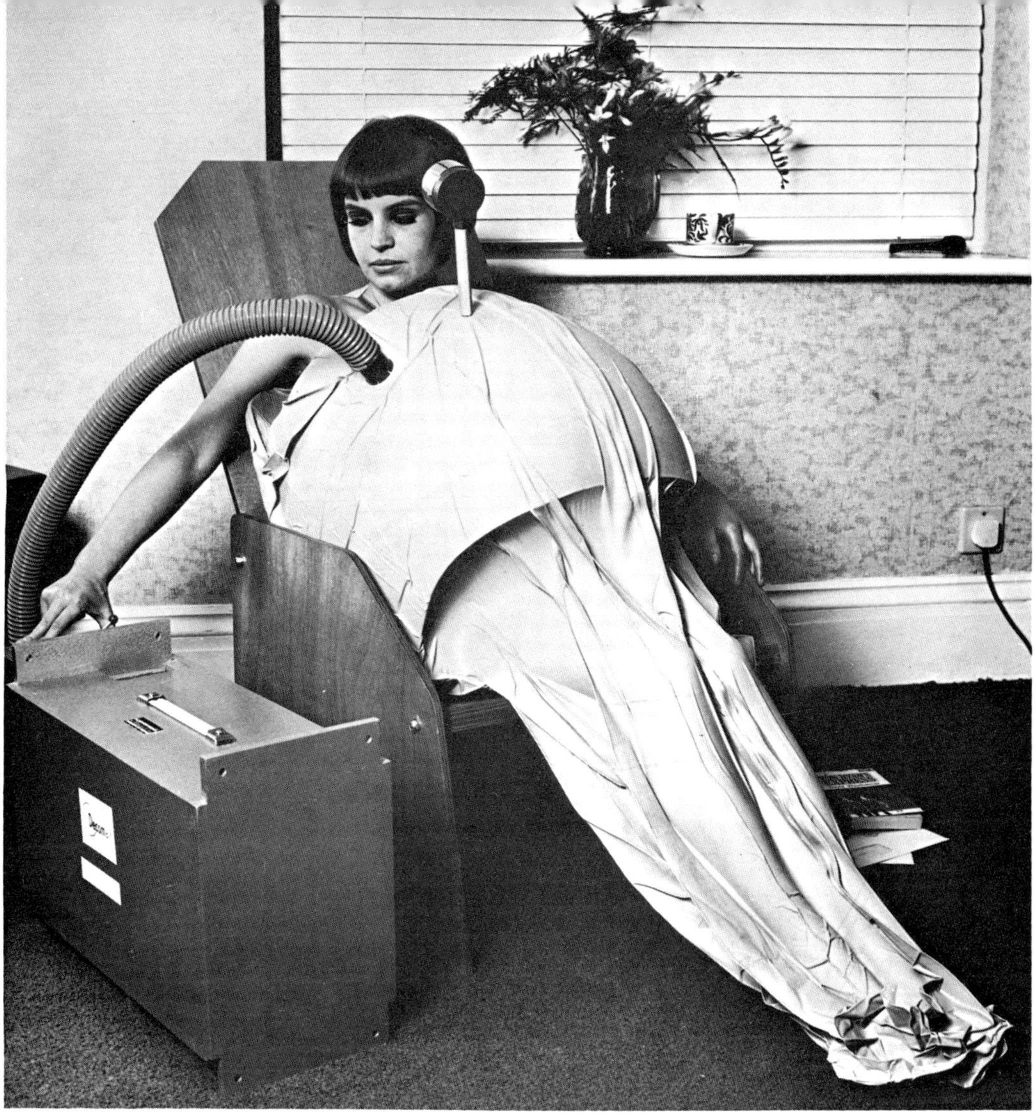

La fotografía muestra la utilización práctica de la «cúpula de presión». Por medio de un aspirador se hace el vacío en la bolsa de plástico en que está inmersa la futura madre; una armazón protege especialmente el vientre. De ese modo se facilita la circulación sanguínea y de oxígeno entre la madre y el feto. Durante el parto, el sistema ha demostrado también su utilidad.

La «anestesia paracervical» (paracervical = al lado del cuello de la matriz) es el nombre de uno de tales procedimientos. Fue descubierto en Suecia, y consiste en utilizar un producto anestésico *(Carbostesin),* cuyo efecto dura de dos horas y media a tres. Se inyecta a ambos lados de la matriz y actúa sobre el extremo superior del «canal del parto» (cuello de la matriz), insensibilizándolo durante toda la fase de dilatación. En la fase de expulsión se consigue el mismo efecto sobre el extremo inferior del canal del parto (vagina), empleando una inyección llamada *Pudendus-Block.*

El problema que presenta la anestesia paracervical es que los dolores de dilatación, con frecuencia, duran más de tres horas, y, además, con cada nueva inyección que se aplica en el conducto del parto, aumenta el peligro de infección. Casi todos los médicos rechazan, por el momento, este sistema y sólo lo emplean si las condiciones clínicas del caso lo exigen.

El método sudafricano de la cúpula de presión.

Un ginecólogo de Johannesburgo (República Sudafricana) descubrió un sistema para facilitar el curso del parto, llamado «método de vacío»: se envuelve el cuerpo de la parturienta en un saco de plástico, se ata éste debajo de los brazos y se extrae el aire de su interior, utilizando un aspirador. Se coloca una armazón, en forma de puente, sobre el abdomen de la mujer, para conseguir que el saco de plástico se mantenga a una cierta distancia del cuerpo; así se forma una pequeña cúpula en la que se ha hecho el vacío. De esta forma, la matriz puede contraerse mejor durante los dolores, ya que se ha liberado de la fuerte presión que ejercían sobre ella los músculos del abdomen. Así, el parto es más rápido y más fácil.

El profesor sudafricano llegó aún más lejos: ya antes del parto comenzó a aplicar a las futuras madres, durante media hora diaria, su método de la cúpula de vacío. Para justificar su experimento, expuso la siguiente teoría: por medio de esta disminución en la presión, que facilita la circulación sanguínea de la madre, el niño recibe más oxígeno y más sustancias nutritivas, con lo cual se potencia su desarrollo. Los niños que hayan nacido por medio de este método −según la teoría−, sin llegar a ser pequeños genios, poseerán, sin embargo, un desarrollo corporal y espiritual bastante superior a lo normal.

La exposición de estos métodos sólo tiene por objeto dar a conocer la preocupación de la Medicina por aliviar el dolor de la parturienta. En el momento actual se dispone de procedimientos farmacológicos muy eficaces de inducción al parto o parto dirigido, que, al mismo tiempo que favorecen la dilatación del cuello de la matriz y las contracciones de ésta, evitan o disminuyen el dolor de la mujer, con absolutas garantías de éxito. En definitiva será el tocólogo el que decida el procedimiento a seguir en cada caso, pues las circunstancias de cada embarazo, de cada mujer y de cada feto, son las que aconsejarán seguir un método u otro.

Miscelánea de supersticiones

Desde que la humanidad se multiplica y las madres traen niños al mundo, el nacimiento de un ser humano se ha considerado -con razón- un acontecimiento digno de respeto. Pero, con el transcurso del tiempo, en torno a este hecho se han ido desarrollando una serie de prejuicios, de supersticiones y de actitudes irracionales. En la segunda mitad del siglo veinte, ninguna madre debiera dejarse embaucar por supersticiones y, menos aún, atemorizarse porque alguna «sabia» mujer le haya profetizado cualquiera de estas cosas:

El niño nacerá demasiado gordo si la madre come algo después del último canto del gallo.

El niño tendrá labios leporinos si la futura madre ve un conejo muerto con la boca abierta.

El niño tendrá la cabeza demasiado grande si la madre no renuncia a desayunar huevos.

La madre marcará a su hijo con un lunar si, en un susto, se lleva las manos al vientre.

Trae mala suerte preparar la canastilla del recién nacido antes de que nazca.

Es malo para el niño que la madre duerma boca abajo, sobre el vientre.

Si la madre desea tener un niño con el pelo rizado y la piel sonrosada, debe beber alcohol.

Afortunadamente, estas y otras supersticiones han caído en el olvido y casi no se relatan más que entre personas de escasa cultura, en lugares apartados (aldeas, campesinos). Sin embargo todavía hay personas que dudan acerca de lo que hay de cierto en lo que llaman «antojos». Cuando un niño nace con determinados defectos o manchas en la piel, se culpa a algún capricho que tuvo la madre durante el embarazo y que no fue satisfecho. Con relativa frecuencia, una mancha roja en la piel (que puede ser un angioma o dilatación de los vasos sanguíneos de la piel) se relaciona con el «antojo» de comer fresas. Algunas mujeres se apoyan en esto para conseguir caprichos que en otras circunstancias no lograrían satisfacer fácilmente. La relación de los defectos del niño con tales caprichos es absolutamente falsa y absurda, inadmisible en nuestra actual cultura.

Gimnasia en el embarazo

Nuestros antepasados –incluso de la generación anterior– daban a las futuras madres estos consejos: mucha tranquilidad y poco movimiento. Se piensa de forma muy distinta desde que el doctor Dick-Read consiguió imponer su teoría del parto natural. Para acabar con el miedo, que es la causa principal de los dolores en el parto, predicó la necesidad de una preparación psicológica adecuada de la futura madre y fomentó la práctica de una gimnasia especial para el embarazo. En la actualidad, en muchas clínicas tocológicas hay médicos, comadronas y profesoras de gimnasia que trabajan en la misión de preparar a las futuras madres para el parto. La instrucción teórica y la preparación práctica deben desarrollarse al mismo tiempo. La gimnasia aumenta y conserva la elasticidad de los músculos y conductos que intervienen en el parto. Entre los ejercicios más importantes que se recomiendan, pueden citarse los ejercicios de relajación, técnicas respiratorias y, especialmente, movimientos de gimnasia encaminados a desarrollar los músculos del vientre y de la pelvis.

La gimnasia no debe practicarse antes del cuarto o quinto mes.

Estos ejercicios pueden empezarse a partir del quinto mes de embarazo, pero jamás antes del cuarto mes, puesto que el peligro de aborto sería demasiado grande. En cualquier momento, sin embargo, debe contarse con el consentimiento del médico y la dirección de una experimentada profesora de gimnasia. Bastará con dedicar diez o quince minutos diarios a estos ejercicios, pero, durante este tiempo, hay que concentrarse exclusivamente en ellos. La colaboración del marido en los mismos es útil e incluso puede resultar un motivo de entretenimiento. Para no caer en la monotonía, puede resultar estimulante asistir a un curso de gimnasia para embarazadas, en alguna clínica o instituto de gimnasia. Estos ejercicios colectivos no pueden sustituir, de todas formas, a los ejercicios individuales que se deben hacer, a diario, en casa.

La gimnasia del embarazo no debe considerarse una obligación drástica y obsesiva, ni entenderse como un ejercicio inflexible, exclusivamente destinado a preservar el cuerpo de los dolores del parto. No, la gimnasia es útil durante todo el tiempo que precede al parto. Proporciona agilidad, da soltura y ligereza a nuestra forma de andar y, al facilitar la relajación, favorece incluso la disposición del ánimo para soportar mejor el embarazo y el parto.

Pero tampoco se trata de caer en el extremo contrario. No se trata de batir *records* de máximo rendimiento, ni estamos en un concurso deportivo, en el que haya que designar un campeón. Es verdad que una mujer debe mantenerse en forma, pero siempre de acuerdo con sus posibilidades. En el limitado espacio de este libro es imposible abarcar ampliamente los innumerables ejercicios que existen para el periodo de embarazo. Hay libros y también discos especializados en el tema (ver Bibliografía). Aquí solamente vamos a exponer los ejercicios estándar que, a juicio del doctor Dick-Read, pueden facilitar el parto; nos limitamos a proporcionar lo que se podría llamar «las cuatro reglas de la Gimnasia del Embarazo».

Diez o quince minutos de gimnasia al día resultarán una considerable ayuda en el embarazo y en el posterior momento del parto. Esa gimnasia puede hacerse perfectamente en casa, pero es aconsejable asistir a algún cursillo en clínicas o institutos especializados, con lo que se evitará la monotonía y se contará con la dirección de una profesora experta.

Relajación

Este ejercicio exige, fundamentalmente, dos cosas: reposo y tiempo. Para obtener la tranquilidad espiritual se necesita primero conseguir la tranquilidad externa. Por eso se recomiendan quince minutos diarios de absoluto retiro, en una habitación oscura, olvidando inquietudes y preocupaciones. El relajamiento no puede conseguirse por la fuerza, debe aprenderse. Para comenzar un ejercicio de relajación hay que concentrarse: debe elegirse un lecho duro (una manta gruesa sobre el suelo); puede usarse un cojín para apoyar la cabeza. Luego, cada músculo, de los pies a la cabeza, debe distenderse. Cada miembro debe volverse pesado y fláccido. Este ejercicio debe hacerse tendiéndose sobre la espalda y sobre el costado, porque durante el parto, en el proceso de dilatación, un cambio de postura puede aliviar el dolor. Aunque ya durante los nueve meses de embarazo, cada vez que se practique, la relajación proporcionará un benéfico descanso.

Hay que aprender a relajarse.

Respiración

Durante el embarazo, la práctica correcta de la respiración adquiere gran importancia, ya que el niño obtiene de su madre, a través del cordón umbilical, todo el oxígeno que necesita. Entre los ejercicios de gimnasia del embarazo tienen especial importancia, según el doctor Dick-Read, los ejercicios de respiración ventral. En los momentos decisivos, al llegar los dolores de dilatación, la madre deberá practicar esta respiración ventral para abastecer de oxígeno su propia matriz y al niño. Así puede reducirse el dolor y se facilita el curso del parto. El dominio de esta técnica respiratoria proporciona ya un alivio a la «respiración entrecortada» de los últimos meses del embarazo.

La técnica respiratoria especial es útil para la madre y el niño.

El «jadeo» –la técnica de respiración superficial y corta– debe practicarse en los instantes de transición, cuando la madre siente ya que el niño presiona, pero aún no puede decidirse a empujar porque el médico y la comadrona se lo prohíben. Los conductos del parto no están todavía suficientemente dilatados y, en estas condiciones, esforzarse anticipadamente acarrea un dolor innecesario. En este momento, la práctica de la respiración «jadeante» ayuda a controlar la presión de empuje.

En la última fase de la expulsión del feto, es decir, cuando ya empieza a aparecer su cabeza al exterior, momento que los tocólogos y comadronas llaman «coronación», la mujer tiene tendencia a

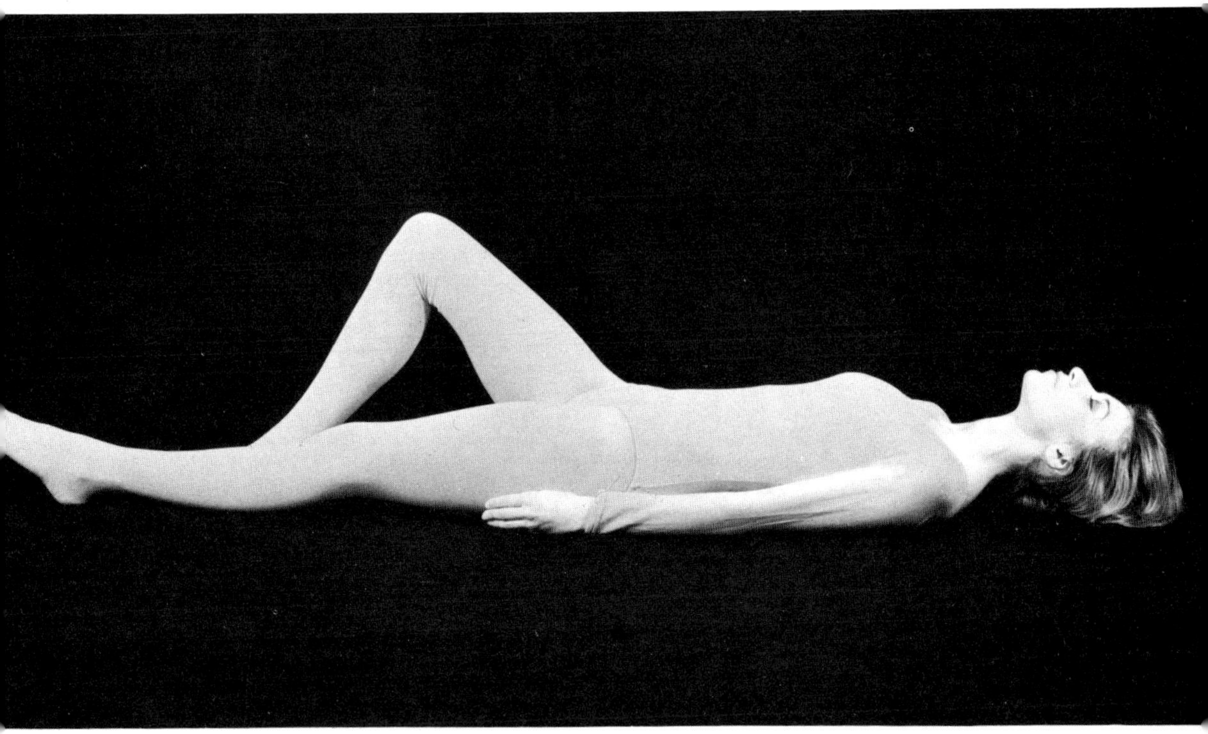

En esta fotografía y las de págs. siguientes, la instructora de educación física Bernardette Itey ilustra los distintos ejercicios gimnásticos de relajación y fortalecimiento que se explican en el texto. La preparación física es importante con vistas a un parto más fácil y a una más rápida recuperación en el periodo puerperal.

contraerse y aguantar la respiración, con lo que no sólo no ayuda a la expulsión, sino que más bien la dificulta, y se expone a que, por la enorme tensión muscular, se produzca un desgarro de tejidos en la zona llamada periné; desgarro que, a más de molesto, tiene graves peligros. En esta fase la mujer debe ayudar realizando una respiración rápida y poco profunda, casi jadeante, con lo cual se evita la tensión muscular, no se aumenta la presión en el interior del abdomen sino que el útero se contrae sin presiones externas, y se consigue una magnífica oxigenación de todos los tejidos de la madre y también del niño. Este tipo de respiración debe aprenderse bien antes del parto; durante éste, el médico indicará el momento oportuno de ponerlo en práctica.

Ejercicios para fortalecer

Los ejercicios de fortalecimiento constituyen un complemento imprescindible a los ejercicios de relajación. La gimnasia está especialmente pensada para fortalecer los distintos músculos y aligerar las molestias del embarazo.

Como ejercicio básico para el fortalecimiento de la pelvis y de la columna vertebral, el doctor Dick-Read recomienda el siguiente:

> La embarazada se coloca «a gatas», con los muslos separados y con los brazos y manos extendidos. La espalda, la nuca y la coronilla deben quedar en línea recta. Lentamente, se baja la cabeza y se levanta la espalda, encorvándola. En el tiempo siguiente, se levanta la cabeza y se deja caer la espalda, de forma que se combe hacia abajo (espalda cóncava). El mismo ejercicio ha de repetirse diez veces.

La práctica de este tipo de gimnasia puede proporcionar alivio a los dolores de cintura, tan frecuentes durante el embarazo.

Para variar, este ejercicio puede realizarse así:

> Tendiéndose de espaldas sobre un lecho duro, con las rodillas juntas, se contraen los músculos glúteos y los del bajo vientre,

se aprieta fuertemente la espalda contra el lecho y se pasa la mano plana, para cerciorarse de que no queda ningún hueco. Al tiempo siguiente, se distienden los músculos glúteos y los del bajo vientre, levantando la cintura hasta formar una pequeña concavidad sobre la superficie del lecho. Este ciclo alternante, entre tensión muscular y relajamiento de la pelvis, se llama «balanceo de la pelvis». Cuando se levanta la cintura, se debe inspirar; cuando se aprieta sobre el lecho, espirar.

Para prepararse a los dolores que se sienten en el parto, durante la fase de expulsión, es conveniente realizar este ejercicio:

En cuclillas: se separan los pies y las rodillas y se flexionan las piernas hasta casi sentarse sobre los talones. Las plantas de los pies deben colocarse planas sobre el suelo. Para facilitar este

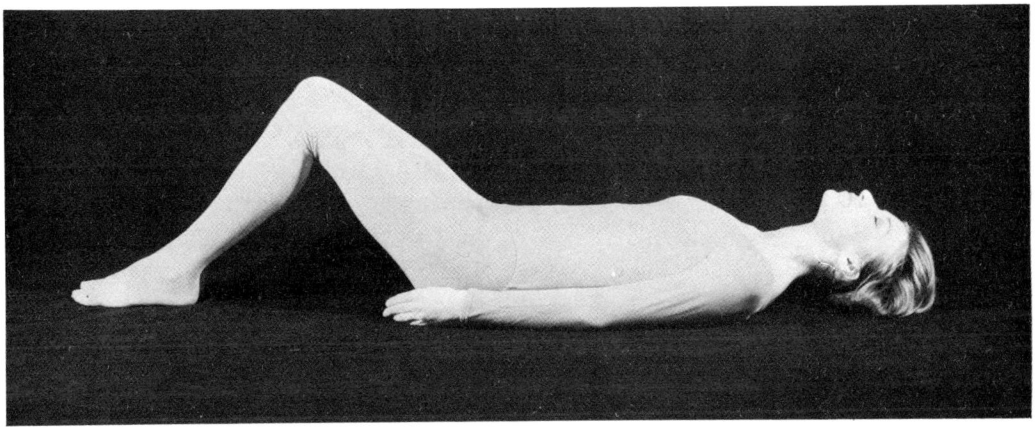

ejercicio, cuando aún no se tiene soltura pueden usarse zapatos de tacón y, si es necesario, utilizar una silla como apoyo.

En esta posición se pueden realizar muchas labores domésticas: quitar el polvo a los muebles, pelar patatas, etc. Durante los últimos meses del embarazo, siempre que la embarazada necesite agacharse debería recurrir a la posición en cuclillas, en vez de inclinarse.

Durante el parto, la musculatura superior de los muslos debe trabajar intensamente. Puede conseguirse un buen entrenamiento para la flexibilidad de estos músculos con el siguiente ejercicio:

> Sentarse en esta postura: se abren las piernas con las rodillas hacia fuera y se juntan entre sí las plantas de los pies (por su parte interior), procurando mantenerlas constantemente cerca de la pelvis. En esta posición se puede leer o coser; con la práctica, trabajaremos así a gusto.

Los músculos del vientre se distenderán por sí solos a medida que crece el perímetro del mismo, pero no conviene *forzarlos*. Para aligerarlos, es bueno fortalecer la musculatura abdominal con el siguiente ejercicio:

> Tendida de espaldas sobre el suelo, levantar lentamente la cabeza y la pierna derecha. Llevar la mano izquierda a la rodilla derecha. Volver a la primera posición. Levantar lentamente la cabeza y la pierna izquierda; llevar la mano derecha a la rodilla izquierda. Repetir el ejercicio cinco veces.

Para prevenir los calambres y la hinchazón de las piernas, se recomienda el siguiente ejercicio:

> Tenderse de espaldas. Estirar las piernas, apoyándolas en la pared o una puerta. Mover los pies hacia derecha e izquierda, describiendo círculos.
>
> Otro buen ejercicio para las piernas es:
>
> Tenderse de espaldas. Doblar una rodilla. Estirar la otra pierna, subiéndola hasta que la punta del pie esté sobre la cabeza; bajarla después hasta el suelo. Repetir diez veces y cambiar luego de pierna.

Los ejercicios más difíciles de controlar —puesto que son internos— son los de la pelvis. Los músculos de la pelvis (los que contraen el intestino, la vagina y la uretra) toman una parte especialmente activa en el parto. La futura madre debe, por tanto, familiarizarse con el funcionamiento de estos músculos. Para comenzar, los ejercicios pueden realizarse en posición yacen-

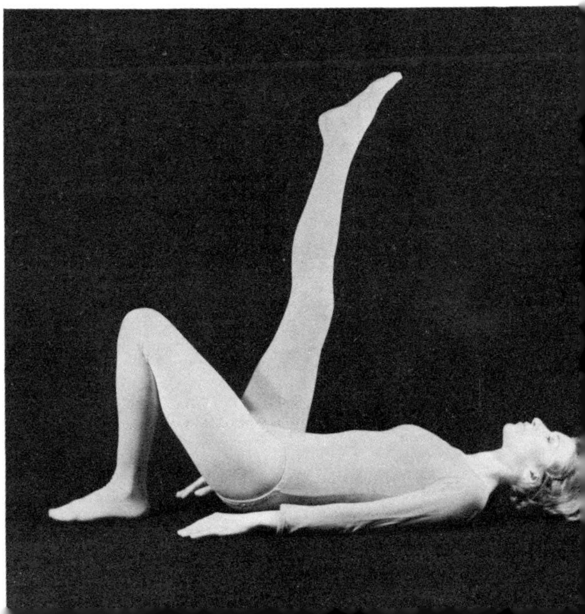

te, pero luego se hacen en posición sedente y, más tarde, de pie. Progresivamente, se ejercitan también los distintos grupos de músculos.

Primeramente, contraer los músculos glúteos con lentitud; a esta operación hay que concederle un mínimo de tres segundos. Después, también lentamente, volverse a relajar. Repetir varias veces. Simultáneamente, y como complemento, presionar fuertemente entre sí los músculos superiores de los muslos, durante 5 segundos como mínimo. Relajar lentamente la musculatura. Repetir.

A la vez que se realizan estos ejercicios, imaginar que se debe aguantar la necesidad de orinar. Se sentirá la contracción en la vagina. Relajar los músculos durante nueve segundos como mínimo. Repetir varias veces.

Durante el parto, este tipo de ejercicios no tiene una aplicación directa. Pero sólo una mujer que haya aprendido a controlar los músculos de la pelvis puede relajarlos conscientemente en el momento decisivo, evitando así que se contraigan y facilitando el parto.

La práctica de deportes durante el embarazo

Durante los primeros meses del embarazo, una mujer joven y deportiva puede encontrarse ágil y emprendedora. Sin embargo, toda futura madre debe pensar que, precisamente durante los tres primeros meses, su niño es extraordinariamente sensible a las conmociones bruscas. A las deportistas que practican el salto de altura o de longitud, el médico tendrá que prohibirles, por algún tiempo, la práctica de su deporte preferido. En general, en interés de la madre y del hijo, los médicos se ven obligados a denunciar los peligros de estos concursos de atletismo y de todos los deportes duros. Con las alpinistas y esquiadoras pueden mostrarse más liberales, pero siempre hay que prevenir una caída o un golpe; con los deportes suaves, los médicos son más tolerantes. Sin embargo, en todos los casos es útil advertir del indiscutible peligro que encierran las exageraciones.

Ejercicio, pero sin exagerar.

Por el contrario, nadar, salir de excursión o practicar la gimnasia se consideran ejercicios sumamente provechosos y saludables para la embarazada; siempre, claro está, que todo se haga con prudencia, con medida, sin intentar batir *records*. Durante los tres primeros meses existe siempre el peligro de aborto.

El excursionismo proporciona un ejercicio suave y tónico, muy recomendable. El contacto con la naturaleza, la belleza del paisaje, la quietud, ayudarán además a encontrar ese equilibrio psíquico tan necesario a la mujer que espera.

Los médicos desaconsejan sobre todo los viajes en moto y, a veces, en automóvil: la vibración y los baches, los saltos bruscos, son nocivos para el niño, especialmente durante la primera fase de su desarrollo; aunque también a partir del octavo mes se corre el riesgo de que el feto se desprenda antes de tiempo.

Para muchas mujeres, conducir un coche no es hoy día una simple diversión o un deporte, sino una necesidad cotidiana, incluso durante el embarazo. La embarazada que padezca náuseas o indisposiciones no debería sentarse al volante: sólo un pequeño instante de mareo basta para provocar un accidente. Una imprudencia de este tipo puede poner en peligro la vida de muchas personas.

Si se necesita hacer un viaje urgente, es preferible el tren al coche; los médicos no pondrán impedimentos, siempre que comprueben el buen estado de salud de la futura madre. En las últimas semanas del embarazo no conviene viajar. Se corre el riesgo de traer un niño al mundo en una clínica cualquiera del camino, en pleno viaje.

Tener un hijo después de los cuarenta años es una bella empresa, que debe afrontarse con serenidad e ilusión. Ningún obstáculo físico se opone a la maternidad a esa edad; y si la madre sabe adoptar la actitud adecuada ante su hijo, encontrará sin duda la felicidad y el orgullo que respiran los dos protagonistas de esta fotografía.

Ser madre después de los cuarenta años

Los médicos opinan que la edad ideal para ser madre oscila entre los 20 y los 29 años. Pero esto no significa que, en otras edades, la maternidad deba temerse; el organismo está perfectamente desarrollado para un parto normal y no hay ningún dato absolutamente cierto que demuestre una mayor frecuencia de malformaciones en los hijos de madres mayores.

Las embarazadas de edad madura deben tomar, sin embargo, con mayor interés la revisión médica periódica y deben esforzarse mucho en cumplir el plan recomendado de gimnasia. Sus músculos ya no tienen la elasticidad que poseían en la juventud; conviene ejercitarlos, sobre todo, en la relajación. El mayor peligro que acecha a las embarazadas de esta edad es, precisamente, su miedo al peligro. El absurdo ciclo «miedo-espasmos-dolor-miedo» que se desencadena así, debe evitarse, y es completamente posible evitarlo, como lo demuestra el hecho de que muchas madres mayores -gracias a su serenidad y a su autodominio- superan el parto con pocos dolores y sin complicaciones.

El relajamiento y la serenidad interior tienen gran importancia.

A diferencia de los médicos, los psicólogos manifiestan grandes prevenciones contra las madres de más de cuarenta años. Temen que exageren su capacidad de amor y mimen excesivamente a los niños; aducen, incluso, como reparo, el desacuerdo que puede producirse entre las dos generaciones a causa de la excesiva diferencia de edad. Nadie puede considerar definitivos estos argumentos; otros niños, de madres jóvenes, se crían mimados o incomprendidos. La madre de más de cuarenta años debe proponerse una actitud fundamental: no utilizar a su hijo para demostrar su capacidad biológica de procrear y dar a luz. Si sólo desea tener un hijo para demostrarse a sí misma o a los demás que aún es joven, es muy probable que el niño pague más tarde este orgullo.

Las relaciones matrimoniales durante el embarazo

Los pueblos primitivos consideraban como un crimen el contacto sexual durante el embarazo y castigaban a los hombres acusados de mantener estas relaciones. La medicina moderna no es tan severa: desde el punto de vista médico no hay nada que objetar a las relaciones íntimas del matrimonio, siempre que se suspendan desde seis semanas antes del parto hasta seis semanas después del mismo, y contando siempre con que el marido sea

Los posibles peligros de las relaciones sexuales durante el embarazo.

comprensivo y cuidadoso. A pesar de todo, los médicos advertirán constantemente de los posibles peligros que encierran las relaciones sexuales durante el embarazo.

En las primeras semanas que siguen a la concepción, existe la posibilidad de que el embrión no esté todavía bien asegurado en la pared de la matriz; en ese caso, una relación sexual demasiado intensa podría provocar un aborto.

Si se realiza el acto sexual pocas semanas antes del parto o pocas semanas después, cabe la posibilidad -por muy escrupulosa que sea la limpieza- de que se introduzcan en la matriz gérmenes nocivos. Estos gérmenes infectarán la herida del parto, provocando la peligrosa fiebre puerperal.

Si, después de realizar el acto sexual, una mujer siente molestias en el bajo vientre, en la región renal o en la pelvis, no debe repetirlo bajo ningún concepto. Es una advertencia categórica.

Muchas mujeres embarazadas advierten que, en los contactos sexuales, su satisfacción ha disminuido; su libido, su sexualidad, está -por decirlo así- ahogada. Esto no significa que ame menos a su marido; lo ama de otra manera. Todas las mujeres, y especialmente sus acaso decepcionados maridos, deben saber que esta inhibición no tiene nada que ver con la aversión o el aborrecimiento. La mayor parte de las veces está simplemente condicionada por las hormonas activas del embarazo y no depende de la voluntad de la mujer. No obstante, la inhibición de la libido femenina no es una regla universal; hay mujeres que, precisamente durante este tiempo, sienten un más tierno deseo y una mayor inclinación hacia el acto sexual.

Algunas mujeres temen que su marido, durante estos meses, caiga en brazos de otra. Este temor pesa sobre la vida del matrimonio, atormenta a la futura madre y puede incluso repercutir en las futuras relaciones familiares. Un marido amante debe esforzarse por demostrar a su mujer lo infundado de estos temores, debe mostrarse comprensivo y no insistir tercamente en sus «derechos matrimoniales».

El doctor Grantly Dick-Read opina que la mujer debe decidir por sí sola si acepta el contacto sexual. Para un marido experimentado la moderación sexual, durante el embarazo de su mujer, no debe significar un intolerable sacrificio aceptado a regañadientes, sino, más bien, la mínima contribución que puede aportar en beneficio de su hijo.

Las relaciones de una pareja humana están tejidas con mil matices distintos. El lenguaje del amor no es unívoco, y precisamente en épocas como la espera ya avanzada, en que son inadecuadas las habituales relaciones conyugales, es cuando se pone mejor a prueba la capacidad de diálogo, de comprensión y de ternura de los esposos.

Visitas médicas periódicas, medicinas y enfermedades de importancia durante el embarazo

Reconocimiento médico meticuloso y periódico.

Aún más importantes que los reconocimientos médicos que se efectúan en los comienzos del embarazo, son las visitas periódicas, a partir del cuarto o quinto mes. Estas visitas deben realizarse cada seis semanas y, más tarde, cada cuatro semanas o según indique el médico. El médico debe conocer las enfermedades graves que se hayan padecido en anteriores ocasiones: alergias, operaciones, partos, transfusiones de sangre y enfermedades de la familia. De esta forma, estará preparado para salir al paso de cualquier complicación inesperada durante el parto.

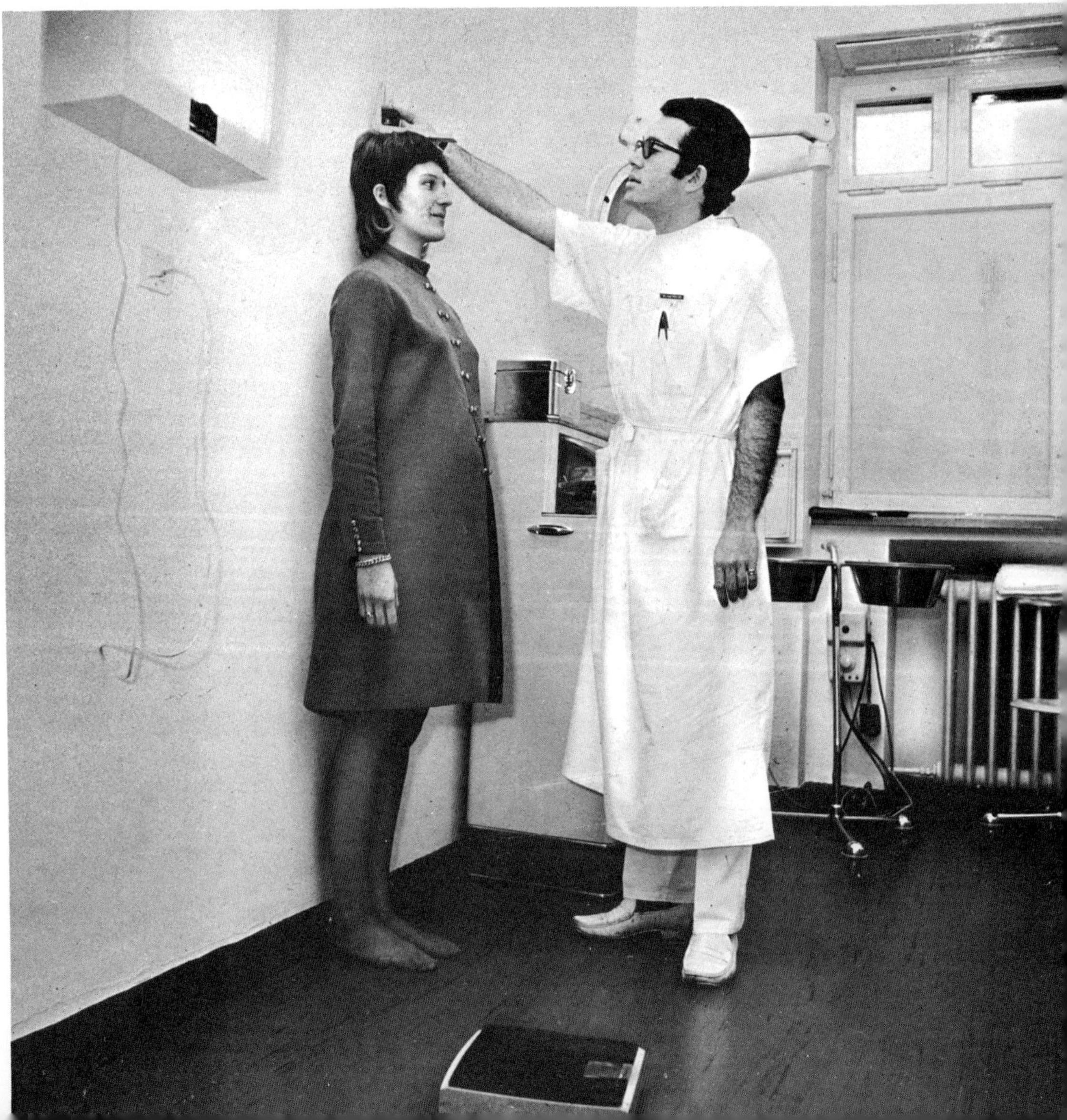

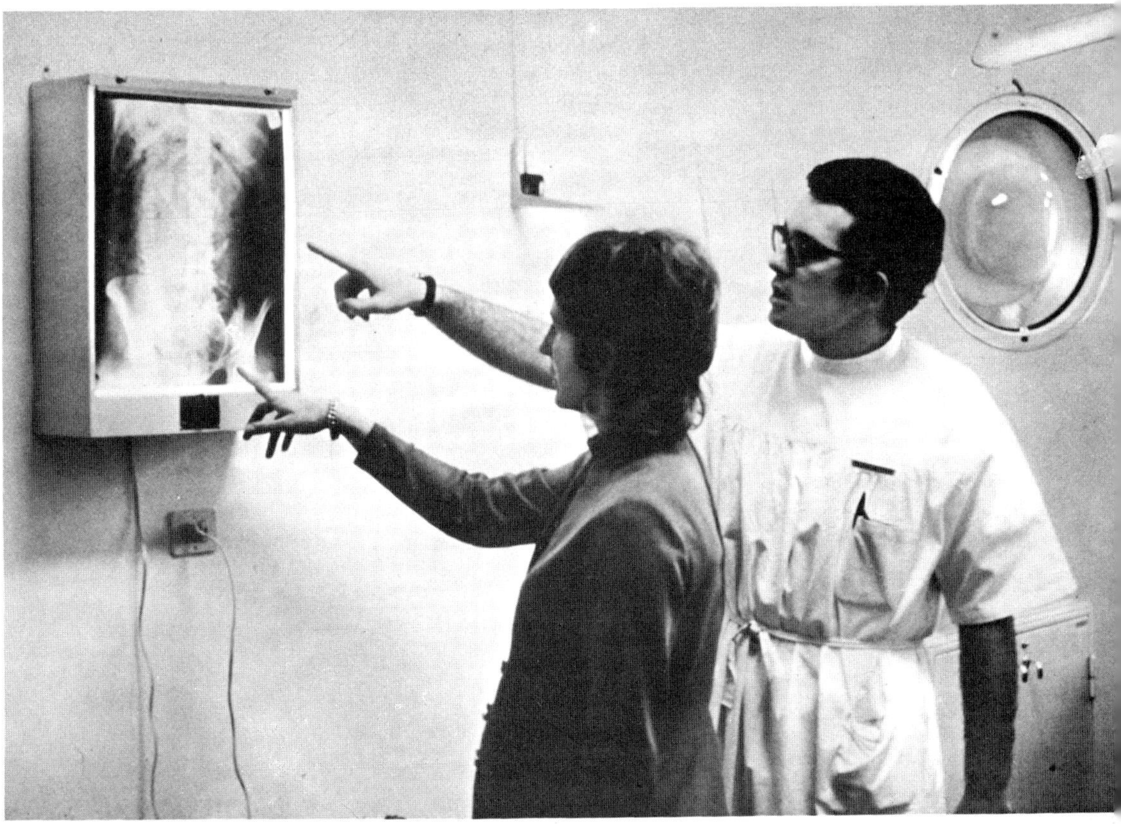

Dos aspectos de la visita médica. En pág. anterior, medición y peso de la embarazada (también se mide la longitud aproximada del feto y se toma la presión sanguínea). En esta pág., médico y futura madre comentan una radiografía del feto.

Periódicamente, después de cada reconocimiento, el médico verificará y anotará la presión sanguínea, el perímetro del abdomen y el peso; durante los primeros meses, no es frecuente que tenga que recurrir a reconocimientos internos.

Ciertas enfermedades que sufra la embarazada tienen más importancia que otras, bien para su propia salud, bien para la de su futuro hijo.

La mujer que padezca del corazón, con una cardiopatía demostrada, como por ejemplo reuma cardiaco o una insuficiencia derivada de esta enfermedad, debe tener especial cuidado y ser

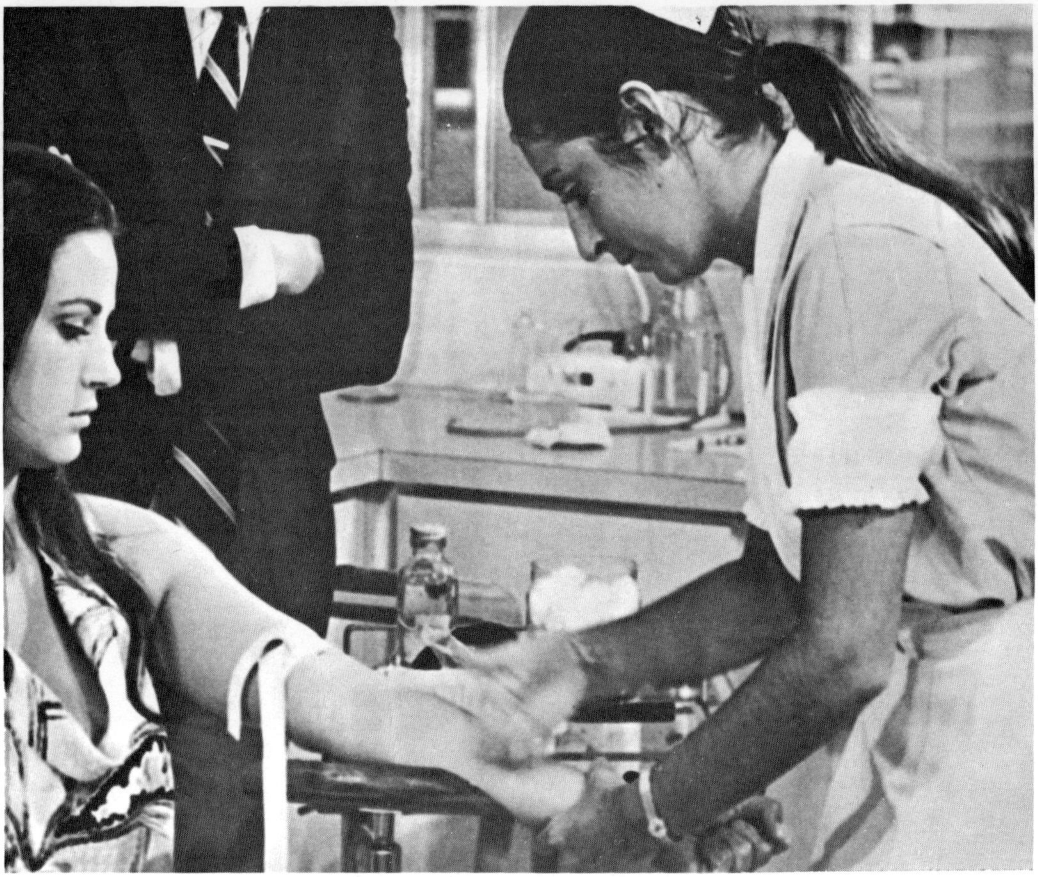

No es preciso ponderar la importancia de los análisis de sangre. Para las parejas que no se sometieron al tan recomendable reconocimiento prematrimonial, el comienzo de un embarazo debe ser el momento inexcusable de acudir al consultorio. Cualquier retraso puede ser peligroso.

vigilada muy estrechamente por el médico, porque la sobrecarga que supone el embarazo para el trabajo del corazón puede ser fatídica, sobre todo durante el parto.

Las enfermedades del riñón también requieren cuidados especiales, si bien no entrañan un riesgo tan importante como las del corazón.

Las infecciones de cualquier tipo pueden, igualmente, motivar complicaciones a la embarazada y al feto. Entre las enfermedades crónicas más importantes en tal sentido hay que señalar sobre todo la tuberculosis. Si una mujer con tuberculosis activa,

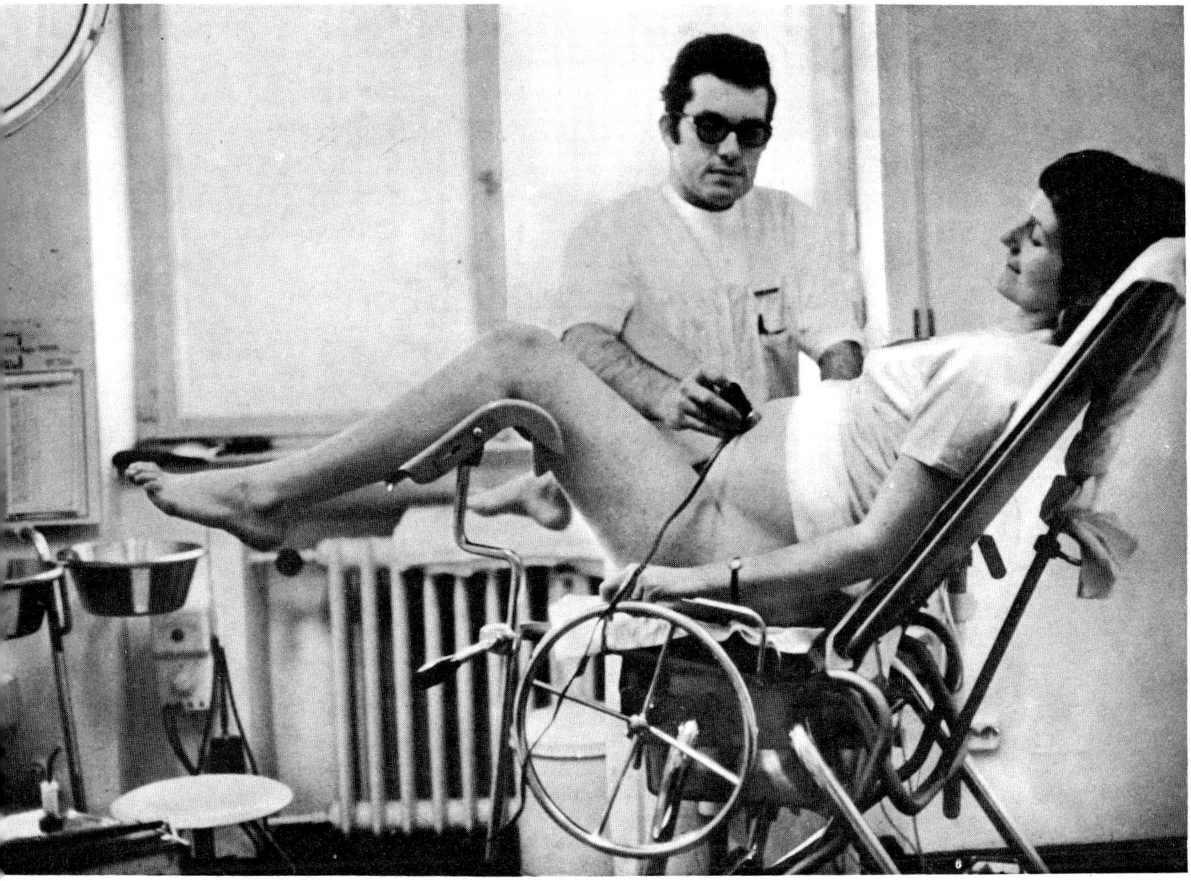

Exploración rutinaria con el estetoscopio, para determinar el desarrollo y la posición del feto. Hasta las últimas semanas del embarazo no suele recurrirse a reconocimientos internos.

no curada, no ha podido evitar el embarazo, que sería lo más aconsejable, debe seguir durante el mismo el tratamiento adecuado, ya que no sólo su organismo sufrirá más en esta época, sino que el feto puede infectarse y nacer el niño con una tuberculosis congénita.

Igual hay que decir sobre las enfermedades venéreas, sobre todo la sífilis, que en los últimos tiempos ha experimentado un aumento en cuanto al número de niños infectados ya en el claustro materno, con terribles consecuencias, después de que la penicilina había mejorado las estadísticas.

La rubéola, padecida durante este tiempo, puede tener graves consecuencias.

Las infecciones agudas tienen también gran importancia, sobre todo las debidas a virus, como la gripe; pero sobre todas, hay que resaltar la influencia muy nociva de la rubéola, puesto que, aun siendo una enfermedad benigna que ataca sobre todo en la edad infantil, cuando se infecta la embarazada antes del cuarto mes y, sobre todo, del segundo al tercero, causa al feto lesiones gravísimas en los oídos, ojos, corazón y otros órganos. En el momento presente se empieza a usar en muchos países, entre ellos España, una vacuna antirrubeólica altamente eficaz, con la que debieran protegerse todas las niñas que no hubiesen padecido la rubéola antes de los catorce años.

Las estadísticas demuestran que las mujeres diabéticas abortan con mayor facilidad. Como muchas personas padecen esta enfermedad sin saberlo, el análisis de orina se hace completamente necesario. El reconocimiento médico periódico hace posible que, hoy en día, cualquier madre diabética pueda tener hijos sanos.

Hace unos años se decía: «cada niño cuesta un diente»; y efectivamente, las futuras madres tenían que resignarse ante este hecho. Hoy, gracias a la colaboración del dentista, esto no sucede así. Es cierto que el niño necesita, para la formación de sus huesos, una considerable cantidad de calcio y de otros elementos que recibe del organismo materno. Pero si la futura madre toma el calcio necesario para su hijo (sobrealimentación), sus dientes no se resentirán del embarazo. Algunas lesiones dentales, ya existentes y profundas, pueden agravarse durante el embarazo y acelerar su curso. La saliva de la futura madre es especialmente «nociva». Por eso, sólo como precaución, conviene visitar al dentista al comienzo y a mitad del embarazo, aunque no se sientan dolores intensos. Por otra parte, el médico vigilará otras enfermedades que son propias del embarazo; por esto el tocólogo toma la tensión arterial, analiza la orina, observa si aparece hinchazón de los tobillos, etc. También previene posibles alteraciones del feto mediante el correcto empleo de los rayos X y de los medicamentos.

A veces —con motivo de un accidente, por ejemplo— puede ser necesario someter a una mujer embarazada a un examen de rayos X. En este caso, sobre todo si la mujer se halla en los primeros meses de gestación, el médico toma precauciones. Durante los tres primeros meses del embarazo, las radiaciones pueden perturbar el desarrollo de las células del niño, originando malformaciones y anormalidades. El empleo de los rayos X no es tan peligroso en los últimos meses del embarazo, aunque siempre debe tenerse en cuenta la influencia de las radiaciones en las funciones ováricas.

Después de la trágica experiencia de la talidomida, debieran considerarse seriamente las enormes consecuencias que pueden tener, sobre la salud de la madre y el niño, los «inocuos» medicamentos que se toman durante el embarazo. Una mujer no debe jamás recetarse a sí misma medicamentos para dormir, para el dolor de cabeza o purgantes. Incluso para tomar medicamentos más corrientes, conviene consultar al médico y ajustarse siempre a las dosis prescritas.

¡Cuidado con las inofensivas pastillas para el dolor de cabeza!

Si ya antes de la talidomida se estudiaban los peligros de los medicamentos para la embarazada y para el feto, desde entonces los controles de todos los medicamentos, en ese aspecto, son rigurosísimos; los médicos disponen de listas de medicamentos

La difícil readaptación de un niño nacido con malformaciones debidas al uso de la talidomida. Todas las madres debieran tener en cuenta los peligros que pueden acarrear medicamentos aparentemente inocuos. Sólo el médico podrá aconsejar lo más conveniente.

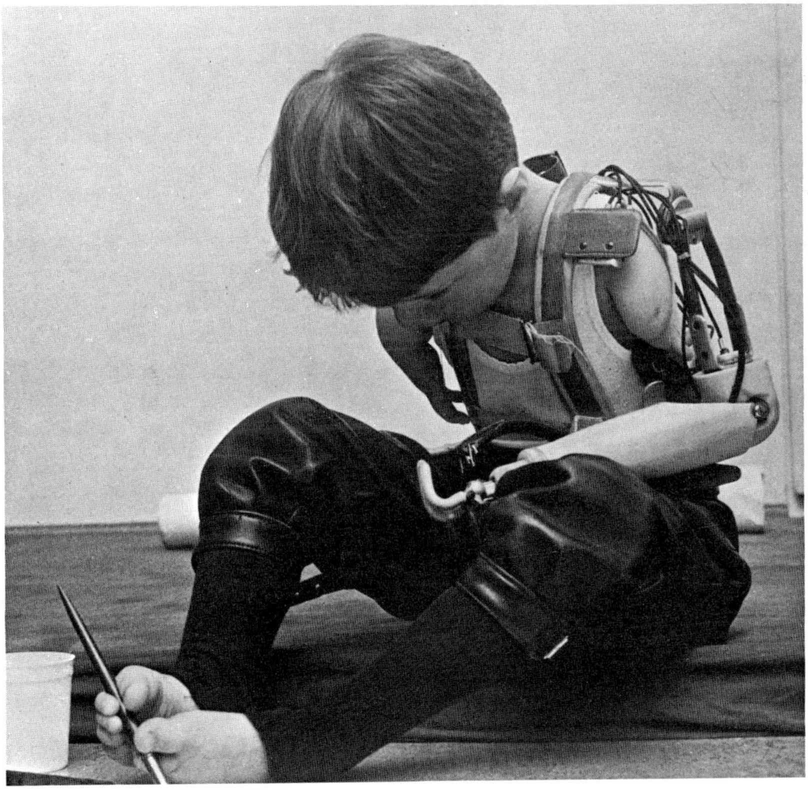

que no deben prescribirse durante el embarazo, y los prospectos de los mismos lo mencionan entre sus contraindicaciones. Con todo esto, será muy difícil que se repitan casos como el de la talidomida.

Las fumadoras empedernidas deben ser advertidas de los dañinos efectos de la nicotina en el embarazo. La placenta no puede filtrar esta materia venenosa, que penetra en el ciclo circulatorio del niño en formación.

Protección de la maternidad

Todos los Estados se preocupan en nuestros días de los problemas que plantean la maternidad y la natalidad. En efecto, estos dos hechos no tienen importancia únicamente en el ámbito familiar: la sociedad entera está interesada en el nuevo ser que viene a incorporarse a ella, y que será el día de mañana una pieza útil y quizá muy importante del engranaje social.

Por consiguiente, las leyes de todos los países protegen y favorecen la maternidad. Esta protección se plasma principalmente en dos esferas: la primera, que afecta a todas las mujeres, hace referencia a la asistencia sanitaria; la segunda busca hacer compatibles los deberes de la mujer que trabaja con las nuevas obligaciones que le impone la maternidad.

Asistencia sanitaria.

La asistencia sanitaria comprende los reconocimientos médicos durante el embarazo, la asistencia facultativa durante el parto y el puerperio, y la hospitalización en instituciones adecuadas.

En España, en el ámbito del Seguro Social de Enfermedad tienen derecho a asistencia sanitaria:

a) Las trabajadoras afiliadas y en alta, cualquiera que sea su categoría profesional.

b) Las pensionistas del régimen general de la Seguridad Social, o las que gocen de prestaciones periódicas.

c) Las beneficiarias (esposas, hijas, hermanas, etc.) que estén a cargo de los titulares con derecho a asistencia sanitaria.

d) Las esposas de los trabajadores titulares, aun de los que por su categoría profesional estuviesen exentos de asistencia sanitaria.

e) Las trabajadoras extranjeras al servicio de empresas comprendidas en el régimen general de la Seguridad Social.

Los no afiliados al S.S.E. disponen de otros Centros de asistencia maternal y de puericultura, dependientes de diversos organismos estatales y provinciales, habiendo dos ramas de médicos especializados al servicio de estas instituciones, cuales son los médicos maternólogos y los médicos puericultores del Estado, y también médicos titulados y diplomados en esas ramas. Las instituciones aludidas son los Centros Primarios y Secundarios de Higiene, los Institutos de Puericultura y las Maternidades Provinciales, todos muy extendidos por el ámbito nacional, constituyendo una extensa red que abarca tanto las zonas ciudadanas como las rurales. Otras instituciones benéficas, dependientes de asociaciones religiosas, diputaciones provinciales y otros organismos, cubren así mismo necesidades asistenciales con carácter gratuito, de modo que toda persona, cualesquiera que sean sus condiciones económicas o ambientales, dispone de la asistencia precisa. Finalmente, en todas las poblaciones existen además clínicas privadas, de diverso nivel económico, con las que se cubren las necesidades de aquellos ciudadanos que prefieren este tipo de asistencia.

Protección laboral.

Los derechos laborales de la mujer por razón de maternidad están recogidos en un convenio elaborado por la Organización Internacional del Trabajo, y adoptado por la inmensa mayoría de los países miembros de las Naciones Unidas.

Afecta dicho convenio a las mujeres empleadas en empresas industriales, o en trabajos no industriales y agrícolas, incluidas las mujeres asalariadas que trabajan en su domicilio. No hay, por supuesto, límites de edad, nacionalidad, raza o religión, y comprende tanto a las casadas como a las solteras, y a los hijos habidos dentro y fuera del matrimonio.

Hay que informar al patrono.

Cuando se confirme el embarazo, la mujer presentará en la empresa donde presta sus servicios un certificado médico en el que se indique la fecha presunta del parto. Tendrá derecho entonces a solicitar un periodo de descanso que abarque las seis semanas anteriores a dicha fecha, o más tiempo si el médico que asiste el embarazo lo juzga necesario.

Desde el momento del parto, la madre tiene derecho a otras seis semanas de descanso, e incluso a un tiempo mayor, siempre según prescripción médica. El tiempo mínimo total de descanso laboral es, por tanto, de doce semanas, ampliables si surgen complicaciones que así lo aconsejan, o por otras razones más simples como, por ejemplo, un retraso en el parto respecto de la fecha presunta.

En el tiempo en que la mujer está ausente del trabajo, tiene derecho a recibir, además de las prestaciones médicas a que ya hemos aludido, prestaciones en dinero que sean suficientes para

Descanso voluntario y obligatorio.

garantizar la manutención de madre e hijo, en buenas condiciones de higiene y de acuerdo con un nivel de vida adecuado. En España, el descanso por maternidad es considerado como una «incapacidad laboral transitoria» que da derecho a percibir el 75% del sueldo. Además, se establece una distinción entre descanso obligatorio y voluntario, atendiendo a la necesidad que muchas mujeres tienen de su salario completo. Obligatorio es el periodo de seis semanas de descanso después del parto, y el que el médico indique como necesario, antes o después del nacimiento del hijo. La muerte del hijo no interrumpe la obligación de este descanso. El resto del periodo de descanso, hasta los límites arriba indicados, queda a voluntad de la mujer; pero si ella lo solicita, deberá concedérsele.

Si una mujer lacta a su hijo, estará autorizada a interrumpir su trabajo para este fin, durante uno o varios periodos al día. Estas interrupciones se cuentan como horas de trabajo y deben remunerarse como tales. En España, el tiempo para la lactancia que deberá facilitar obligatoriamente la empresa se fija en una hora diaria, que la madre puede tomar entera o en dos partes de media hora, y en el momento del día que prefiera, comunicándolo antes a la empresa.

Trabajos peligrosos.

Independientemente de estas normas, la ley protege a las madres trabajadoras en otros supuestos, como los de trabajos que puedan ser perjudiciales para la vida o la salud de la madre o el hijo, por sus especiales características de peligrosidad, probabilidad de contagios o exposición a radiaciones.

HIGIENE ESPIRITUAL Y CORPORAL

Confianza en sí misma y equilibrio espiritual

Sería totalmente absurdo que una mujer embarazada, que comprueba cómo desaparece por días su esbelta silueta (sobre todo en los últimos meses del embarazo), creyera que para conseguir confianza en sí misma basta con la intención. Se necesita, en primer lugar, la ayuda de los demás: la familia y las amistades. Por otra parte, conviene no descuidar una serie de pequeños recursos, que son fundamentales para obtener la deseada autoconfianza.

Pequeños trucos para mantener la autoconfianza.

Hay que vigilar especialmente los olores. Debe utilizarse un buen desodorante, que impida el olor del cuerpo, pero que no anule por completo la función de las glándulas sudoríparas (sudar es un proceso fisiológico necesario).

Es muy posible que una embarazada observe, de repente, que su perfume preferido ya «no le va». Generalmente, lo encontrará demasiado concentrado. En estos casos, lo mejor es recurrir al agua de colonia corriente o a una *Eau de Toilette* (que es el término medio entre los perfumes y el agua de colonia corriente).

En lo que concierne al vestido y al aspecto físico, el mejor consejero será siempre un espejo. Nada mejor que contemplarse críticamente de la cabeza a los pies.
El guardarropa de una embarazada debe caracterizarse por los estampados pequeños, los colores alegres, los cuellos y puños claros y limpios y los vestidos sin entallar.
El peinado debe cuidarse especialmente, e incluso puede ser conveniente modificar su antigua línea por completo. Un sombrero nuevo, una blusa original, un par de zapatos nuevos, cómodos y elegantes, proporcionan buen humor y autoconfianza.

Además de absurdo, sería completamente imposible que la futura madre intentara -durante este tiempo tan «fastidioso»- encerrarse en una especie de campana de cristal, diciendo: «ahora ya no me va a mirar nadie».

Muy a menudo, durante los primeros cinco meses, ni siquiera las personas más perspicaces se aperciben de los cambios que se van iniciando. Y, durante el último tercio del embarazo, lo más importante para la futura madre es no sentirse descontenta con su destino y poner el máximo de su parte.

La futura madre no es «extraña» a la sociedad en que vive.

Por otra parte, es muy importante también no perder la certeza de que, durante esta época, se sigue seduciendo al marido tanto como antes. Un marido comprensivo y sensible procurará insistir en sus demostraciones de admiración, pero la mujer debe poner también de su parte y no perder aquellos encantos de jovencita que enamoraron al novio. No hay que descuidarse, ni dejarse llevar por continuos caprichos; se debe mostrar interés por el marido y dejarse mimar por él siempre que lo intente. De esta forma, la futura madre puede demostrarse a sí misma y a todos los que la rodean que ni siquiera durante este tiempo debe considerársela «ausente» o «extraña».

Una mujer jamás renuncia a verse desde fuera. En su personalidad, tienen igual importancia el «cómo soy» y el «cómo me ven los demás». Esta aguda autocrítica, esta vigilancia atenta de todos los detalles, no deben fallar en la época del embarazo. El espejo será, también ahora, el mejor consejero.

Los nervios, durante este tiempo, son especialmente irritables; por eso no conviene exigirles demasiado. Ningún marido debería extrañarse si, durante el embarazo, su mujer cambia de gustos repentinamente o rompe a llorar por cualquier tontería.

La buena música -que no tiene que ser por fuerza clásica- y un buen libro, lo mismo que unas horas de tranquilo aislamiento frente a la televisión, actúan favorablemente sobre madre e hijo. Pero lo mejor de todo sigue siendo el tan recomendado paseo diario por el campo. Claro está que la mayoría de las mujeres que trabajan no tienen tiempo para incluir este rato de asueto en su plan cotidiano. En este caso, el deber del futuro padre consiste en acompañar a su mujer a dar un paseo antes de acostarse.

La indecisión y cualquier tipo de angustia o temores ocultos perjudican el equilibrio interior. La futura madre debe intentar por todos los medios, ya sea conversando con su marido, con el médico o con el director espiritual, deshacerse de esta carga nociva. Cada trabajo necesita su periodo de aprendizaje. ¿Por qué pensar que pueden ser distintos el matrimonio, el embarazo o el parto? Cuanto mayor sea el conocimiento de una mujer sobre todos esos temas que se consideran tabúes en el hogar paterno, en el colegio y hasta en la formación posterior, tanto mayor será su seguridad y tanto más fuerte su confianza en sí misma.

Guardar la compostura. Elegancia y gracia

Durante esta época, la mujer ha de saber encontrar en su nuevo aspecto físico la indudable belleza que posee; no puede concebir la belleza durante este tiempo igual que antes del embarazo; sus facciones, con la turgencia que adquiere la piel, sobre todo en las mejillas, e incluso con las manchas que aparecen en la cara (llamadas cloasma gravídico), poseen una belleza que hay que saber apreciar. La turgencia del pecho, el tronco erguido y echado hacia atrás para compensar el peso del vientre, encierran un cierto encanto. La placidez del rostro, la postura que ha de adoptar el tronco, semejante a una actitud un tanto altiva, y la marcha lenta y

---

¿El embarazo, una época «fea»? De ningún modo. El gusto y la coquetería personales, si utilizan bien sus armas (fantasía en el vestir, peinado, maquillaje...), dotarán a la mujer de un atractivo irresistible.

vacilante obligada por el peso del vientre, constituyen lo que se ha llamado el «orgullo de la embarazada». Pero el verdadero orgullo de la mujer es que puede ser madre y que lo será al cabo de pocas semanas.

Una tarea cotidiana: mirarse en el espejo.

La mujer, durante los periodos de embarazo, tiene la obligación –por así decirlo– de mirarse a diario en el espejo; pero no en un espejo de bolsillo, sino en uno que permita apreciar su imagen completa. El equilibrio interior, que los médicos y psicólogos ponderan tanto, depende en gran parte de detalles externos. El autodominio, la superación del mal humor y la lucha contra la impaciencia o el decaimiento fracasarán si la madre no controla su propio cuerpo. Con la espalda encorvada, el vientre aparatosamente adelantado y un andar desgarbado, es imposible mantener una compostura interna.

Como es lógico, no basta sólo con mirarse en el espejo. Hay que esforzarse también en conservar una buena figura. La gimnasia del embarazo, con sus ejercicios especiales para cada parte del cuerpo, es un buen camino para conseguir esta meta. La mujer que no se deja dominar por la sensación de estar pesada y deforme, que mantiene su elasticidad practicando el relajamiento adecuado y consciente, y que procura, por medio de su gracia en el vestir y su habilidad en el empleo de los cosméticos, superar todo aspecto «fatigado», sabe guardar su «compostura» y esperar alegremente la llegada de su hijo.

Y como consecuencia, alcanzado este dominio, la mujer logra convencerse de que su abultado vientre no es ninguna vergüenza que obligue a esconderse o a acomplejarse, sino que será mirada con simpatía por todos. En algunos países los hombres se descubren cuando pasan ante una embarazada. A las futuras madres se las mira con respeto, a veces casi con devoción. Las sugerencias y consejos sobre la moda del embarazo no deben encaminarse a «disimular» el estado, sino que deben servir para embellecerlo y para ayudar a la futura madre a conseguir el sentimiento de dignidad personal que quiere conservar.

Hay que estar guapa

Ninguna mujer debe sentirse cenicienta o apartada de la moda, por el solo hecho de no llevar, durante algún tiempo, vestidos entallados que marquen su figura. En la actualidad, toda una rama de la industria trabaja en la moda «prenatal». Los modistas han descubierto muchas formas favorecedoras, las telas son especialmente gráciles y las posibilidades de la moda, infinitas. En fin, resulta fácil tener un aspecto cuidado y agradable, incluso poco tiempo antes de dar a luz.

Con sólo tener un poco de sentido autocrítico y estar al corriente de las últimas novedades, una mujer no tiene por qué apartarse de la moda, pero es fundamental que los vestidos elegidos proporcionen un aspecto fresco y aseado.

Recursos estéticos de la moda.

Hay departamentos enteros de las casas de moda dedicados al vestuario prenatal. Incluso existen casas exportadoras especializadas en este ramo. Especialistas competentes preparan cuidadosamente sus originales muestrarios,y numerosas revistas femeninas tratan con todo detalle las modas prenatales, acoplándolas a las directrices más actuales de la alta costura. Por eso aquí nos extenderemos poco sobre el tema y daremos solamente algunas indicaciones generales y algunos recursos que conviene conocer:

Hay que pensar siempre que un determinado estilo no se adapta a todas las mujeres.

Hay que tener cuidado con los vestidos de rayas o costuras verticales, con las hileras de botones, escotes en pico y bolsillos de cartera.

Con pocas excepciones, las telas de dibujos grandes y los vestidos o blusas plisados sientan mal.

Los colores pastel dan una impresión de frescor; el *beige* y el castaño claro engordan; el negro y el azul marino adelgazan extraordinariamente, aunque algunas veces envejecen un poco.

En general, conviene pronunciar la línea de los hombros y disimular el talle para evitar el vientre.

Las blusas claras proporcionan un aspecto lozano y lo mismo sucede con los cuellos y puños blancos, si se pueden cambiar cada día; por lo tanto, deben ser colocados de forma que se quiten con facilidad para lavarlos. Son especialmente prácticos para estas ocasiones los cuellos abotonados o, en general, los postizos de cualquier tipo.

Hasta el quinto mes la futura madre puede solucionar su problema de vestuario adaptando a su antiguo equipo cinturillas de goma elástica; de esta forma se logra ensanchar el talle de los vestidos. Esta pequeña trampa puede disimularse con una blusa o jersey suelto. Es una equivocación creer que una falda muy ajustada es más práctica y se estropea menos que un vestido camisero sin cinturón o un simple pichi.

La moda, esa imaginativa aliada de la mujer, se adapta a todas las exigencias y, por tanto, dedica también su atención al vestuario «prenatal». Este traje camisero, sin cinturón, con un dibujo de motivos alegres y no muy grandes, demuestra hasta qué punto favorecen a la mujer unas prendas adecuadas a su estado.

Posibilidad de distintas combinaciones, según la blusa o jersey que se lleve debajo; color rosa pastel, que sugiere frescor; talle disimulado, y forma intencionadamente aniñada, subrayando el rejuvenecimiento físico que experimentan muchas futuras mamás, son las características de este modelo.

Cuando llega el momento en que no resultan ya cómodos estos arreglos, hay que comprar el clásico vestido prenatal. Con este nuevo equipo se pueden hacer cuantas combinaciones se deseen, de acuerdo con el gusto personal de cada uno:

Guardarropa fundamental de una embarazada.

Un vestido «de esperar» compuesto por una chaqueta y una falda recta adelgaza la línea; resulta muy elegante que la blusa y el forro de la chaqueta sean de la misma tela.

Un vestido prenatal proporciona una mayor libertad de movimientos. No hay nada que oprima la cintura y ofrece mayores posibilidades de variedad si se combina con joyas, pañuelos, adornos, etc., que desvíen la atención de la silueta.

Resulta casi imprescindible tener un vestido de los llamados «pichi»; si está bien hecho, servirá para combinarlo con blusas y jerseys que, de otro modo, ya no se podrían utilizar. Y, sin blusa, también puede servir como vestido de verano. En cualquier caso se recomiendan las telas «de trote», resistentes y fáciles de cuidar. Los plisados en el delantero del vestido, hechos sobre telas malas, se estropean mucho con el uso y no son aconsejables, puesto que llaman demasiado la atención sobre la parte del cuerpo que más pretendemos que pase desapercibida.

Al elegir el vestido prenatal hay que dar importancia, no sólo al modelo, sino también al color. Los colores son un factor psicológico fundamental; la futura madre que sabe llevar bien su color favorito aparece encantadora a los ojos de los demás.

Ropa interior adecuada.

Tan importante, si no más, que las consideraciones sobre la forma, color o tela de los vestidos prenatales, es el tema de la ropa interior: ¿Qué debe llevar la futura madre? No todos los médicos son partidarios exclusivistas de la faja maternal; hay muchos que prefieren recomendar unos fortalecedores ejercicios de gimnasia y una buena compostura, conseguida a base de voluntad. Cada madre debe elegir personalmente entre estos dos sistemas. Ninguna de las fajas que hoy existen puede compararse con las terribles «corazas» cargadas de ballenas que se usaban hace unos años. La faja que hoy necesitamos debe proteger los músculos del vientre sin dejarlos sueltos, para evitar un futuro vientre caído, y debe ayudar por igual a sujetar las medias y a sostener al niño. Para conseguir esto se puede recurrir a un truco: los hombros pueden colaborar a aguantar el peso del vientre, si la faja se sujeta a unos tirantes de hombre colocados al revés, o sea, con la parte cruzada por delante.

Las mujeres que, por consejo del médico, tienen que llevar forzosamente una faja de maternidad, deben observar lo siguiente:

Cuando la faja es necesaria.

La faja no debe apretar los muslos ni el estómago; debe estar bien acoplada sobre el vientre para que quede suelta la cintura. Conviene que la faja cubra bien las caderas, llegando hasta el hueso del pubis. Debe estar confeccionada con un buen material elástico y poseer, en el centro o en los lados, algún dispositivo que permita aumentarla de talla.

Cada madre debe elegir «su» faja cuidadosamente, aun a costa de tener que probarse varios modelos. Puede aprovecharse esta circunstancia para elegir ya un sostén adecuado (generalmente uno o dos números más grandes que la talla que normalmente se usa).

El sostén debe tener una copa espaciosa y unos tirantes suficientemente largos o elásticos para que no opriman el pecho en lo más mínimo.

Es preferible un sostén graduable por la espalda y provisto de cierre delantero; se podrá usar también durante el periodo de crianza del niño.

Comodidad en el calzado.

Sólo con unos zapatos adecuados se puede permanecer de pie con comodidad. Los tacones no deben ser demasiado finos, ni más altos de 5 centímetros. Los zapatos más cómodos son los de tipo deportivo, con tacón ancho y no muy alto. Durante este tiempo, el pie tiene que soportar más peso y, por eso, el zapato debe ajustar bien, pero sin apretar demasiado. Tan perjudiciales como los tacones demasiado altos y finos son los zapatos caseros demasiado grandes, que no sujetan bien el pie y que conducen irremisiblemente a adquirir malas posturas, un andar pesado, cansancio y dolores en los riñones. Las zapatillas de deporte son, sin embargo, beneficiosas para los pies y la columna vertebral.

Las modernas medias protectoras -que a simple vista casi no se pueden diferenciar de las demás- se han popularizado entre las futuras madres: protegen contra las varices y son muy beneficiosas para las mujeres que deben permanecer muchas horas de pie, ya que evitan el cansancio gracias a la acción del permanente y suave masaje que ejerce sobre la pierna su ajustado tejido. Las indicaciones que dan los fabricantes sobre su talla y longitud deben ser observadas con exactitud.

Las medias-pantalón, extensibles y prácticas, resultan muy cómodas, especialmente para tiempo frío.

El cuidado de la piel para evitar que se reseque, la ducha frecuente y el uso de desodorantes suaves y un perfume discreto, contribuirán considerablemente al bienestar físico e incluso psicológico de la futura madre *(ver pág. siguiente).*

Belleza y cuidado del cuerpo

Los mejores cosméticos para la época del embarazo son el aire y una alimentación adecuada; pero también tiene gran importancia el agua. En el programa de vida diario debería incluirse siempre un baño de temperatura no superior a los treinta y siete grados y que no sobrepase los diez minutos; también es saludable la ducha (especialmente si existe el temor de un aborto) o, cuando menos, un lavado general del cuerpo. En una embarazada todas

El embarazo no es una excusa para abandonar la apariencia externa sino, al contrario, una razón para extremar la atención en todo lo referente a este tema; un punto muy importante es la elección de zapatos cómodos y elegantes.

BAO
SALI
bagnoschiuma
VIDAL
FELCE
AZZURRA
badedas

las glándulas -también las sudoríparas- trabajan intensivamente, por lo que no está de más utilizar en esta época un desodorante suave. El uso de este producto proporciona a la embarazada la sensación de estar aseada y fresca; con ello fortalece su autoconfianza, siempre tan propicia a decaer.

Un esmerado aseo exterior debe formar parte, durante el embarazo, del cuidado general del cuerpo. Deben utilizarse toallas y esponjas personales; la bañera ha de estar siempre muy limpia (en caso de que alguien de la familia padezca erupciones de la piel, forúnculos o abscesos, es necesario desinfectarla). El aseo íntimo tiene gran importancia: por la mañana y por la noche se lavarán cuidadosamente, con un buen jabón, los órganos genitales externos y el ano. Hay mujeres que quieren llevar esta limpieza a un extremo excesivo y usan a diario pastillas vaginales para prevenir enfermedades. De esta forma, sin embargo, se exterminan las bacterias protectoras de la vagina. Por eso, las pastillas vaginales están terminantemente prohibidas durante el embarazo, a menos que el médico las recete por otros motivos. Esta prohibición tiene una explicación muy lógica, como ya se ha dicho: la exterminación de las bacterias vaginales naturales facilita la entrada de otros microbios, que pueden ocasionar partos muy peligrosos.

Las pastillas vaginales están terminantemente prohibidas.

Un esmerado y constante masaje corporal, dado con un cepillo seco o un guante apropiado, tiene varias ventajas: preserva de una transpiración exagerada, activa la circulación de la sangre, refrescando el cuerpo, y mantiene la elasticidad de la piel. Esto último, principalmente en la parte superior de los muslos y en los alrededores del vientre y el pecho, tiene gran importancia. Es en estas zonas del cuerpo donde aparecen más fácilmente las llamadas estrías del embarazo *(striae),* debidas a que la piel no puede resistir la elevada tensión. Estas estrías no desaparecen, por desgracia, después del parto, sino que quedan como «cicatrices» nacaradas y relucientes. La que quiera volver a lucirse en *bikini,* debe poner todos los medios a su alcance para evitar estas estrías: masajes en seco, a base de movimientos circulares de abajo hacia arriba,y también fricciones con un buen aceite para la piel. Existen algunos productos, que se pueden comprar en las perfumerías y farmacias, concebidos especialmente para luchar contra las estrías.

Pueden evitarse las estrías en la piel.

El cuidado del pecho.

Durante el embarazo, se debe cuidar el pecho desde un principio, sin perder nunca de vista su misión posterior. El mejor tratamiento consiste en lavarlo con agua caliente y acabar el baño con agua más fría, que no esté helada. Durante los primeros meses puede efectuarse un masaje enérgico con un buen aceite protector. A mitad del embarazo, los médicos aconsejan engrasar el tórax. Es necesario prevenir contra los masajes y fricciones excesivos y los toques con alcohol o zumo de limón: todos estos procedimientos (muy utilizados «con el fin de fortalecer el pecho para criar al niño») causan a menudo más perjuicios que beneficios. Principalmente, la aplicación de alcohol o zumo de limón en el tórax fortalece poco, pero agrieta mucho y pone áspera la piel. Las primeras chupadas del niño ocasionan grietas y desgarrones bastante dolorosos para la madre.

Problemas de la piel.

A la hora de elegir los cosméticos, muchas mujeres se encuentran con que, durante estos nueve meses, la piel es el problema número uno: a menudo, se reseca demasiado y alguna vez, muy pocas, se engrasa en exceso. En cualquier caso, hay que buscar una solución.

La piel reseca y escamosa se suaviza cepillándola o tratándola a diario con leche de almendras, y friccionándola con un aceite apropiado.

Las asperezas de los codos no sólo son feas sino que además causan molestias durante la lactancia. Una buena cura consiste en sumergir los codos una vez por semana, durante diez minutos, en un recipiente con aceite de oliva un poco caliente.

La piel grasienta no se da con frecuencia en el embarazo. Si por casualidad se diera el caso, puede utilizarse un jabón a base de azufre, un ligero masaje con cepillo y una aplicación general, sobre el cuerpo, de polvos de talco azufrado. En caso de necesidad, la cara y la zona del cuello pueden limpiarse con cremas y máscaras; los institutos de belleza decidirán, en cada caso, el método más apropiado.

Las manchas oscuras de la cara (llamadas «máscara del embarazo» o cloasma gravídico) se deben a un exceso de pigmentación, pero desaparecen después del parto. Pueden disimularse, casi por completo, con un poco de maquillaje.

En general, lo más adecuado para las pieles sensibles durante el embarazo son los cosméticos, cremas nutritivas y lociones para la cara, que no lleven alcohol y sean suaves, grasas e hidratantes.

No abusar del maquillaje

Durante estos meses, también hay que maquillarse, pero tanto el exceso como el defecto no favorecen a nadie. Una cara bonita –con los ojos bien destacados– distraerá la atención de la figura. Las compresas de camomila alivian el cansancio de ojos.

Serán adecuados en esta época los masajes y lociones para el cabello, que tiene tendencia a volverse mate y quebradizo. La piel también plantea problemas; son indispensables el tratamiento con cremas suaves, grasas e hidratantes, y la adopción de un maquillaje ligero.

Los pies, sobre todo al final del noveno mes, necesitan algún cuidado especial y, si es posible, realizado por un especialista. La pedicura no proporciona sólo comodidad sino que, además, ayuda a caminar con ligereza, evitando así daños a los pies y a la columna vertebral; o sea, que, más que una coquetería, es una verdadera terapéutica.

Problemas de las uñas y el cabello.

Los cabellos y las uñas pueden considerarse, generalmente, la segunda preocupación en la *toilette* de la embarazada. A menudo, pierden brillo y solidez. Pero, naturalmente, también contra esto hay remedios y pequeños recursos:

Las uñas quebradizas o astillables se fortalecen rápidamente pintándolas semanalmente con yodo incoloro.
Es preferible llevar las uñas cortas y perfectamente cuidadas, evitando así el mal efecto que causan si están rotas y desiguales.

El masaje corporal con un guante apropiado mantendrá la elasticidad de la piel y contribuirá a evitar las antiestéticas «estrías del embarazo», temibles sobre todo en los alrededores del vientre y del pecho.

Es preferible limar la uña con lima de papel de lija muy fino; se irrita menos que con una lima corriente de metal.

Los cabellos suelen volverse mates y quebradizos. Acostumbra a decirse que, por esta causa, no deben lavarse a menudo, pero no es cierto. Hay que lavarlos siempre que sea necesario, e incluso es posible teñirlos o aplicarles reflejos. Pero siempre con la condición de que no se descuide su alimentación. Son muy eficaces los champús a base de vegetales o de yema de huevo; en caso necesario, puede aplicarse un masaje al cuero cabelludo, con unas gotas de aceite de extracto de bardana.

Un masaje con una buena loción capilar vivifica el cuero cabelludo y el cabello. En general, durante este tiempo, no se aconseja la permanente. Es preferible un peinado corto, más fácil de cuidar, menos delicado, y que, por añadidura, proporciona un aspecto más ligero y espiritual.

Si no se puede pasar sin permanente, conviene elegir adecuadamente las fechas de hacerla: la última, de seis a ocho semanas antes del término de la cuenta del embarazo. Hasta unas ocho semanas después del parto, no conviene hacerse la siguiente.

El uso del aire caliente del secador para el cabello debe evitarse, en lo posible, al final del embarazo. No conviene sobrecargar la circulación sanguínea de la madre.

GUÍA PARA LOS NUEVE MESES

Los dos primeros meses

Antes de que una mujer esté segura de que espera un hijo, ha transcurrido ya el primer mes del embarazo. Normalmente, se visita al médico o se hace el *test* del embarazo cuando ha transcurrido al menos un mes desde la primera falta. En este momento, el niño mide unos 2,5 centímetros, su pequeño corazón late ya, su cráneo comienza a tomar forma, el sistema nervioso, las glándulas y los pulmones dan las primeras muestras de vida.

Desde que sabe con certeza que está embarazada, la mujer debe seguir con toda minuciosidad los consejos del tocólogo. Tendrá especial cuidado con los medicamentos que toma; todas aquellas medicinas que tomara antes del embarazo, aun las que parezcan más inocuas, deben ser sometidas a la consideración del médico, que se encargará de orientarla acerca de si debe o no seguir empleándolas. Son particularmente peligrosas para el feto las hormonas masculinas que con frecuencia se administran en curas de engorde a mujeres muy delgadas, ya que pueden afectar al desarrollo de los genitales del feto. En general no debe administrarse ningún medicamento que no haya sido recetado o permitido por el tocólogo.

También el médico aconsejará sobre el régimen de vida, higiene o cuidados especiales, que pueden ser variables en cada caso, pero que en términos generales son los que se exponen en esta obra.

La somnolencia y los mareos.

En el embarazo tiene lugar un profundo cambio en las funciones fisiológicas, especialmente debido a los cambios hormonales que se producen, pero igualmente por otras causas. El cuerpo se siente invadido por una especie de «letargo primaveral» que produce un estado de somnolencia incontrolado. Algunas mujeres, al levantarse por las mañanas, tienen que luchar contra el mareo y los vómitos. A menudo, estas molestias logran suprimirse tomando un vaso de agua templada o una galleta, antes de levantarse; después de descansar un momento conviene levantarse con cuidado, poco a poco. En los casos más agudos, debe tomarse el desayuno, siempre que sea posible, en la cama y, como es lógico, levantarse luego con sumo cuidado.

Debe colocarse una esterilla en el fondo de la bañera, para evitar los resbalones durante el baño o la ducha diaria. Ahora, más que nunca, son peligrosas las caídas. No debe cerrarse la puerta del cuarto de baño; puede que se necesite pedir auxilio a los de fuera.

Es prudente visitar al dentista para evitar dolores y caries durante los meses próximos. En caso necesario, y por prescripción médica, se pueden tomar comprimidos de calcio y fluoruro potásico, para facilitar la formación de los huesos del niño y reforzar la propia dentadura.

Las frecuentes náuseas del despertar pueden combatirse con remedios sencillos: una galleta, un vaso de agua o, más eficaz y más agradable, el desayuno servido en la cama.

La báscula, un indicador que debe consultarse con frecuencia. Hay que vigilar todo aumento de peso excesivo, o el que se produzca antes del tercer mes.

El tercer mes

Al finalizar el primer tercio del embarazo, el embrión pesa de 20 a 40 gramos. Por eso, la futura madre puede pasar desapercibida con su «secreto»; aún no ha empezado a engordar. Tampoco necesita comenzar la dieta propia del embarazo. Pero debe controlar el líquido que ingiere a diario, procurando que no sobrepase el volumen de un litro. Si por alguna causa la madre comienza a engordar exageradamente, debe visitar al médico, pues aunque no sienta ninguna molestia, pudiera existir alguna complicación grave. Con toda tranquilidad puede, esporádicamente, seguirse una dieta de arroz y fruta, para rebajar el exceso de agua en el cuerpo. Pero jamás debe seguirse, sin consulta, un régimen para adelgazar.

Evacuar regularmente.

Si se padece estreñimiento no hay que acudir forzosamente a la farmacia, al menos en principio. Generalmente puede volverse a la normalidad tomando por la tarde media docena de ciruelas pasas o higos secos. Otros remedios caseros de buenos efectos son las acelgas hervidas y aliñadas con aceite, el yogur, mantequilla con miel, lactosa o cuatro cucharaditas de semillas de linaza, sin moler, remojadas. Si estos procedimientos fallan, se puede recurrir a laxantes suaves, que muy probablemente vencerán el estreñimiento; sobre todo es útil el aceite de parafina, que además es totalmente inocuo, ya que actúa exclusivamente en el intestino, como lubrificante. El ejercicio suave, el paseo diario, favorecen del mismo modo la evacuación intestinal; de ahí un motivo más para adquirir el hábito del paseo durante la gestación.

Prudencia en el trato con los animales.

La futura madre debe vigilar mucho su trato con los animales. Incluso los animales caseros de confianza pueden tener enfermedades contagiosas, como por ejemplo la toxoplasmosis. Las investigaciones médicas demuestran que, aproximadamente, de un 40 a 50% de nuestra población padece esta infección, aunque en raros casos llega a desarrollarse la enfermedad hasta ser clínicamente reconocible. Es posible, pues, que esta traicionera enfermedad no se manifieste en síntomas visibles, en la embarazada, pero esté amenazando la vida del niño; los microscópicos parásitos llegan, a través de la placenta y el cordón umbilical, al organismo del feto, causando graves daños: hidrocefalia, encefalitis, lesiones en el cerebro y en la vista, e incluso la muerte en el propio vientre materno. Así, las consecuencias de una infección toxoplasmótica suelen ser abortos, partos prematuros, niños muertos al nacer, o grave afectación cerebral.

El contagio amenaza principalmente a las futuras madres que trabajan en laboratorios donde se efectúan experimentos con animales, a las mujeres del campo y a todas las que tienen en sus casas perros o gatos. En cuanto una mujer padezca fiebres inexplicables y observe, en los animales con los que trata, cierto tipo de síntomas enfermizos (por ejemplo,calambres), debe avisar al médico.

Como medida de prevención, los médicos aconsejan la máxima higiene exterior en el trato con los animales, puesto que se supone que el principal vehículo de contagio es la mucosa de los hombres o animales que padecen esta enfermedad. Los animales no deben estar en la cocina ni en la cama; necesitan su propia

El embarazo obliga a cambiar las relaciones con ·el mundo exterior en muchos pequeños detalles. Los primeros perjudicados pueden ser los animales domésticos, que por la posibilidad de contagios se verán privados de nuestros amistosos mimos.

vajilla y, durante este tiempo, la futura madre debe renunciar a las húmedas caricias del más querido de sus animales domésticos. Adicionalmente, los médicos recomiendan un análisis de sangre a la embarazada que se suponga atacada de toxoplasmosis. Si se inicia a tiempo, el tratamiento con sulfamidas y otros medicamentos hace posible, en casi todos los casos, la salvación del niño nonato.

No se debe comenzar aún la gimnasia del embarazo, puesto que el embrión podría desprenderse con facilidad y acarrear un aborto. También conviene cesar la práctica del deporte.

Los médicos prohíben los baños de vapor y de aire caliente. Por lo tanto, la sauna debe considerarse tabú durante los nueve meses, ya que sería demasiado fatigosa para el delicado ciclo vital de la madre. Tampoco se recomiendan los baños calientes, de

¿Por qué no dejar suelta la fantasía al ritmo vagabundo y reposado de nuestros pasos, ciudad adelante? El paseo cotidiano, al anochecer, puede servir de evasión y de reencuentro, después de la rutina diaria.

En esa relación delicada e íntima de madre e hijo, que se establece desde el comienzo del embarazo, el marido no es un extraño. Su presencia es importante. En el nuevo equilibrio familiar, él debe saber ser un sólido punto de apoyo.

pies o de asiento, y menos las duchas vaginales durante todo el embarazo.

El paseo antes de cenar o de acostarse.

El futuro padre debe comenzar ya a preocuparse por acompañar a su mujer diariamente a dar un paseo. Si no es posible permanecer cada día un buen rato al aire libre, bien porque la futura madre trabaje o por cualquier otra causa, debe por lo menos mantenerse la costumbre de dar un paseo antes de cenar o de acostarse. No debe importar si llueve ligeramente o hay alguna niebla; en el primero de estos casos, el aire fresco hará más agradable el paseo; y la humedad de la niebla es beneficiosa para el cutis cansado.

El cuarto mes

Ahora comienza ya a ser difícil conservar el equilibrio espiritual. Lógicamente, se le presentan a la futura madre nuevas emociones, pero ha de hacer todo lo posible por no encerrarse en sí misma siguiendo la táctica del caracol. Precisamente durante esta época, es importante la ayuda que pueden proporcionar las buenas amistades, las conversaciones amenas, una función de teatro o una cena agradable fuera de casa.

Las amigas y el marido pueden demostrar (siempre con tacto, sin exagerar nunca), a base de sus cuidados y atenciones, que todos consideran el embarazo como algo natural y como un motivo de alegría.

Los cosméticos y demás cuidados del cuerpo pueden hacer que la embarazada aparezca tan agradable como siempre. Un peinado nuevo puede estilizar el aspecto de su rostro.

El embrión se ha convertido ya en feto. Los entendidos en la materia derivan este vocablo del latín *felix,* que significa tanto «fecundo» como «feliz» y «afortunado».

La placenta trabaja como un filtro.

En la placenta, una compleja red de vasos sanguíneos relaciona el sistema sanguíneo del feto con el materno; en ella se sitúa el centro del suministro de oxígeno y alimento, que recibe el niño a través del cordón umbilical. Al cabo de una hora de ingerir cualquier alimento la madre, el feto ha recibido también las materias que necesita para su alimentación y desarrollo. De hecho, la placenta trabaja como un filtro. Ciertas materias –nicotina, alcohol y algunos virus como los de la rubéola y el sarampión– no pueden ser filtradas por la placenta y, consecuentemente, afectan al desarrollo del niño. Como prevención hay que dejar de fumar, todo lo más tarde, al llegar a este mes; en verdad es más fácil dejar el hábito radicalmente que suprimirlo de modo progresivo. Sin embargo, puede permitirse algún pitillo, a condición de no aspirar profundamente el humo. Ningún médico prohíbe beber algún vaso de vino o champán, pero hay que vigilar el consumo de bebidas fuertes o muy alcohólicas.

Llega el cuarto mes, y llegan con él las prohibiciones. Por tentador que resulte el cigarrillo ofrecido, es mejor rechazarlo. Dejar el tabaco radicalmente será más fácil que abandonarlo poco a poco.

El quinto mes

Durante el segundo tercio del embarazo (aproximadamente a las trece semanas) suele experimentarse un aumento de peso semanal de 250 a 400 gramos. Ha llegado el momento en que las viejas faldas, ensanchadas a base de cinturillas de goma elástica, y los vestidos camiseros que se venían todavía aprovechando, ya no sirven y resultan incómodos; ya no bastan los diez centímetros que se ha logrado ensanchar. No hay más solución que recurrir al vestido prenatal.

El tiempo de la espera tiene un nuevo valor, se llena de una esencia distinta. La vida de la futura madre se ha remansado, y su ritmo se adapta misteriosamente al del germen prendido dentro de ella. La secreta armonía de la mujer con las flores revela la plenitud de su participación en los ciclos de la naturaleza.

No debe escatimarse en la calidad de la tela ni en el precio del corte de los vestidos «prenatales».

En lo que respecta al vestuario no conviene ahorrar, ni en la calidad ni en el corte de la ropa. El «poco tiempo» que, aparentemente, falta ya para el parto se compone, sin embargo, de una serie de días que, puestos uno tras otro, suman un buen número. Por eso, no está de más preparar un equipo adecuado. Además, así se evitarán los disgustos que causa el tener un solo vestido, que lógicamente se arruga, o un vestido tan mal cortado que parezca un saco. Un problema tan simple puede ser causa de un estado de ánimo nada recomendable, puesto que hará perder el optimismo a la futura madre y la volverá poco sociable.

Hay mujeres que no quieren gastar demasiado en los vestidos prenatales, con la excusa de que ya ha transcurrido la mitad del

«¡Ha crecido, mamá!» Efectivamente, el embarazo adelanta, y todos en la casa comparten el clima ilusionado de la espera.

tiempo de embarazo. Esto no conduce a nada. Sin embargo, puede ahorrarse algún gasto adornando un vestido ya usado con algún detalle de última moda: un pañuelo nuevo para el escote, una blusa nueva para la falda vieja. Por otro lado, un vestido de verano ancho y vaporoso puede aprovecharse también después del parto, poniéndole un cinturón. Estos pequeños detalles, que no significan grandes gastos, ayudan a mantener la autoconfianza, halagan la coquetería de las futuras madres y les proporcionan conciencia de que ni siquiera en estos momentos la moda va a escapárseles.

Si el médico lo aconseja, se comprará una faja especial de embarazada; si no, bastará con un portaligas de la medida adecuada. Las medias protectoras favorecen la circulación y son beneficiosas para las mujeres que deben permanecer muchas horas de pie. Son muy prácticas las medias pantalón y las que no llevan ligas, pero hay que vigilar siempre que no opriman la parte superior del muslo, pues esto favorece la aparición de varices.

Los tacones demasiado altos pueden provocar dolores de cintura. Pero también los zapatos demasiado planos o anchos pueden dar lugar a pies planos o abiertos y, por consiguiente, a un andar poco airoso.

A partir de ahora la futura madre debería comenzar sus reconocimientos preventivos, cada seis semanas como mínimo; conviene presentar en cada visita un análisis de orina. El médico llevará un control de la presión sanguínea, el peso y el contorno de la futura madre. Con el fonendoscopio, el ginecólogo ya puede oír los latidos del corazón del niño: por regla general, son 135 latidos por minuto (aproximadamente el doble de un adulto).

Latidos del corazón del niño y pataleo.

Durante este tiempo el niño comienza a hacerse notar, moviéndose y dando ligeras patadas contra la pared del vientre. Ya casi ha alcanzado la talla que tendrá al nacer, pero sólo pesa de 300 a 500 gramos.

Conviene prepararse para el parto y practicar regularmente la gimnasia, además de los ejercicios respiratorios y de relajación. Los detalles relacionados con la técnica de los ejercicios respiratorios, de relajación y en general de la gimnasia recomendada en el método psicoprofiláctico, se pueden consultar en la obra original del doctor Grantly Dick-Read titulada *Parto sin dolor,* publicada en castellano por la Editorial Central de Buenos Aires. Los doctores Santiago Loren y Aguirre de Cárcer recogen en sendas obras, muy divulgadas en España y que llevan el mismo título, los datos fundamentales del método y su experiencia y modificaciones personales.

El sexto mes

Entre el cuarto y el sexto mes la madre, generalmente, no suele tener problemas de salud. Las molestias características de los primeros meses del embarazo han desaparecido; por otra parte, el niño aún no tiene el tamaño suficiente para ocasionar trastornos a la madre. A veces, a causa del aumento de peso y del desarrollo del niño, la madre puede sufrir varices. Tanto éstas como las hemorroides se producen a causa del estrangulamiento de las venas de la pelvis, que estanca la sangre. También en este caso es preferible prevenir que curar:

Cuidar los pies y elegir el calzado.

Pueden evitarse muchos dolores de cintura y varices usando unos zapatos adecuados, de tacón bajo, en lugar de las tradicionales zapatillas.

Las fajas demasiado apretadas y las ligas excesivamente ajustadas estrangulan la pierna y, con ello, la circulación sanguínea.

En el trabajo, es preferible moverse a permanecer de pie demasiado rato.

Tener las piernas en alto, descansa y relaja: cada día debería hacerse este ejercicio durante unos minutos, levantando las piernas hasta la altura de los ojos. Durante la noche puede permanecerse en esta postura colocando una cuña de madera entre el somier y el colchón.

Por la noche un baño caliente de pies, seguido de un masaje ascendente de las extremidades inferiores, descongestionará las venas de las piernas.

Las hemorroides dolorosas pueden aliviarse con un baño de asiento, de agua con camomila; es importante también, en estos casos, evacuar con regularidad.

Ciertos trastornos renales pueden manifestarse con una intensa y prolongada hinchazón de tobillos. En estos casos, debe consultarse al médico. Las hemorragias vaginales, durante la segunda mitad del embarazo, se deben siempre a algún trastorno serio; si la pérdida es notable, hay que acostarse y avisar enseguida al médico.

La visita al dentista.

En esta época se recomienda hacer la segunda visita al dentista, sin esperar a que surjan los primeros dolores. La saliva de la embarazada ejerce una acción nociva sobre los dientes, superior a lo normal, y el riesgo de que se produzcan caries es mayor.

Hay mujeres que, durante esta época, segregan ya pequeñas cantidades de calostro por el pecho. Este líquido se deposita en los pezones, formando costras que conviene lavar cuidadosamente. Si la secreción es considerable, puede recurrirse a las compresas de gasa esterilizada, colocadas entre el sostén y el pecho.

El ajuar del niño.

Cuando finaliza el segundo trimestre del embarazo, conviene ir preparando el ajuar del nuevo miembro de la familia. Los padres previsores acostumbran a hacer una lista de lo más necesario, por orden de importancia. Al presupuesto familiar le afectan menos las compras hechas por etapas. Pero hay que ser prudentes y discretos a la hora de comprar «monerías» para el bebé. La abuela, las tías y las amigas suelen ser exageradamente espléndidas cuando se trata de buscar regalos para el recién nacido. Tantos adornos -por muy precioso que sea el niño- son, al fin y al cabo, un derroche.

Ha llegado el momento de decidir el lugar en que debe nacer el niño. Las clínicas recomiendan que se les notifique con tiempo la correspondiente reserva. Y, lógicamente, los ilusionados padres estarán más tranquilos si conocen el lugar donde -aunque ocurriera una emergencia- está todo preparado para el nacimiento de su hijo.

Al entrar el embarazo en su último tercio, las visitas médicas deben hacerse progresivamente más frecuentes. En la fotografía, auscultación realizada con ayuda del estetoscopio, para determinar la posición y desarrollo del feto.

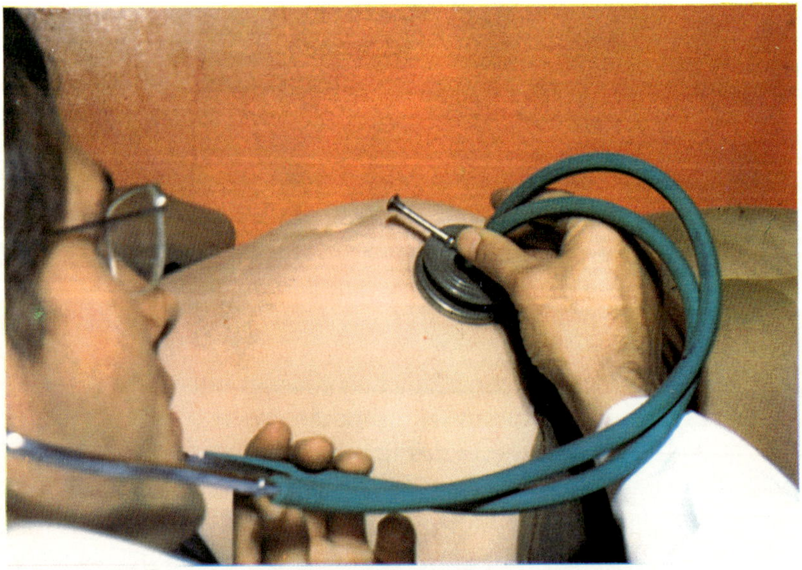

Tomarse un momento de descanso y despreocupación varias veces a lo largo del día, será absolutamente imprescindible. La futura madre hará bien en planificarlos y disfrutar de ellos conscientemente, sin querer, por otras urgencias más o menos importantes, forzar demasiado su organismo.

El séptimo mes

Hay que realizar con toda regularidad la gimnasia del embarazo y, sobre todo, los ejercicios de respiración profunda. El niño necesita ahora un abundante suministro de oxígeno. Normalmente, un adulto respira unos siete litros de aire por minuto; en las futuras madres, esta cantidad puede llegar a los nueve o más litros.

La matriz ejerce presión en zonas cada vez más altas, hasta que el tórax le presenta una definitiva barrera. El cuerpo del niño, principalmente su cabeza, oprime con fuerza las vías urinarias. La vejiga no puede distenderse y debe vaciarse a menudo. Hay que evitar a toda costa el estreñimiento. Para descansar bien durante la noche, lo mejor es prescindir de toda bebida en la cena y evacuar con regularidad.

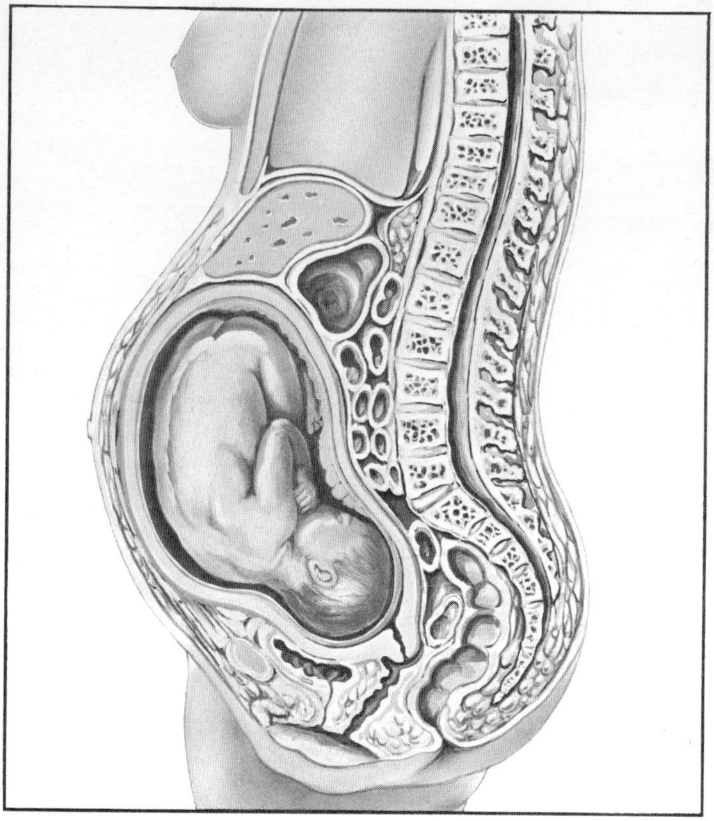

A partir del séptimo mes, el feto, que ocupa ya casi toda la cavidad uterina, necesita una abundante ración de oxígeno, y por su posición efectúa cierta presión sobre las vías urinarias. Son muy recomendables los paseos al aire libre, el ejercicio suave y una dieta de alimentos fácilmente digeribles, sin excederse en la bebida.

Al terminar este mes, el feto tiene unos 35 centímetros y pesa alrededor de 1 200 gramos; en lo fundamental, su desarrollo puede darse por terminado. Si, por casualidad, el niño naciera ahora, ya tendría posibilidades de sobrevivir, siempre que se le administraran los correspondientes cuidados.

El equipaje para la clínica.

Una madre prudente aprovecha este tiempo para preparar el equipo que debe llevar a la clínica: en una maleta pequeña (o una bolsa grande) pueden ir las cosas del bebé (todas ellas lavadas, planchadas y metidas en bolsas de plástico para evitar cualquier contaminación). En una maleta mayor se colocarán los objetos personales de la madre, algunas lecturas entretenidas, papel y pluma por si se quiere escribir y, sobre todo, una buena colonia (nada de perfumes pesados).

Siempre que se haga con medida –y sólo si de verdad resulta auténticamente agradable–, se puede nadar, pasear o, incluso, tomar baños de sol o de aire. Los baños de aire activan la respiración del cutis.

El octavo mes

Durante los últimos tres meses del embarazo, la madre aumenta su peso en 500 gramos cada semana. El niño, por sí solo, aumenta 200 gramos por semana; hacia el final de este mes pesa sus dos kilos y, lógicamente, sus posibilidades de sobrevivir en caso de parto prematuro son considerables (casi un 90%). Los prejuicios, tan abundantes, sobre los «temidos niños de ocho meses» son completamente desechados por los médicos y, en suma, sólo sirven para atemorizar a las madres.

El niño, antes de nacer, no distingue entre el día y la noche.

El niño, en su «apartamento particular», no diferencia todavía el día de la noche; por eso no es nada extraño que se mueva durante las horas del sueño de la madre. Hay madres que duermen perfectamente bien, tendidas de lado y colocándose un almohadón bajo la rodilla.

Pero la que padece dolores en los riñones, calambres en las pantorrillas u otras molestias, pasa las noches sin pegar ojo. Sólo pueden tomarse somníferos si los receta el médico; existen sin embargo algunos remedios, que citamos a continuación por si pueden ser útiles:

Métodos para dormir, que son inofensivos.

Cenar, todo lo más tarde, dos horas antes de acostarse, vigilando siempre que los alimentos no sean pesados o indigestos.
A partir de las cuatro de la tarde no debe tomarse té negro, café, ni alcohol. Un vaso de cerveza, antes de irse a dormir, ejerce una acción sedante y beneficiosa en algunas personas.
Un paseo antes de acostarse.
Un baño de agua tibia con hierbas medicinales.
Un par de ejercicios gimnásticos ayudan a obtener la relajación, especialmente de la columna vertebral.
Leer algún capítulo de un libro agradable, por ejemplo un cuento. El niño, más adelante, se sentirá feliz si su madre sabe contarle todas esas leyendas y tradiciones, todos esos cuentos que han acompañado los sueños de los hombres de todos los tiempos, de todos los países del mundo.

Ya en esta época hay que ir cuidando los pechos, sobre todo los pezones, que con mucha facilidad se agrietan y forman pequeñas úlceras en cuanto el niño empieza a succionarlos con fuerza, e incluso, en mujeres con piel muy delicada y frágil, aunque no amamanten a su hijo. Estas grietas son muy dolorosas y con facilidad se infectan, dando lugar a mastitis y abscesos, complicaciones muy molestas y peligrosas.

Sol y aire son excelentes tónicos en los últimos meses del embarazo; el agua, si está a una temperatura agradable, ofrece además a la madre, al liberarla del peso del feto, descanso y posibilidad de un moderado ejercicio, muy beneficioso.

La prevención de las grietas se puede hacer fortaleciendo la piel de los pezones con la aplicación, dos veces al día, de una crema que se prepara según esta fórmula:

Solución alcohólica de tanito al 10 por 100
Glicerina
10 cc.

También se pueden usar pomadas ya preparadas, que el médico recomendará según el caso.

Seis semanas antes del plazo calculado para el fin del embarazo, a más tardar, deben suspenderse las relaciones sexuales del matrimonio. Se corre siempre el riesgo, por mucho cuidado que se ponga, de originar una infección en los conductos del parto. Los microbios pueden penetrar en el cuello del útero -la abertura exterior de la matriz- y producir graves inflamaciones de este órgano en el puerperio.

¡No agacharse nunca! Ponerse en cuclillas es más cómodo, y constituye una magnífica gimnasia suplementaria para la pelvis.

El noveno mes

Al final del embarazo, la cabeza del niño se sitúa en la pelvis menor. La matriz vuelve a una posición más baja y la respiración jadeante, que sobrevenía, con la consiguiente incomodidad, siempre que se subían escaleras o se realizaba algún esfuerzo, comienza ahora a disminuir un poco. Por otra parte, la embarazada debe haberse acostumbrado ya a no agacharse nunca; la posición de cuclillas es menos cansada y, a la vez, representa un saludable ejercicio para la pelvis y prepara los miembros para el parto.

Ponerse en cuclillas en vez de agacharse.

Hay mujeres que sufren de hinchazón en las piernas y tobillos durante las últimas semanas del embarazo. La acumulación de agua en los tejidos tiene causas muy diversas y, por lo tanto, en cada uno de los casos hay que utilizar un tratamiento distinto; el médico es quien debe diagnosticar y recetar. Pero, en general, contra la hinchazón de las piernas valen los mismos remedios que se propusieron para las varices:

Tener las piernas en alto.
Evitar permanecer en pie durante mucho tiempo.
Usar zapatos adecuados y -si se cree conveniente- medias protectoras.
Se recomienda especialmente reducir la cantidad de sal en la comida: la sal retiene el agua en los tejidos y produce sed. Cuanto mayor es la sed, tanto más se bebe, más líquido se acumula en los tejidos y más se hinchan las piernas.

Las visitas rutinarias al médico deben repetirse ahora con más frecuencia.

El desarrollo del niño concluye una semana antes del parto. Ya no tiene tanta libertad de movimientos. Pesa alrededor de 2400 gramos; los niños suelen ser de mayor tamaño y peso que las niñas. La mayoría de recién nacidos vienen al mundo con el cuello completamente inclinado y la barbilla apretada contra el pecho; así, la cabeza, a pesar de ser la parte más voluminosa del cuerpo, pasa por el estrecho conducto del parto ocupando el mínimo espacio.

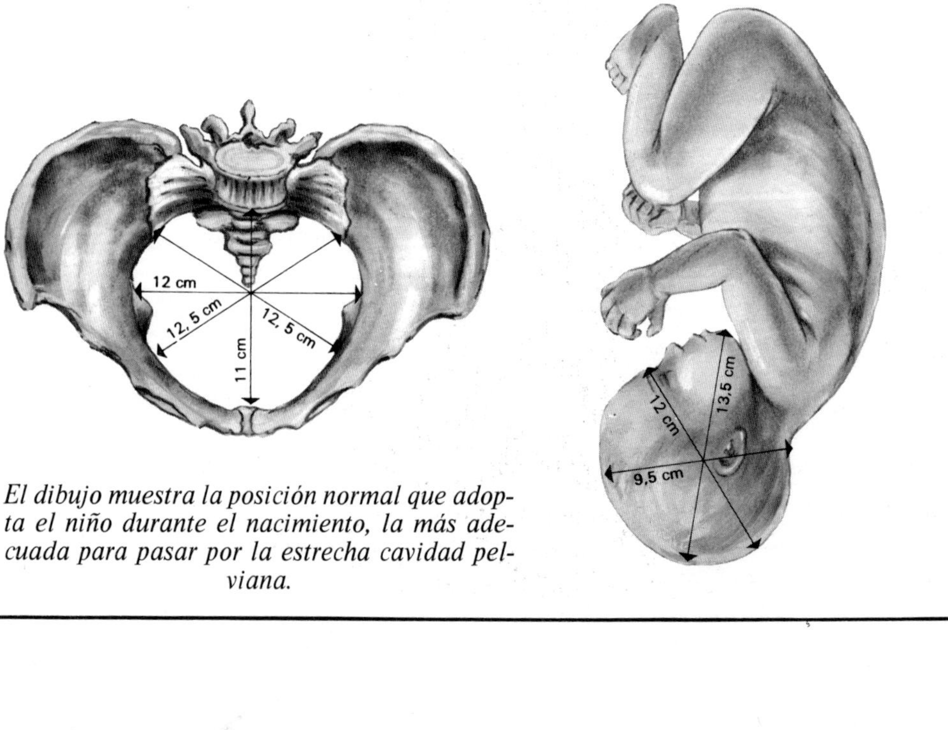

El dibujo muestra la posición normal que adopta el niño durante el nacimiento, la más adecuada para pasar por la estrecha cavidad pelviana.

Consejos prácticos para la alimentación

Lógicamente no hay por qué recomendar a una embarazada, que se encuentre bien, una dieta de enfermos. De todas formas, conviene vigilar que la alimentación se atenga siempre a estas cuatro normas generales: amplitud, riqueza nutritiva, salubridad y ligereza.

A las mujeres que por su trabajo se ven obligadas a comer en cualquier cafetería o restaurante rápido, estos consejos pueden parecerles puramente teóricos. Pero ellas mismas, con un poco de ingenio y de habilidad culinaria, se prepararán unos buenos menús para desayunar y cenar, que serán sin duda un deleite para la vista y para el paladar. Estos menús pueden componerse a base de zumos de frutas y verduras, leche, yogur, requesón y, en general, de la mayor cantidad posible de frutas y verduras frescas. Incluso el estómago del marido agradecerá este régimen.

Amplitud en la alimentación quiere decir variedad. No hay que asustarse si se aborrecen algunas comidas. Mucho peor, a todos los efectos, es la reacción contraria: un exceso de complacencia en las comidas.

Una comida es rica y nutritiva cuando tiene un contenido equilibrado de grasas, proteínas, hidratos de carbono, vitaminas y materias minerales. El cuadro general dietético que ofrecemos en la página 119 proporciona un esquema de las distintas materias nutritivas y complementarias, de su eficacia y comportamiento. Aquí sólo queremos recordar que la necesidad de calorías de una futura madre apenas aumenta durante el embarazo, pero la necesidad de vitaminas se eleva al doble. Para dar al cuerpo el régimen adecuado en este periodo, lo mejor es recurrir a un menú variado, en que abunden los alimentos crudos, verduras poco hervidas y carne, preferentemente asada. El médico, por su parte, recetará el complemento vitamínico que corresponda.

Ahora se necesita el doble de vitaminas.

Se consideran salubres todos los alimentos naturales, como las frutas o verduras. También son sanos los que no han sido adulterados con colorantes o con cualquier otro producto químico. Ciertas industrias se han especializado en producir alimentos naturales y sanos.

Una de las normas fundamentales para toda alimentación sana es reducir al máximo el uso de sal. La sal retiene el agua en el organismo, recarga los riñones y puede provocar un aumento de peso nada conveniente. Pero tampoco hay que martirizarse pensando que a partir del cuarto mes, o incluso antes, todas las comidas van a ser sosas y poco condimentadas. Al contrario: en la cocina debieran emplearse siempre, con más profusión que la sal, ciertas hierbas y especias que ya utilizaban nuestras abuelas para preparar sus sabrosas comidas. En el mercado, además de perejil o puerros, pueden comprarse muchas otras hierbas frescas: eneldo, borraja, toronjil, mejorana y tomillo. Incluso pueden cultivarse en la propia terraza o en el jardín. La misma industria, a la vista de la enorme demanda de estos productos, envía al mercado toda clase de especias secas excelentemente presentadas, en bolsitas de plástico o en prácticos y decorativos frascos.

Hierbas y especias en lugar de sal.

Como sustitutivo del azúcar, muchos médicos recomiendan la miel de abejas. La miel contiene mayor número de materias nutritivas y ejerce una beneficiosa función reguladora en los intestinos.

Se llaman ligeros aquellos alimentos fácilmente digeribles y que apenas cargan el estómago. No se recomiendan, por lo tanto, los guisados demasiado grasientos, las salsas y las sopas. En el cuadro general de dietética de la página 119 se indican los alimentos que no sientan bien a la embarazada y aquellos otros que, por el contrario, son beneficiosos para la salud de la madre y el niño.

Un aumento excesivo de peso debe considerarse alarmante. Como primera medida, hay que vigilar el régimen alimenticio que se sigue y reducir considerablemente el consumo de alimentos dulces, de especias excesivamente fuertes y de líquido. Pero ninguna mujer embarazada debe recetarse por su cuenta un régimen de adelgazamiento radical; el consejo médico es imprescindible. En muchos casos es bastante eficaz pasar, de vez en cuando, un día a dieta exclusiva de arroz. El arroz, que proporciona elementos nutritivos de primer orden, tiene sin embargo el inconveniente de que puede aumentar el estreñimiento.

La dieta de arroz.

Cuando llegue el día de la dieta se cocerán doscientos gramos de arroz que servirán para las tres comidas de la jornada. En el desayuno puede tomarse, además del arroz, 250 gramos de naranjas. En el almuerzo puede comerse también, como complemento, una ensalada de verduras compuesta por cien gramos de tomates, cien gramos de pepinos y cincuenta gramos de champiñones o cien gramos de guisantes. Para cenar, según la época, pueden tomarse con el arroz ciento cincuenta gramos de melocotones, cien gramos de manzanas o cincuenta gramos de uvas.

Como complemento a estas explicaciones sobre las comidas vamos a decir algunas palabras sobre las bebidas. De la misma forma que la futura madre, durante el embarazo, no debe comer

La fruta es sana, digestiva e indispensable en la dieta de las futuras madres por su aporte de vitaminas. Además, encontrarán en ella un recurso para aliviar la prohibición de tomar excesivos líquidos.

No comer por dos ni beber por dos.

«por dos», tampoco debe beber «por dos». No sólo hay que controlar el tipo de bebidas que se toma, sino también la cantidad. Un litro de líquido diario, añadido al que ya contienen la fruta, los dulces y los demás alimentos, debe resultar suficiente por mucho que apriete la sed. Además hay bebidas que, aun tomadas en pequeñas cantidades, refrescan y calman la sed: té, manzanilla,

El problema de un buen régimen es combinar la limitación estricta a unos alimentos determinados con la indispensable variedad. Como en tantos otros casos, sólo el médico puede aconsejar la dieta mejor y más equilibrada.

zumos de verduras y frutas o agua mineral. Los médicos recomiendan también la leche, pura o mezclada, siempre que no pase de medio litro el consumo que se haga de ella; a la vez que calma la sed, la leche resulta un alimento muy completo. Si se tienen problemas de peso y no se quiere engordar, puede recurrirse a la leche descremada: aunque el contenido de grasas es pobre en este tipo de bebida, este defecto queda compensado por su elevado contenido de cal y de productos minerales.

Generalmente, los médicos tampoco ponen objeciones a que se tome, ocasionalmente, algún vaso de champán, vino o cerveza. El té y el café, siempre que se tomen con moderación, no resultan dañinos. Sin embargo las bebidas fuertes, secas o dulces, como el aguardiente, los cócteles o los distintos tipos de aperitivos y vinos de alta graduación, deben considerarse tabúes. Sobre todo en los casos en que pueda existir peligro de aborto o hemorragia, debe prescindirse en absoluto de toda bebida alcohólica.

Cuadro general de dietética

La elección acertada de los alimentos

Alimentos recomendables	*Alimentos perjudiciales*
Pan Pan integral, pan de harina mezclada, pan de centeno, pan de semillas de linaza, galletas.	Pan blanco, pan de Viena, pan recién hecho, bollos o pan que contenga demasiada levadura y masas fabricadas con mucha sal.
Huevos De cualquier forma: revueltos, fritos, en tortilla, *pochés* o duros...	
Grasa La ración diaria no debe superar los 70 u 80 gramos, distribuidos de la siguiente forma: 20 gramos de mantequilla o cualquier tipo de margarina; de 20 a 30 gramos de aceite de oliva, de girasol, de semillas o de otro tipo, que se utilizarán para cocinar los alimentos; 30 gramos de aceite para aliñar las comidas crudas; y 30 gramos de «grasa oculta» que ya, por naturaleza, existe en los alimentos.	Todo lo que supere la ración de grasas diaria.
Pescado Cualquier tipo de pescado magro: trucha, bacalao, róbalo, besugo, lenguado... Pueden prepararse rehogados, asados, en filetes, estofados, rebozados...	Los pescados grasos de cualquier tipo: anguila, carpa, salmón; pescados ahumados o en conserva.
Carne Todas las partes magras de la ternera, buey, carnero y cerdo. Cualquiera de las vísceras: hígado, riñones, corazón, lengua, mollejas de ternera. Caza y aves.	Las partes grasas del cerdo, del buey y del carnero; y cualquier carne en conserva demasiado fuerte.
Embutidos Los poco grasos, como la mortadela, la morcilla de hígado, la morcilla de sangre, jamón magro, cocido o crudo, el rosbif, la lengua...	Los que contengan especias fuertes, como la salchicha y el salchichón.

Alimentos recomendables	*Alimentos perjudiciales*
Verduras Todas aquellas que no sean flatulentas y se puedan tomar crudas o licuadas (como excepción se incluyen en este tipo de alimentos las lentejas, muy sanas por su elevado contenido de hierro).	Las verduras flatulentas, como la col verde, roja o blanca y la coliflor; las berzas, judías blancas y guisantes.
Bebidas La leche de vaca, de cualquier forma, pura o mezclada; los zumos de frutas y verduras; el agua mineral. Infusiones de escaramujo, hinojo, malva, etc. Té negro y café; champán, vino y cerveza ocasionalmente.	Las bebidas muy alcohólicas: aguardiente, licores, cócteles, whisky, vodka o ginebra. Igualmente nocivo es sobrepasar la ración diaria de un litro de líquido.
Especias Todas las hierbas frescas, como el perejil, eneldo, puerro, estragón, pimpinela, melisa de limón, perifollo...; nuez moscada, vainilla, canela, clavo; un poco de sal en las salsas.	Cualquier abuso de especias fuertes, como la pimienta, el pimentón o el curry; en los últimos meses, limitar al máximo la sal.
Productos lácteos Leche sin desnatar, leche desnatada, mantequilla, leche cuajada, leche condensada, yogur, requesón y quesos suaves cuyo porcentaje de grasa no exceda del 30%; leche mezclada en bebidas, en dulces o la nata esparcida sobre el pan.	Leche de cabra
Sustancias alimenticias hidrocarbonadas (azúcares) Copos de avena, arroz, pastas (tallarines, fideos, etc.), patatas, sémola, tapioca, miel, mermeladas, gelatinas y azúcar de uva.	
Fruta Toda clase de fruta fresca, según la época; cruda, si se lava bien; en compota o zumo. También frutas secas, dátiles, higos, pasas, nueces, avellanas y almendras.	

Sustancias nutritivas y complementarias

Todos los alimentos se componen de:

Sustancias nutritivas: proteínas, grasas e hidratos de carbono.
Sustancias complementarias: vitaminas, productos minerales, oligoelementos y agua.

Pero como estos «principios fundamentales» no entran en una proporción constante en los distintos alimentos, la futura madre debe elegir por su cuenta un menú muy variado; así se garantiza una nutrición completa y adecuada. La relación siguiente puede dar una idea del comportamiento de las distintas sustancias nutritivas:

Sustancias nutritivas

Efectos	***Localización***
Las *proteínas* son la primera materia formadora del cuerpo y las utilizan todas las células del organismo. Pueden ser de procedencia animal o vegetal. Las de procedencia animal tienen una mayor importancia en el organismo humano.	Los principales alimentos que contienen proteínas son: la leche y los lacticinios (requesón, yogur y queso), los huevos, el pescado, la carne y las vísceras de los animales: hígado, etcétera. Las proteínas vegetales se encuentran en el pan integral, en la patata sin pelar, las nueces, la soja y el girasol.
Las *grasas* suministran energía al organismo y se encargan de mantener la temperatura adecuada del cuerpo.	Casi un tercio de la grasa que toma diariamente la futura madre se encuentra «escondida» en ciertos alimentos, como la leche, la carne, el huevo, las nueces, etcétera. El resto, un 40 a 50%, se consume en forma de mantequilla, margarina vegetal y aceite.
Los *hidratos de carbono* son también importantes proveedores de energía y colaboran en el buen funcionamiento de todos los órganos y en el proceso asimilatorio.	El pan integral, las patatas, el arroz sin descascarillar y los copos de avena contienen hidratos de carbono; así mismo la fruta, la verdura, la miel, la mermelada, el azúcar de la uva y el azúcar de remolacha y de caña.

Materias complementarias

Efectos	*Localización*
La carencia de vitaminas, materias minerales y oligoelementos provoca en el organismo claros disturbios funcionales; normalmente, complicaciones en el proceso asimilatorio.	Las materias complementarias se encuentran en todos los productos alimenticios, junto a las materias formadoras y energéticas. Si los alimentos se reciben en malas condiciones (por cocerlos demasiado, remojarlos en exceso o haber estado sometidos durante demasiado tiempo a los rayos solares) perderán su fuerza y, consiguientemente, su eficacia en cuanto al suministro de materias complementarias.

Las *vitaminas,* según sus efectos, se dividen en distintos grupos. La ciencia sigue descubriendo nuevos subgrupos. Una mujer embarazada aumenta casi al doble su necesidad de vitaminas. Conviene, en interés de la madre y del niño, suministrar las dosis suficientes de estas materias.

La *vitamina A* es imprescindible para la protección y renovación de los tejidos y los vasos sanguíneos; aporta también una defensa contra las infecciones y aumenta la capacidad visual.	Se encuentra en la leche y la mantequilla, en la clara de huevo, en el hígado y en el aceite de hígado de bacalao. Se halla especialmente en la carotina de la zanahoria y de las verduras (espinacas, lechugas y berzas).
La *vitamina B* es el nombre genérico de una serie de vitaminas que tienen gran influencia en el proceso de construcción de las células nerviosas y la sangre,y en la elaboración de sustancias nutritivas.	La vitamina B_1 se encuentra especialmente en las gramíneas, lentejas, hígado, yema de huevo y arroz sin descascarillar. La vitamina B_6 se encuentra principalmente en la levadura, en la clara de huevo, en las vísceras de los animales y en las verduras.
La *vitamina C* aumenta la resistencia contra las infecciones; colabora en la formación de los huesos, tejido conjuntivo y muelas. Favorece la cicatrización de las heridas.	Se encuentra en gran cantidad en todos los cítricos (naranja, limón), en el escaramujo, en las toronjas, cerezas y ciruelas, y en las patatas cocidas al vapor con piel.

Efectos	*Localización*
La *vitamina D* protege contra el raquitismo, dirige la asimilación del calcio y el fósforo, actúa sobre el metabolismo y favorece la sana formación de los dientes y los huesos del niño.	Contienen vitamina D la leche y los productos lácteos, el hígado, el aceite de hígado de bacalao, la levadura y la yema de huevo. Vestigios de vitamina D aparecen en las verduras frescas. El propio organismo es capaz de fabricar esta vitamina bajo la influencia de los rayos ultravioleta (sol o sol artificial).

Las materias minerales y los oligoelementos son tan imprescindibles para el desarrollo del niño y para el buen funcionamiento del organismo de la madre como lo son las vitaminas.

El *calcio* es imprescindible para la formación del esqueleto y de los dientes del niño.	La leche, la mantequilla y los quesos contienen cal, pero también mucha grasa. Por eso es mejor recurrir a la verdura, las legumbres secas, las pasas, el arroz y los copos de avena.
El *fósforo* fortalece los nervios, los músculos y los huesos.	Cebollas, rábanos, manzanas, el pescado de mar y la leche son los alimentos que contienen más fósforo.
El *hierro* es un elemento básico para la formación de los glóbulos rojos de la sangre.	Ricos en hierro son: las judías blancas, el hígado de vaca, la yema de huevo, las lentejas, el pan integral, la levadura seca, las nueces, el perejil y los puerros (no lo son, en cambio, las espinacas).

Cuadro esquemático de calorías

Una caloría es la cantidad de calor necesaria para elevar en un grado la temperatura de un litro de agua. En términos dietéticos es la unidad de medida del valor energético de un alimento, gracias al cual el cuerpo recibe fuerza y calor.

Las necesidades energéticas -y calóricas- de una futura madre son muy semejantes a las de una mujer que no esté embarazada, contrariamente a lo que sucede con su necesidad vitamínica. Las necesidades calóricas diarias quedan expuestas en la tabla siguiente:

	Edad	Peso	Talla	Calorías	Proteínas	Grasas	Azúcares
No embarazadas	13-15	49	1,60	2500	80 gr	1 gr por kg de peso	La diferencia en calorías
	16-20	54	1,62	2400	75		
	25	55	1,57	2300	55		
	45	55	1,57	2100	55		
Embarazo							
1.er trimestre				2400			7,4 gr (corresponde a la diferencia en calorías aproximadamente).
2.º trimestre				2600-2700	1,3 a 1,5 gr kg peso	1,1 gr/kg	
3.er trimestre				2800-2900 (x)			
Lactancia				1000 más que no embarazadas	1,7	1 gr	

(x) En términos generales, 40 a 45 calorías por kg de peso y día.

En casi todos los recetarios de cocina previstos para seguir un régimen alimenticio se pueden hallar tablas dietéticas que expresen en calorías el valor energético de las comidas. En el cuadro adjunto se recoge la composición en los tres principios inmediatos (proteínas, grasas e hidratos de carbono o azúcares), en agua y en calorías, de algunos de los alimentos más usuales, para que se tenga una idea bastante aproximada de la composición de un menú a la hora de prepararlo:

Contenido en 100 gr de cantidad comestible	Calorías	Agua gr	Proteínas gr	Grasas gr	Azúcares gr
Frutas-zumos					
Albaricoques frescos	51	85	0,9	0,2	13,9
Cerezas frescas	60	83	1,1	0,5	15
Fresas frescas	41	90	0,8	0,6	9
Manzana fresca	58	84	0,3	0,4	16
Naranja fresca	45	87	1	0,2	12
Plátano fresco	94	73	1,3	0,4	24
Uvas frescas	74	81	0,8	0,4	21

Contenido en 100 gr de cantidad comestible	Calorías	Agua gr	Proteínas gr	Grasas gr	Azúcares gr
Hortalizas					
Alcachofa fresca	51	83	3	0,2	14
Col fresca	25	92	1,6	0,1	7
Guisantes frescos	22	92	2,2	0,3	4,5
Judías blancas secas	350	10	22	1,5	66,5
Judías verdes frescas	35	89	2,4	0,2	9
Lentejas secas	357	10	25	1	60
Patatas frescas	85	78	2	0,1	19,5
Tomate fresco	23	94	1	0,3	4,5
Tomate en puré	217	69	2	0,4	24,5
Zanahoria fresca	40	89	1	0,2	10
Frutos secos					
Almendras	640	5	18,6	54	21,5
Avellanas	671	6	13	61	21
Castañas frescas	213	48	3,4	2	47
Nueces	702	3	15	64	18
Cereales y harinas					
Arroz	363	12	8	0,5	80
Harina arroz	354	12	7,5	0,5	80
Harina trigo	370	12	11	1	76
Maíz, sémola	356	12	8	1	78
Pan blanco	260	36	8,5	2	52
Pan negro	262	37	9,5	3,5	49
Pastas secas	360	11	13	1,5	74
Azúcares y dulces					
Azúcar refinado	387	0	0	0	100
Caramelos	428	7	2	12	78
Confituras corrientes	288	28	0,5	9	71
Chocolate lacteado	542	1	6	34	54
Miel de abeja	319	20	0,3	0	80
Grasas y aceites					
Aceite oliva y simil.	900	0	0	100	0
Mahonesa	720	16	1,5	78	3
Tocino	815	8	3	85	0

Contenido en 100 gr de cantidad comestible	Calorías	Agua gr	Proteínas gr	Grasas gr	Azúcares gr
Carnes					
Carnero	230	64	18	18	0
Cerdo, chuletas	346	53	15	32	0
Cerdo, hígado	130	72	20	5	2
Jamón crudo	340	53	15	31	0
Jamón, tocino	780	8	4	85	0,5
Conejo	175	68	20	10	0
Ternera magra	231		32	11	0
Ternera, chuleta	160	70	19	9	0
Ternera, hígado	136	71	19	5	4
Vaca asada semigrasa	340	53	15,5	31	0
Vaca cocida	162	70	20	9	0
Aves					
Gallina	111	75	21,6	3	0
Pollo asado	194	66	20	13	0
Pollo, hígado	136	70	22	4	0
Embutidos					
Morcilla	370	47	15	35	0
Queso de cerdo	243	62	15	20	0
Salchicha de cerdo	446	42	11	45	0
Salchichón	427	31	24	37	0
Pescados					
Atún (conserva)	217	58	28	12	0
Bacalao fresco	70	83	17	0,5	0
Langosta fresca	86	79	16	2	1
Salmón fresco	203	66	22	12	0
Sardinas en aceite	331	47	21	27	1
Varios					
Huevo (unidad)	85	40	7	6,5	0,4
Leche fresca de vaca	71	87,2	3,3	4,1	4,6
Leche cond. azuc.	327	27	8,1	8,4	54,8
Gelatina seca	343	13	85	0,1	0
Setas	42	90	3,5	0,4	7

Cuadro del peso durante el embarazo

En general, el aumento normal de peso de una mujer durante el embarazo debiera ser de 11 kilos (unos 2,5 kilos en la primera mitad y el resto en la segunda mitad). Este aumento de peso se distribuye de la siguiente forma:

Peso del niño	3-3,5 kilos
Aumento de volumen de la matriz	1 »
Placenta	0,5 »
Líquido amniótico	1,1 »
Aumento del volumen de sangre que circula	0,5 »
Otros cambios en los tejidos maternos	4,4-4,9 »

La mujer que ya en estado normal tiende a engordar debe evitar un excesivo aumento de peso. La que sea extremadamente delgada puede permitirse un pequeño sobrepeso. Pero, en cualquier caso, es muy importante mantener un estricto control.

El tiempo del embarazo no se divide en nueve meses de calendario, sino en 10 meses lunares, cada uno de ellos con cuatro semanas. El aumento de peso puede distribuirse por lo tanto de la forma siguiente:

Mes lunar	Semanas	Aumento de peso en gramos	Aumento de peso en gramos desde el comienzo del embarazo
1-3	1-12	Ninguno	Ninguno
4	13-16	1 050	1 050
5	17-20	1 300	2 350
6	21-24	1 500	3 850
7	25-28	1 900	5 750
8	29-32	2 000	7 750
9	33-36	2 000	9 750
10	37-39	1 250	11 000
	40	Ninguno	

El «rincón del bebé»: junto a la cuna, una mesa para vestirle; calefacción; buena luz. Los estantes cercanos ofrecen además excelente ayuda, al permitir tener a mano todo lo necesario para el aseo o el vestido del pequeño.

LOS ÚLTIMOS PREPARATIVOS Y EL PARTO

El rincón del bebé

Generalmente, los padres no pueden poner a disposición de su primer hijo toda una habitación. Pero hasta el rincón más humilde debe reunir una serie de condiciones para que el nuevo miembro de la familia se encuentre a gusto.

Debe estar situado en el lugar más luminoso de la casa, donde haya más horas de sol.
Debe ser un lugar fácilmente aireable.
No se debe mudar al niño de sitio.
La temperatura de la habitación debe ser de 18 a 20 grados.
Durante los primeros meses, el niño necesita tranquilidad; colocar el rincón del bebé en el cuarto de estar no sería lo más adecuado.

Una cuna de confección casera para el niño.

El mobiliario del rincón del bebé puede limitarse a sólo dos objetos: el capazo o cuna y una mesa para vestirlo. Los padres que quieran ahorrarse el gasto de comprar una cuna pueden fabricarse un gracioso capazo sirviéndose de un canasto para ropa. Bastará con comprar un bastidor con ruedas y el armazón para colocar el «cielo». Este último puede hacerse con cualquier tela almidonada. Puede colocarse un forro de muletón como protección contra el aire entre la rejilla del capazo y las faldas que lo cubren. No dan buen resultado ni el plástico ni el hule.

Pero lo verdaderamente importante para el niño no es, a fin de cuentas, que el capazo quede bonito, sino que el colchón sea bueno. Debe usarse un colchón especialmente duro, ya que sólo así podrá desarrollarse bien la columna vertebral del niño. Por este mismo motivo, la almohada sobra y, probablemente, hasta perjudica. Para apoyar la cabeza basta un pañal doblado por la mitad; incluso es más cómodo de sustituir y lavar cuando el niño vomita o lo ensucia.

Si se traslada pronto al niño a una cama de barrotes -de cualquier forma, hay que sacarlo del capazo a los seis meses-, las dimensiones de la cuna pueden acortarse mediante una tabla. Los barrotes de la cama deben ser rectos y estar bastante próximos, para evitar que el niño, más adelante, en uno de sus descubrimientos, pueda pasar la cabeza entre dos de ellos. Resulta muy práctico superponer a los barrotes un enrejado abatible; mientras el niño esté acostado, puede bajarse cuando la madre tenga que atenderlo, y cuando el pequeño vaya creciendo y comience a encaramarse, la altura de los barrotes con el suplemento le protegerá de caer. También en esta cama es esencial que el colchón sea duro.

Muebles aprovechables para cuando el niño crezca.

Lo ideal es disponer de una cómoda para el niño. En ella pueden guardarse su ropa y los demás objetos; además, puede utilizarse como mesa para vestirlo. Con el tiempo, puede incluso aprovecharse como pupitre o como mueble supletorio. Para los pisos pequeños se fabrican unas tablas especiales que pueden adaptarse a la cama, a un armario o colocarse sobre la bañera. Conviene vigilar siempre la altura a que se coloca esta tabla, para evitar a la madre dolores de cintura cuando se inclina para arreglar al niño.

Esta tabla de vestir al niño puede forrarse con espuma de nailon, y cubrirla con un gran paño de muletón o una toalla suficientemente grande. El niño estará más cómodo sobre un forro de este tipo que sobre uno de plástico; por otra parte, es muy fácil de limpiar.

Cada cual, según las posibilidades de su piso, elegirá el lugar más adecuado para bañar al niño. La bañera del niño puede apoyarse en un soporte colocado en el baño de los padres. Se recomienda disponer la bañera a la altura de una mesa, para poder colocar sobre ella la tabla de vestir al bebé.

Que no sea jamás un estorbo

En las familias se organizan a veces grandes discusiones a la hora de elegir el cochecito del niño. Elegir un modelo solamente porque esté de moda es tan absurdo e inoportuno como emplear este razonamiento en cualquiera de las cosas que se relacionan con el niño. Al comprar el cochecito para el bebé hay que fijarse ante todo en que posea las siguientes cualidades:

Elegir cuidadosamente la calidad del cochecito.

Ligero y fácil de manejar, pero estable.
La altura del manillar debe acomodarse a la talla de la madre; así se evitan muchos dolores de cintura.
Un buen freno.
Debe poseer una suspensión lo suficientemente elástica para que pueda hacer su papel de «burro de carga» cuando la madre va de compras.
La cuna debe ser lo suficientemente alta para que no lleguen hasta el niño los gases y el polvo de la calle.
La barandilla debe ser lavable, transpirable, impermeable y lo bastante alta para que el niño no se pueda caer.

En algunos cochecitos la cuna puede sacarse, y se facilita así el transporte del niño en el asiento trasero del automóvil de los padres. Al final del viaje vuelve a colocarse en el cochecito. Normalmente, el mismo cochecito puede adaptarse, cuando llega la hora, para ser utilizado como sillita de ruedas.

Es muy útil adquirir un modelo de los ideados para subir y bajar escaleras: con sólo presionar con el pie sobre el chasis, las ruedas delanteras y traseras –que son independientes– se adaptan a la altura de los escalones.

El equipo del bebé

Es innegable que la llegada de un nuevo miembro de la familia crea nuevos gastos. Sobre todo el primer hijo suele salir caro. Pero, a fin de cuentas, estos gastos dependen de la forma de hacer las compras y de la organización que tengan los padres. Ya desde el segundo tercio del embarazo, pueden ir anotándose en una libreta todas las cosas que deben formar el equipo del niño que va a nacer. Las tiendas especializadas en artículos para bebés informan de las novedades interesantes. Mejor que dejar todos los gastos para última hora es ir efectuando las compras poco a poco; resultará más divertido y mucho más económico.

Comprar por etapas el equipo del niño.

El bienestar del niño no se resiente si se aprovecha un equipo ya usado; naturalmente, todo debe ser lavado y esterilizado. Las ropas deben hervirse y plancharse. Los muebles pueden repintarse. Pero el colchón del niño es una excepción; a ser posible, no debe ser de segunda mano.

Algunos niños tienen mucha prisa por llegar al mundo. Por eso, conviene tener ya el equipo preparado al final del séptimo mes del embarazo. Si, por comodidad, se quiere comprar todo de una vez, puede recurrirse a una casa especializada o a unos alma-

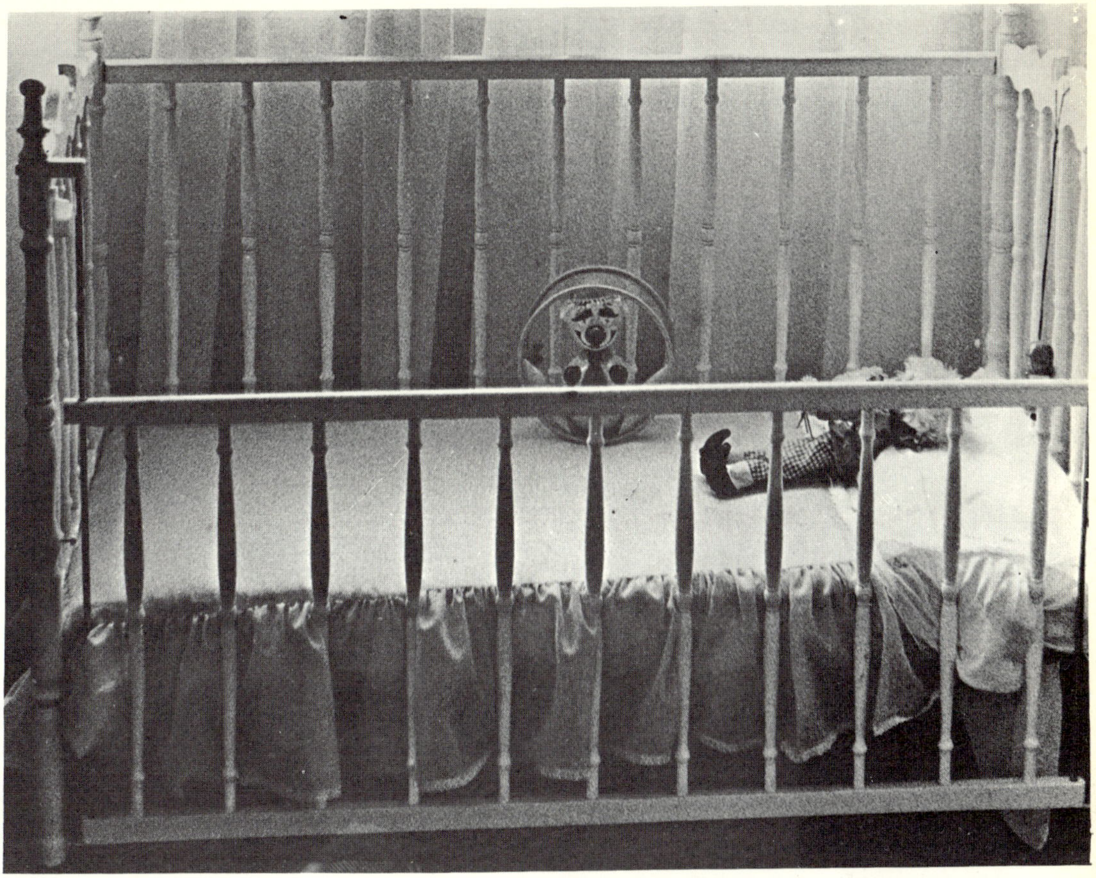

Ligero, cómodo, práctico: estos tres adjetivos definen las principales exigencias del equipo del bebé. En pág. anterior, un cochecito de muelles con el accesorio de una pequeña sombrilla. Sobre estas líneas, la tradicional cuna de barrotes tiene un lado abatible, para arreglar más cómodamente la cama o al bebé. A la derecha, una sillita que puede acoplarse al asiento del automóvil, colgar como un columpio o llevarse a hombros.

cenes. Estos comercios ponen a disposición de sus clientes todo el equipo necesario para los primeros meses de vida del bebé. Pero ya hemos dicho que suele ilusionar más realizar las compras poco a poco. Si se quiere tener una idea general sobre lo que debe ser el ajuar del niño, puede consultarse la lista que sigue:

Esquema general del equipo básico de un bebé

Pañales

Elegir entre
- 2 docenas de pañales de gasa
- 2 docenas de metidillos de tela afelpada o de rizo
- 2 metidillos de plástico suave que no lesionen la piel
- 2-3 pañales exteriores para que el niño no se empape

o bien entre
- 2-5 paquetes de pañales de los que se tiran después de usados (los rollos largos para pañales pueden ir cortándose convenientemente a medida que se usan)
- 3 pañales-pantalón de la talla 1 o 2
- 1-2 paquetes de metidillos de lana, de los que se pueden tirar después de usados; evitan que el niño se llague

y como complemento,
- 4 toallas grandes
- 8 fajas de ombligo o simplemente vendas de gasa estériles

Vestidos

- 4 camisitas de algodón de la talla 2 y de corte raglan
- 4 chaquetitas de algodón, de talla 2, corte raglan
- 8 pantalones de rizo
- 6 pantalones largos
- 4 baberos
- 1 gorrito de algodón
- 1 o 2 conjuntos de lana para llevarlo en el coche

Equipo de dormir

- 1 colchón duro, de crin o de gomaespuma
- 3-4 sábanas
- 2 cubiertas bajeras impermeables; preferible que no sean de goma ni de plástico para que se puedan hervir
- 3-4 fundas para el edredón
- 3-4 fundas para la colcha
- 1 colcha
- 1 edredón ligero, relleno de plumas (250 gramos aproximadamente)
- 1 cobertor o nana, con cierre o cremallera, para evitar que el niño, pataleando, se destape

(en vez de almohada, úsese un pañal doblado por la mitad)

Para el cuidado general del bebé

- Tapones de algodón esterilizado, pañitos de una sola aplicación
- Algodón o gasa envasados herméticamente
- Crema para las escoceduras
- Concentrado de camomila en vez de agua bórica
- Peine y cepillo de cerda, especiales para bebé
- Tijeras curvas para las uñas
- Termómetro
- Un cubo con tapadera para echar los pañales sucios
- Una balanza (puede alquilarse en las farmacias). Existen unos suplementos especiales que pueden adaptarse a la balanza de la cocina.

Para el baño

- 1 bañera de plástico
- 1 palangana de plástico
- 1 termómetro de baño
- 2 toallas de rizo (con capucha)
- 2 esponjas de distinto color, una para el cuerpo y otra para la cara
- Jabón suave para niños

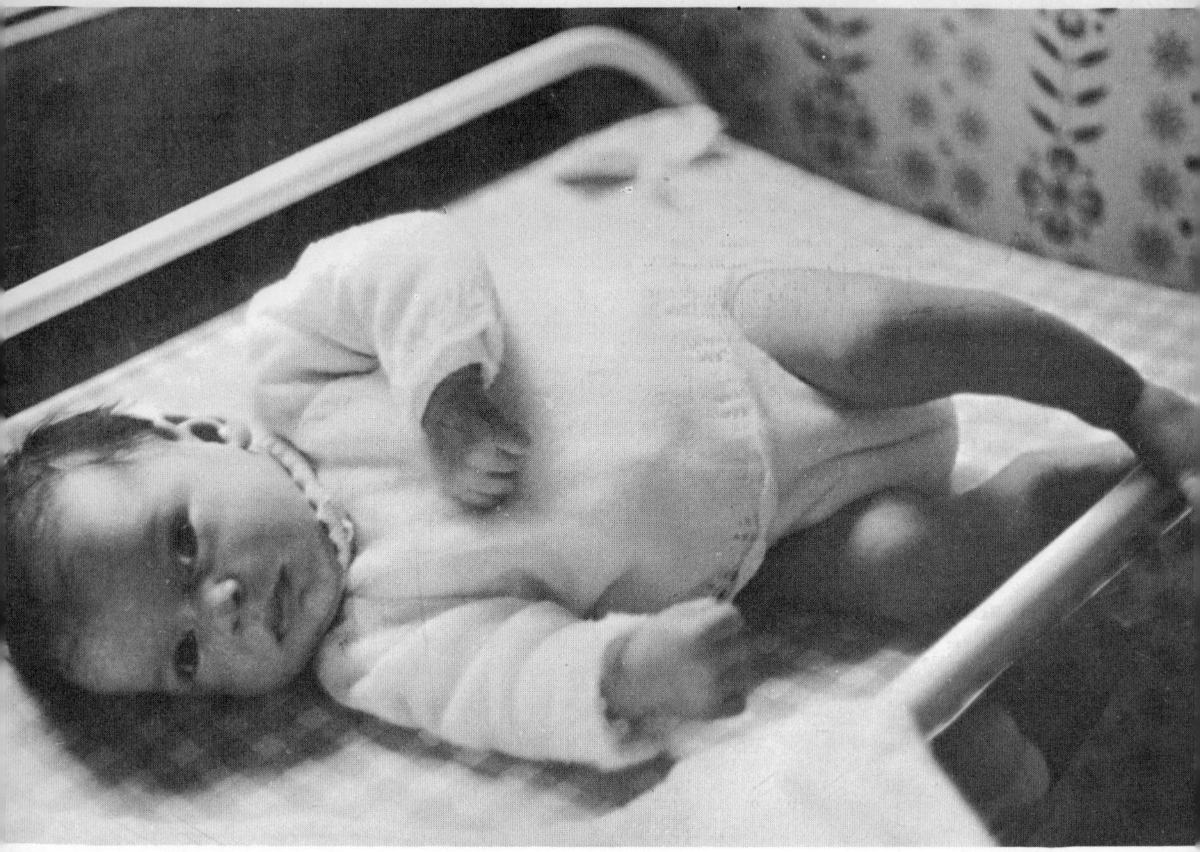

Para beber

2 biberones resistentes al fuego, con cuello ancho
2 tapones de medida adecuada
(es práctico disponer de 5 o 6 botellas de cuello ancho con sus correspondientes tapones, para tener preparada la ración diaria)
2 tetinas para botellas de cuello ancho
1 cepillo para limpiar botellas
1 soporte para las botellas
1 recipiente donde se puedan guardar, aireadas y libres de polvo, las tetinas
1 pote para la leche (para uso exclusivo del niño)
Infusiones de hinojo, de camomila y de menta
Lactosa y sacarina.

He aquí al niño limpio, bien vestido y tranquilo. Estas escenas ¡ay! difícilmente se improvisan, y habrá que prever con cuidado todos los factores que contribuyen a tan satisfactorio resultado.

El parto ¿en la clínica o en casa?

El viejo dilema de elegir -entre la clínica o la propia casa- el lugar más conveniente para el parto, ya no tiene sentido; la mayoría de los padres prefieren las ventajas de la clínica. Por otra parte, esta es frecuentemente la única solución posible, por motivos técnicos, de espacio o de organización. Pero incluso las mujeres que disponen en su casa de una habitación adecuada y pueden confiar el trabajo hogareño a su madre, a una amiga o a cualquier otra persona, prefieren casi siempre tener su niño en una clínica. La seguridad de disponer de todos los adelantos técnicos de la medicina moderna les proporciona más confianza que dar a luz en el ambiente familiar de la casa. Las ventajas que pudiera tener el parto en domicilio son ampliamente sobrepasadas por las ventajas de la clínica; en la actualidad ningún médico asiste un parto en domicilio, salvo en los casos en que, teniendo una absoluta convicción de que todo se desarrollará normalmente, el traslado de la parturienta a una clínica suponga grandes inconvenientes; pero esto no ocurre más que en las pequeñas aldeas, apartadas de poblaciones importantes que posean servicios médicos adecuados. Y sin embargo, en esas aldeas es donde las condiciones ambientales, en cuanto a higiene, medios sanitarios, etc., son más precarias. Afortunadamente, los medios de transporte actuales y la excelente red viaria permiten el traslado desde cualquier punto, y ninguna mujer carece de la adecuada asistencia en esas circunstancias.

Las ventajas de la clínica

Las ventajas aducidas al parto domiciliario son casi exclusivamente de tipo psicológico. Son estas ventajas la unión de la familia, especialmente con el padre, desde el primer momento; que el ama de casa no se separa de sus quehaceres y obligaciones, pudiendo, si bien ayudada, dirigir fácilmente su hogar desde el dormitorio.

Los inconvenientes del hogar.

Los inconvenientes son mayores; aparte de los de tipo técnico, hay otros muchos. En el hogar se perturba el descanso que la madre y el niño necesitan; los familiares suelen «ocuparse» demasiado de la madre y del niño, y con frecuencia crean más problemas de los que solucionan; las visitas excesivas, además del ruido, traen con frecuencia contagios peligrosos para el recién nacido y para su madre.

En conjunto, las ventajas de la clínica son muy superiores a los inconvenientes, si es que por inconvenientes se tienen la separación del hogar durante tres o cuatro días y la separación, relativa, del hijo en estos días. Aun el parto que se prevé más normal puede presentar alguna complicación que requiera una actuación urgente por parte del médico: un sufrimiento fetal, la asfixia del recién nacido, una hemorragia de la madre, por ejemplo, no pueden esperar el tiempo que se requiere para trasladarse a la clínica; su tratamiento ha de ser inmediato, en pocos minutos o segundos, y esto sólo es posible en una clínica bien dotada. Por otra parte, la higiene, el ambiente estéril de la clínica, nunca se pueden conseguir ni en el hogar de mayor rango social.

Aun el parto más normal puede requerir una intervención urgente del médico.

Si se separa al niño de la madre es en bien de ambos; la recién parida necesita tranquilidad los primeros días, y su hijo también; ambos se encuentran perfectamente asistidos en todas sus necesidades, si bien no en todos sus caprichos, por el personal sanitario.

El padre consciente no se va a despreocupar de la familia por esta primera separación del hijo; antes bien, sabrá apreciar las ventajas de todo esto. Puede existir, sin embargo, un «inconveniente» psicológico si el padre se siente marginado, aislado de los acontecimientos que se desarrollan a su alrededor, tan trascendentales para su familia; esto trata de obviarse por algunos tocólogos permitiendo al padre asistir al parto, e incluso ayudar; de un modo casi simbólico, con pretensión de conseguir un efecto psicológico, es el encargado de cortar el cordón umbilical que une el hijo a la madre, con lo cual participa de forma activa en el primer contacto del hijo con el mundo.

Si a pesar de todo hay una imposibilidad absoluta de que el parto tenga lugar en la clínica, la habitación de la casa que vaya a destinarse para tal menester, casi siempre el propio dormitorio de los esposos, ha de prepararse con tiempo suficiente para que a última hora no haya que improvisar.

«Con tiempo suficiente» quiere decir que deben iniciarse estos preparativos, todo lo más tarde, de seis a ocho semanas antes de la fecha prevista para el parto. Al llegar este momento hay que disponer ya de una cuidadora para la madre y el niño y una persona de confianza que se ocupe de las tareas de la casa. El conocido «ambiente hogareño», con su ajetreo, no suele respetar la habitación de la madre, y tanto ésta como el niño necesitan durante los primeros días mucha tranquilidad.

La habitación del parto –y del consiguiente puerperio– no debe jamás convertirse en el cuarto de estar de la familia; además, debe ser una habitación ordenada, fácil de airear y de limpiar, y caliente (aunque no demasiado en verano). Conviene, por otra parte, que tenga agua corriente o al menos que se pueda disponer de ella sin ir muy lejos. La mayoría de las modernas camas de matrimonio no son muy apropiadas para dar a luz; son demasiado bajas y dificultan el trabajo de la comadrona; así pues, la cama ha de ser alta y dura; puede ponerse una tabla bajo el colchón para evitar que se hunda, impidiendo a la comadrona realizar su labor con toda eficacia.

La habitación tendrá en el momento del parto los menos muebles posibles; hay que dejar sólo los que sean absolutamente necesarios: la cama, una mesa para los útiles del parto y otra con la ropita del niño, en un rincón de la habitación, pues no servirá hasta el final o, mejor, se traerá en el momento preciso; al niño se le puede dejar sobre una mesa protegida con una manta y cubierta con sábanas, donde se le podrá limpiar con facilidad; junto a esta mesa estará el baño dispuesto para que el niño reciba su primer lavado, ya que su piel se halla cubierta de una sustancia sebácea protectora, llamada *vermix caseoso,* que a su vez está impregnada por el líquido de la bolsa de las aguas o líquido amniótico.

Se debe disponer de bastante cantidad de agua hervida, sábanas, y toallas limpias y mejor estériles. Los demás útiles los contiene la canastilla que a este efecto suelen disponer en las farmacias.

La luz de la habitación ha de ser blanca y uniforme, de modo que toda la estancia se encuentre iluminada por igual; además debe disponerse de un foco portátil y que se pueda dirigir, para que la comadrona disponga de una luz más intensa que ella pueda mover según la necesidad del momento.

Pocas personas en la habitación del parto.

También hay que limitar el número de personas que vayan a estar presentes en el parto; por ser el hogar familiar a muchas personas, son muchos los miembros de la familia que, con buena intención, quieren ayudar a la tarea, pero en estas circunstancias su ayuda no siempre es útil; es mejor que aguarden en otra habitación, y que entren sólo si en un determinado momento se requiere su trabajo.

Todos los preparativos necesarios de recipientes, cazos, medios de desinfección y paños esterilizados los irá aconsejando la comadrona en las conversaciones previas. La «canastilla» contiene todo lo necesario para los primeros cuidados de la madre y del recién nacido.

El equipaje para ir a la clínica

Lista de cosas que se deben llevar a la clínica.

La madre debe pensar que también ella necesita algunos preparativos para el parto que no se pueden realizar a última hora. La maleta que debe llevar a la clínica tiene que estar preparada al finalizar el séptimo mes. Es práctico anotar en una libreta la siguiente lista, dividida en tres apartados:

Equipo de la madre

1 albornoz o bata larga
1 mañanita que no abrigue demasiado
1 par de zapatillas y, si se quiere, unos calcetines largos
4 o más camisones abiertos hasta la cintura, no muy gruesos y de un tejido que se pueda hervir
1 camisón viejo para el parto
10 bragas –especiales para días de menstruación– que se puedan hervir (el nailon y el perlón no valen), paños y algodón
2 sostenes para criar, abrochados delante
2 toallas
6 toallitas para lavar la cara, el pecho y el cuerpo (2 para cada una de las partes)
Dentífrico, cepillo de dientes, elixir dental, crema para los labios, jabón, desodorante en *spray* o barra (muy importante durante el puerperio), agua de colonia fresca y perfumada (ningún perfume demasiado intenso)
El estuche de la manicura y la bolsita con los productos corrientes de maquillaje
Aceite especial para el cuerpo
Cepillo y peine, champú seco y horquillas
Celulosa y Kleenex
Ropa interior y vestido para volver a casa
Útiles de escribir, algún libro y, si se quiere, un cuaderno para iniciar el diario del bebé.

Algo que debe hacerse con calma; preparar el equipaje necesario para la clínica. No estará de más tenerlo listo al finalizar el séptimo mes.

Equipo del niño

Generalmente basta un solo vestido, para llevar el bebé a casa
Camisitas y chaquetitas
Pañales de gasa, metidillos de muletón y de plástico o pañales de celulosa. Pantalones-pañales de la talla 1
Toquilla grande acolchada
Colcha de lana y almohada con fundas de repuesto, para que siempre estén limpias.

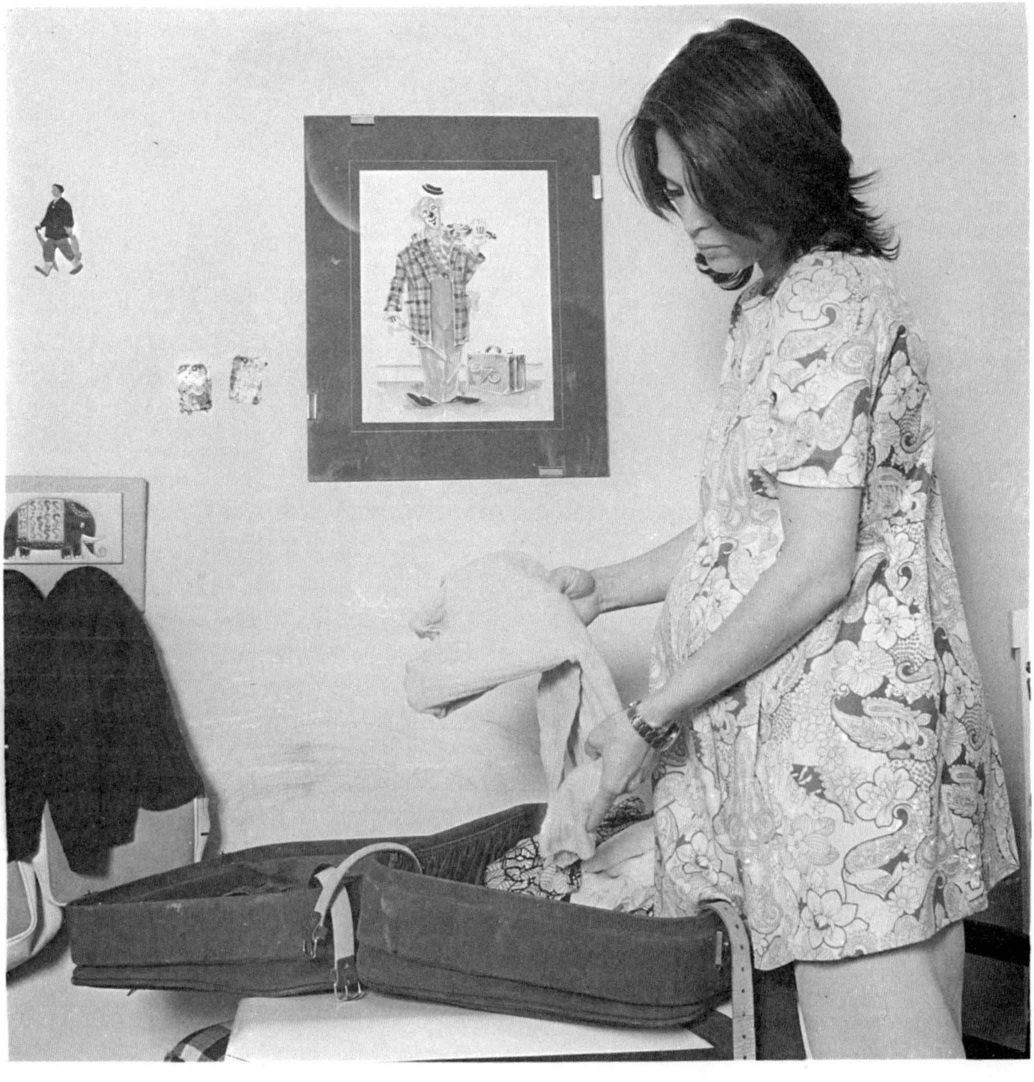

Documentos que se necesitan

Documento Nacional de Identidad de la madre
Libro de Familia
Tarjeta del grupo sanguíneo de la madre o ficha médica
Certificado de matrimonio (en el caso de que no esté registrado en el Libro de Familia)
Las madres solteras necesitan la partida de nacimiento
Carnet del Seguro de Enfermedad o
El presupuesto acordado con la clínica.

¿Debe estar el padre en la habitación durante el parto?

En Suiza, desde hace ya algunos años, los padres acostumbran a entrar en la sala de partos para asistir al nacimiento de sus hijos. Ya no tienen que permanecer, como antes, sentados en un banco, o esperar en un bar, en una situación casi cómica. Incluso se da permiso a los soldados para estar junto a sus mujeres en estos instantes. También antes, cuando la mayoría de las mujeres daban a luz en sus casas, muchos hombres asistían como espectadores al nacimiento de sus hijos.

¿Es antihigiénico o, por el contrario, es conveniente que el padre asista al parto?

Aún hay médicos que se resisten a la idea de que los padres asistan al nacimiento de sus hijos. Para justificar su postura suelen recurrir a los siguientes argumentos: el peligro de infección, la escasa «estética» del espectáculo, la escasa ayuda que puede proporcionar el padre, y –por otra parte– el peligro de que éste, con su sola presencia, provoque el nerviosismo o el desequilibrio psicológico de la madre.

Como es lógico, sería de pésimo gusto que una mujer obligara a su marido a asistir al parto con la única intención de que la «viese sufrir». Pero si las relaciones matrimoniales son buenas, si se vive en amor y confianza, parece lógico suponer que el momento más maravilloso de la vida de una mujer será también el momento más maravilloso de la vida del matrimonio. El padre feliz tiene derecho a vivir junto a su mujer esa nueva sensación del nacimiento de una familia, que se experimenta al oír el primer vagido del hijo. Los maridos que tengan ilusión en acompañar a sus esposas durante estos momentos emocionantes; las esposas que no teman en absoluto que sus maridos, al verlas en este trance, expe-

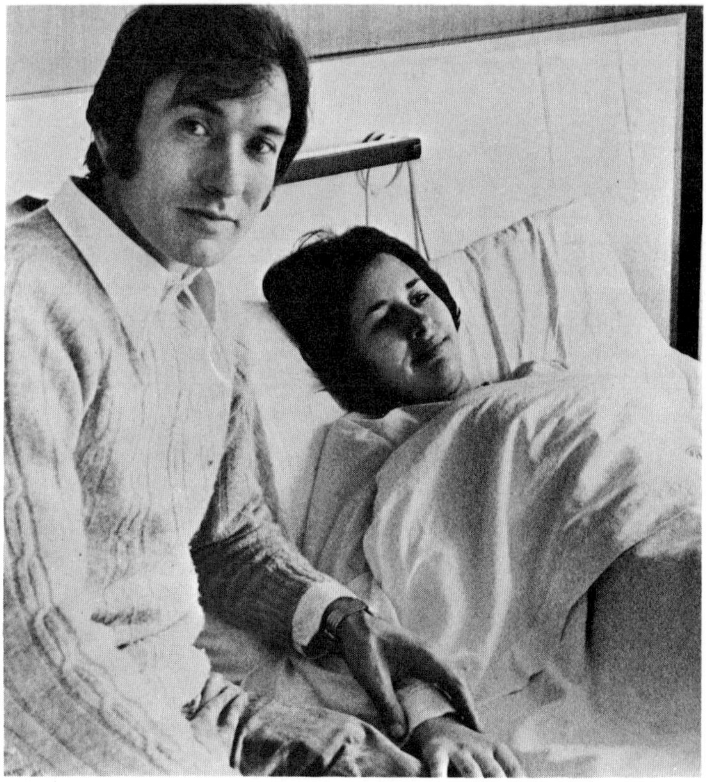

Marido y mujer pueden extraer efectos positivos de sentirse juntos en el momento, importante para ellos, del parto. Una mirada, un apretón de manos, bastan para encontrar la serenidad que en soledad se quebraría sin remedio.

rimenten una sensación de repulsa; todos los matrimonios, en fin, que deseen asistir juntos al nacimiento de su hijo, deben tomarse la molestia de buscar un médico y una clínica que les faciliten el logro de este deseo.

En estas circunstancias el marido ha de comprender su exacto papel: debe ayudar psicológicamente a la esposa; ya su sola presencia infundirá confianza a ella; sabrá aliviar con amor los momentos de máximo dolor o temor; estará pendiente, por tanto, de la ayuda moral que puede prestar a su compañera, pues de la ayuda material se encargan el médico, la comadrona y sus auxiliares, bien adiestrados en estos menesteres, y que saben actuar adecuadamente en el momento justo. El quirófano o sala de partos, el olor de los anestésicos y medicamentos, los gritos o quejas de la mujer, la sangre, las maniobras que pueden parecer bruscas o inoportunas a quien no está acostumbrado, pueden hacerle perder su habitual compostura y entorpecer la labor de los clínicos, si insiste en prestar una ayuda material innecesaria.

Los primeros síntomas del parto

Los primeros dolores.

Hay algunos signos que indican a la embarazada que el parto está cerca; las primeras molestias o «pródromos» se manifiestan por intranquilidad, pérdida del sueño, acaloramiento o escalofríos; ciertas molestias en la espalda, a nivel de la cintura, que se propagan hacia la parte anterior del bajo vientre, son los primeros indicios del acontecimiento que se avecina. No obstante, todos estos síntomas pueden desaparecer por unos días, reapareciendo sobre todo las molestias de espalda, que cada vez se van haciendo mayores, más dolorosas, con una clara propagación hacia delante y abajo, pues cada vez se corresponden más con las contracciones de la matriz.

No se sabe exactamente por qué se inicia el parto en un momento determinado de la gestación, en una época en que se cumplen aproximadamente las 40 semanas de la misma; en cambio sí son bien conocidos los detalles de cómo se inicia la expulsión del feto. Al crecer éste más aprisa que la matriz, llega un momento en que hay una desproporción de tamaño, con lo que los músculos de la matriz se contraen al ser presionados por el feto. La placenta, en las dos últimas semanas, sufre una involución, envejece y su función de suministrar alimento al feto se ve afectada gravemente. Podría decirse que ambas cosas, falta de espacio y escasez de alimento, impulsan al feto a salir al exterior. Los mecanismos hormonales que en todo momento han dirigido la gestación, en este momento se ponen al servicio de las necesidades del niño, se activan en la medida necesaria y favorecen la contracción del útero.

Las tres señales que preceden al parto.

Tres hechos sucesivos indican con absoluta regularidad el comienzo del parto:

1. El primero y más importante para la futura madre es el comienzo de los dolores, que se suceden con un ritmo muy manifiesto; al principio pueden ser irregulares; después son absolutamente rítmicos, apareciendo cada hora, cada media hora y cada vez con más frecuencia, hasta mediar cinco minutos entre ellos; en este momento el parto está muy próximo.

2. Después de que se han iniciado las contracciones dolorosas de la matriz, que tienen por finalidad dilatar el cuello de la misma, se expulsa un tapón de moco y sangre, lo que es indicio de que las contracciones están siendo eficaces y la dilatación se ha iniciado. Este hecho es lo que las comadronas acostumbran llamar «señalarse» o «marcarse».

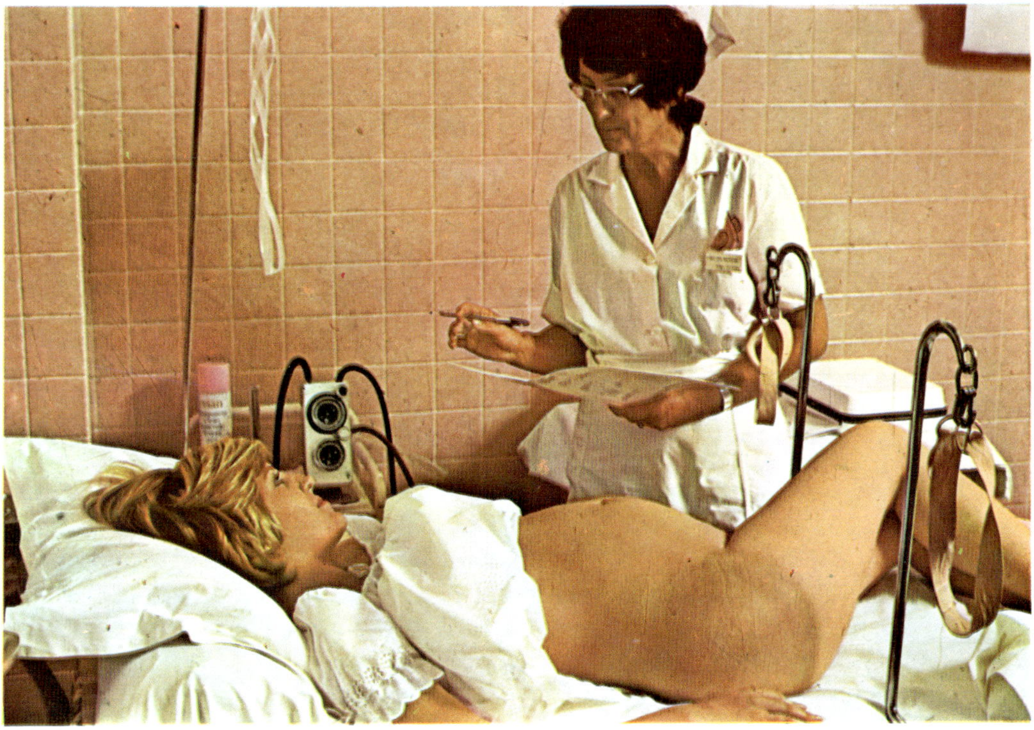

La comadrona efectúa el último reconocimiento. Ha comprobado la posición del niño y su ritmo cardíaco, y se ha asegurado de que la dilatación sigue su curso normal. El parto está ya muy próximo.

3. Por último, cuando la dilatación es completa, sale a través del cuello la bolsa de las aguas, que se rompe en una de las contracciones, fluyendo de ella gran cantidad de líquido amniótico; el niño está próximo a nacer.

No siempre se presentan los tres síntomas; basta con que se manifieste uno solo. Normalmente, los dolores hacen siempre su aparición como síntoma del parto. Pero si, por casualidad, sin mediar otro síntoma, se «rompiera aguas», la futura madre debe acostarse enseguida y llamar a la comadrona o bien hacerse llevar a la clínica a toda prisa, siempre en posición tendida. En este caso, la bolsa de aguas ha reventado, cosa que suele suceder cuando el cuello del útero está completamente abierto.

En general, pueden darse los siguientes consejos a la madre que espera su primer hijo: marchar a la clínica cuando observe que, durante una hora, los dolores se suceden rítmicamente cada diez o doce minutos (el cálculo de tiempo para ir a la clínica debe modificarse si hay que recorrer una larga distancia o existen dificultades para el transporte). Frecuentemente el tiempo de dilatación dura de seis a veinte horas; a menudo, incluso más tiempo. Las madres que esperan ya su segundo o tercer hijo suelen ir más deprisa; a veces, les bastan de dos a cuatro horas, a partir de los primeros síntomas de alarma, para tener al niño entre sus brazos.

El parto «provocado»

A partir de diez días después de la fecha fijada para el nacimiento del niño, el parto se puede provocar.

A veces pasa la fecha prevista para el parto, incluso diez días más, sin que aparezca ningún síntoma que acuse su inminencia. En estos casos se corre el riesgo de que el niño nazca «demasiado maduro», de que ya no pueda alimentarse suficientemente de oxígeno y de elementos nutritivos a través de la envejecida placenta. El peligro para la salud del niño, naturalmente, es grande. En una situación como ésta, el médico debe provocar el parto. Después de transcurridos diez o catorce días -no antes- de la fecha teórica fijada, el médico puede administrar a la futura madre un medicamento que provoca los dolores del alumbramiento. Inmediatamente después de administrado este medicamento, aparecen los dolores y comienzan las tres etapas que componen el curso del parto:

Fase de dilatación
Fase de expulsión
Fase de alumbramiento o expulsión de la placenta y membranas

Intervenciones médicas en el parto

A muchas mujeres les obsesiona la idea de que su hijo va a necesitar la ayuda de una cesárea o de los fórceps para venir al mundo. Este temor a las intervenciones médicas no tiene fundamento. La obstetricia está hoy sumamente perfeccionada, tanto en el aspecto farmacológico como en el quirúrgico, y brinda nuevas posibilidades a la medicina. Estas «peligrosas» intervenciones son por otra parte raramente necesarias, ya que casi el 97% de los niños nacen de cabeza y, de todos ellos, un 95% viene al mundo en la posición correcta, de nuca, sin ninguna complicación.

La cesárea consiste en la extracción del niño a través de la pared del abdomen o vientre. Para ello se practica un corte vertical, por debajo del ombligo, que pone al descubierto la matriz; ésta se corta horizontalmente, y se extrae el feto. Esta intervención en la actualidad es totalmente inocua, pues la técnica quirúrgica está muy avanzada y el tocólogo la domina a la perfección. A veces es absolutamente imprescindible recurrir a ella, si se quiere salvar la vida del niño; sucede así cuando la madre tiene una pelvis estrecha que no permite el paso del niño a través de ella; o cuando la placenta está anormalmente situada en el mismo cuello de la matriz, taponando la salida, lo que da lugar a una grave hemorragia al comenzar la dilatación; o bien cuando, por determinadas causas, el feto sufre antes de que el cuello esté dilatado.

Cesárea...

Cuando la causa que aconsejó practicar la cesárea es la estrechez de la pelvis, es casi seguro que todos los partos requerirán intervención quirúrgica. Pero en los demás casos la cesárea no será necesaria en los partos sucesivos, casi con toda seguridad.

La pelvis, o huesos de la cadera, está constituida por tres pares de huesos y un hueso impar, el sacro, que se unen de manera que dejan un hueco y un orificio en forma de anillo, a través del cual ha de pasar el feto al nacer. Ese anillo puede ser estrecho por constitución, como ocurre a veces en las mujeres de talla baja. Pero otras veces la estrechez se debe a la existencia de cierta deformidad en los huesos, como ocurre a algunas mujeres que de pequeñas tuvieron raquitismo, que es una enfermedad de los huesos por falta de calcio y vitamina D. La falta de estas sustancias deteriora el crecimiento de los huesos, que son blandos, pudiendo causar la deformidad permanente de la pelvis. Esta deformidad casi nunca se aprecia exteriormente; la mujer tendrá un aspecto totalmente normal, pero el orificio de la pelvis habrá quedado estrecho, dificultando el parto. Por esto los puericultores y los tocólogos insisten en que ya desde los primeros meses de vida se debe hacer la prevención de la cesárea, revisando periódicamente a la pequeña y administrando calcio y vitamina D ante el primer signo que ponga de manifiesto la posibilidad de raquitismo, cosa que el puericultor conoce perfectamente.

Todas las mujeres se aterrorizan cuando oyen hablar del «parto con fórceps». Este instrumento tiene la forma de dos cucharas de mango curvo, cruzadas; puede hacer las veces de la mano, debido a su forma, y se utiliza en el parto, como si fuera una mano larga, situándolo entre la pared del canal del parto y la cabeza del niño y tirando en el momento preciso. Más modernamente, para dar el tirón se emplea una especie de campana aspiradora -ventosa- que casi ha reemplazado al fórceps.

...y parto con fórceps.

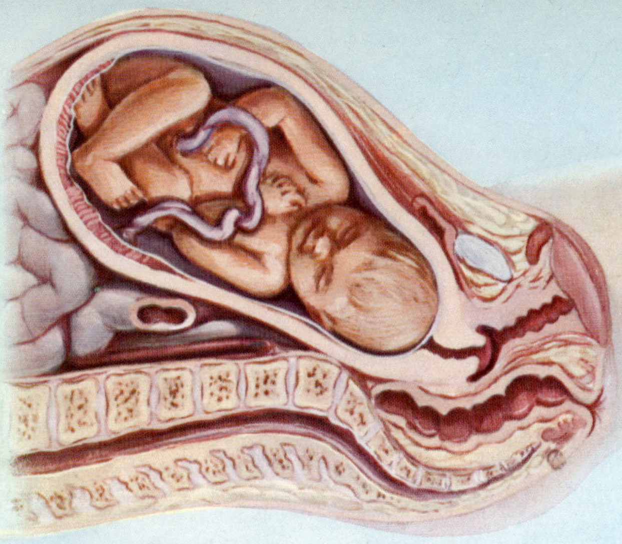

Al final del embarazo, la cabeza del feto se ha encarado en el hueco pélvico; al comenzar el parto, ayuda a la dilatación del cuello, al ser impulsado el feto por las contracciones del útero.

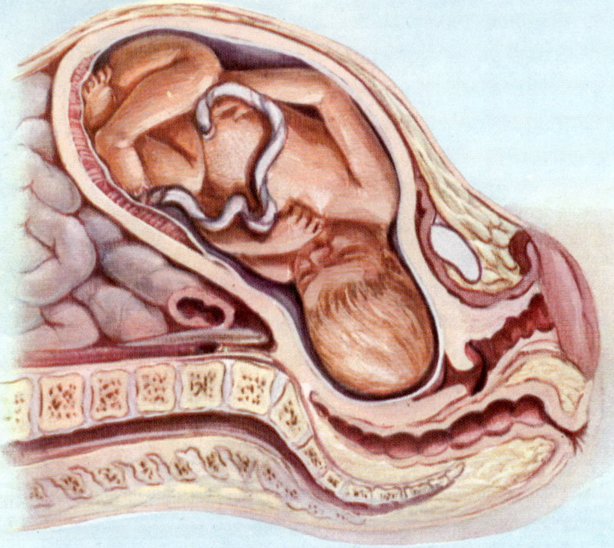

Este trabajo va siendo eficaz; la dilatación del cuello es cada vez mayor.

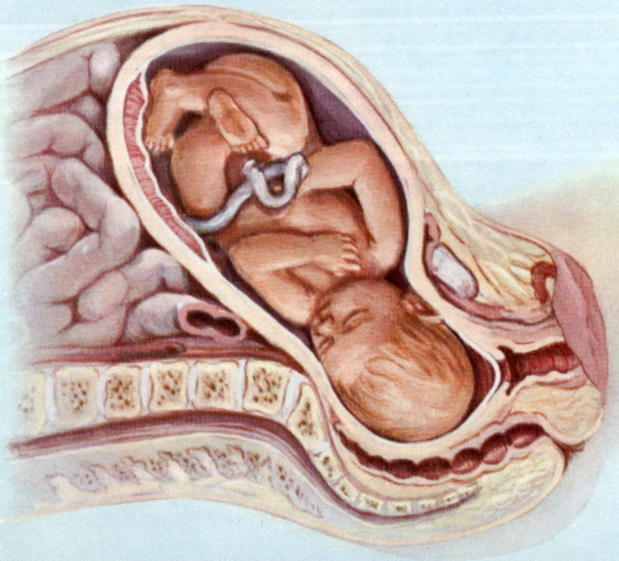

La cabeza ha descendido; el cuello, más dilatado, deja pasar la bolsa de las aguas, que se romperá de un momento a otro por la presión que recibe. A veces es el tocólogo o la comadrona quien rompe la bolsa para acelerar la expulsión.

Ya puede salir la cabeza a través de la vagina; todo el cuerpo del niño ha rotado para facilitar la expulsión; en este momento la cabeza se halla «coronada».

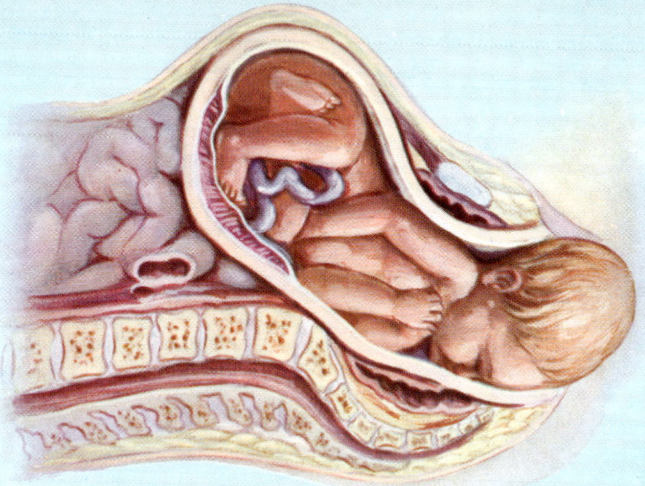

Un momento crucial. La cabeza está totalmente fuera; después el niño rotará de nuevo, para que así salgan los hombros.

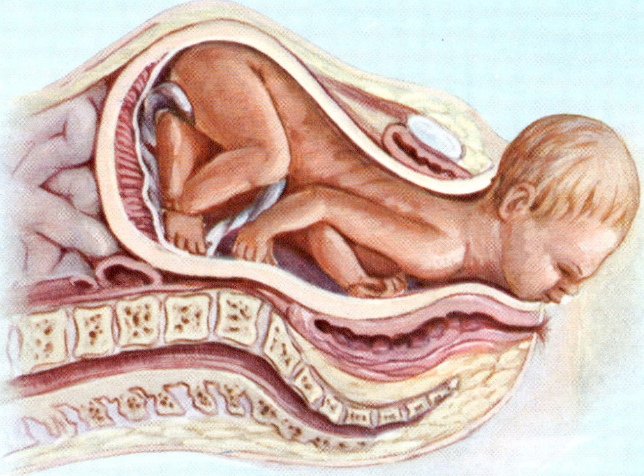

Estos movimientos y la misma expulsión pueden ser ayudados por el tocólogo. El primer movimiento respiratorio del neonato puede tener lugar en este momento; el niño llora o grita.

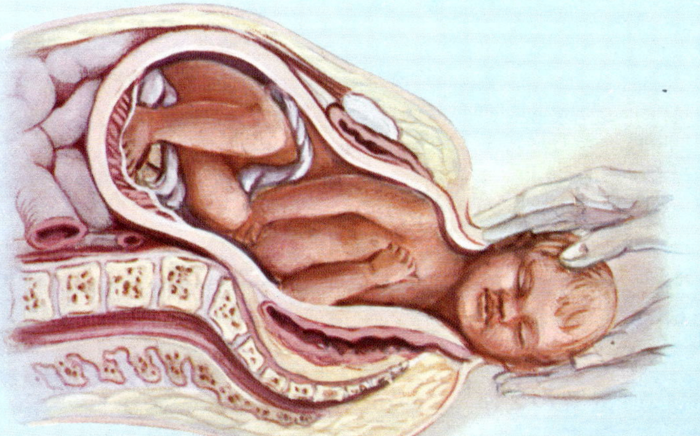

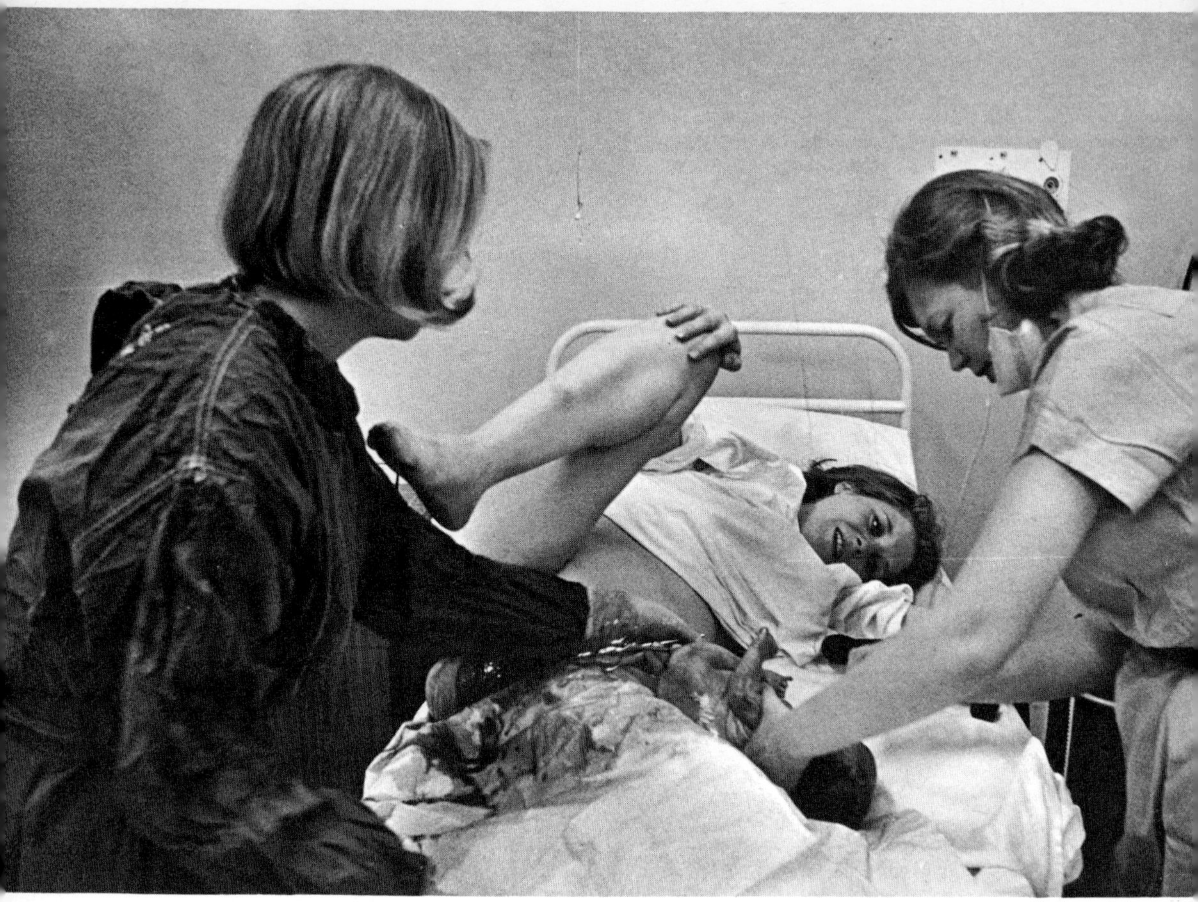

Un momento emocionante. La madre, exhausta y aturdida, contempla por primera vez a su hijo recién nacido, aún unido a ella por el cordón umbilical, que la comadrona se dispone a cortar.

El parto

Cada una de las fases del parto exige una actitud física y moral distinta en la madre. A través del texto que sigue puede verse cómo el parto transcurre paso a paso y, en gran medida, sin dolor.

La fase de dilatación pone a dura prueba la paciencia de la parturienta. Puede durar veinte o más horas y durante la misma el cuello de la matriz se ensancha hasta presentar una abertura de unos once centímetros, y deja libre el camino para que nazca el niño. Los dolores de dilatación se deben a las contracciones rítmicas de los músculos de la matriz, que empujan al niño hacia abajo y hacia fuera. La tensión de los músculos se percibe fácilmente poniendo una mano sobre el vientre de la parturienta. Cada uno de estos dolores dura alrededor de un minuto y los intervalos entre las contracciones van disminuyendo progresivamente.

Relajarse durante los dolores de dilatación.

Este es el momento de emplear todos los conocimientos que se hayan adquirido sobre las técnicas de relajamiento durante la práctica de la gimnasia del embarazo. No hay que aguantar el dolor como lo hacían nuestras abuelas, a base de «apretar los dientes»; se trata sólo de saber relajarse. La respiración abdominal debe practicarse a fondo en este momento; cuanto mejor surtidos de oxígeno estén los músculos de la matriz de la madre, tanto mejor trabajarán y más fácilmente nacerá el niño. El dolor puede paliarse bastante si procuramos concentrar la mente en pensamientos agradables, por ejemplo en el niño. Una mujer que sepa relajarse y permanecer tranquila no experimentará calambres en los músculos y superará el parto –tal como opina el doctor Dick-Read– con muy pocos dolores.

Cuando el cuello del útero se ha dilatado suficientemente, sobreviene la rotura de la bolsa de las aguas que hasta entonces encerraba al líquido amniótico y al niño (a veces, en cambio, la bolsa de las aguas se rompe prematuramente y el líquido amniótico se derrama antes de que se experimenten los dolores de dilatación). Aquí empieza la segunda fase del parto.

La madre puede darse perfecta cuenta del momento en que comienza la fase de expulsión. Interiormente sentirá una imperiosa necesidad de empujar para dar a luz a su hijo. Por lo general, el médico y la comadrona, dando órdenes en este sentido, prestan una gran ayuda a la parturienta. Si se empuja antes del momento adecuado, se corre el peligro de que el cuello del útero se desgarre; durante esos instantes debe practicarse el jadeo, la respiración corta y superficial.

En páginas siguientes, una pequeña película de la fase decisiva del parto: la cabeza del niño asoma por fin al exterior; el médico ayuda a los últimos esfuerzos de la madre, y luego sostiene unos instantes al niño cabeza abajo, para liberar sus vías respiratorias; el cordón umbilical es ligado y seccionado; finalmente el recién nacido comienza, con vagidos y pequeños pataleos, su vida independiente.

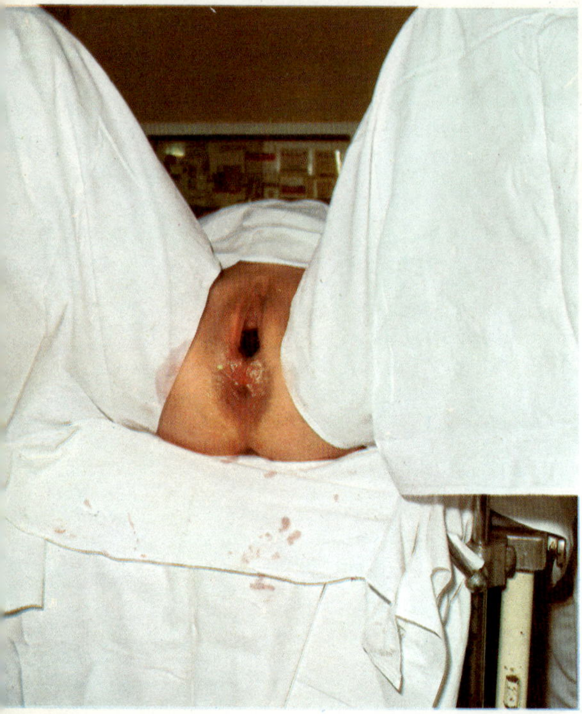

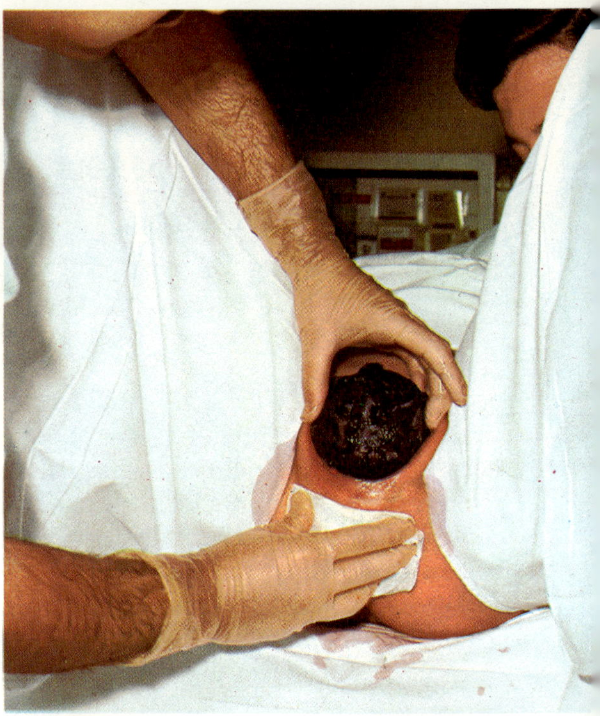

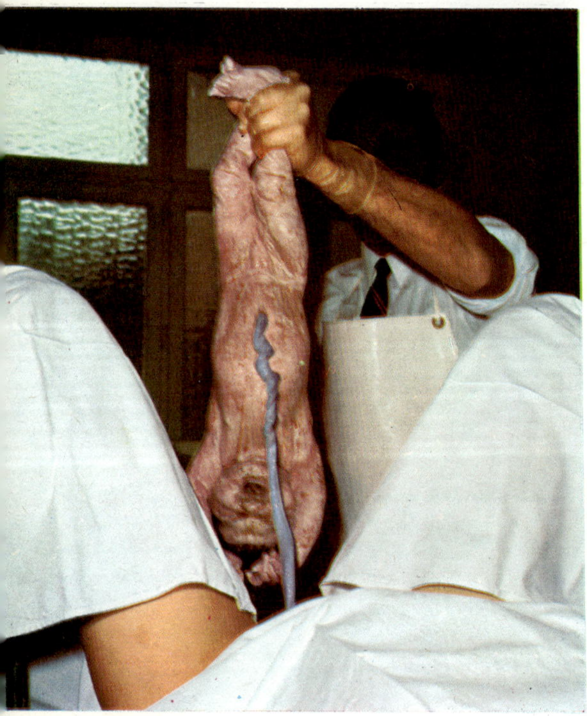

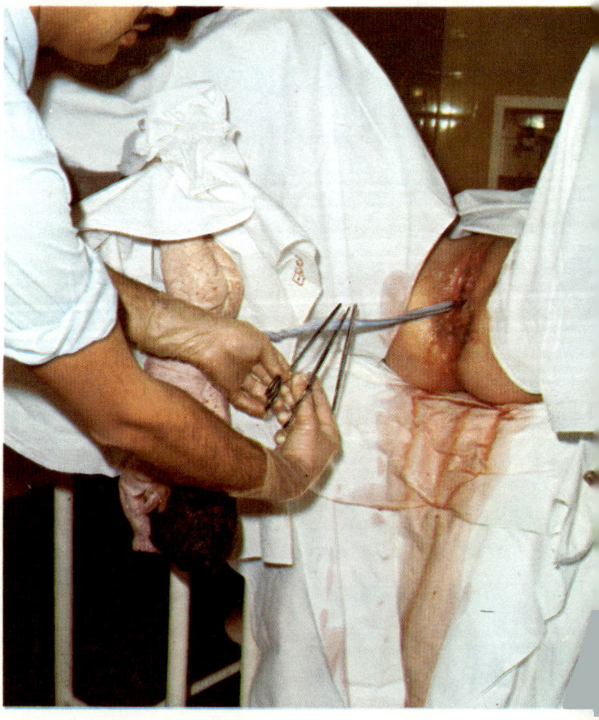

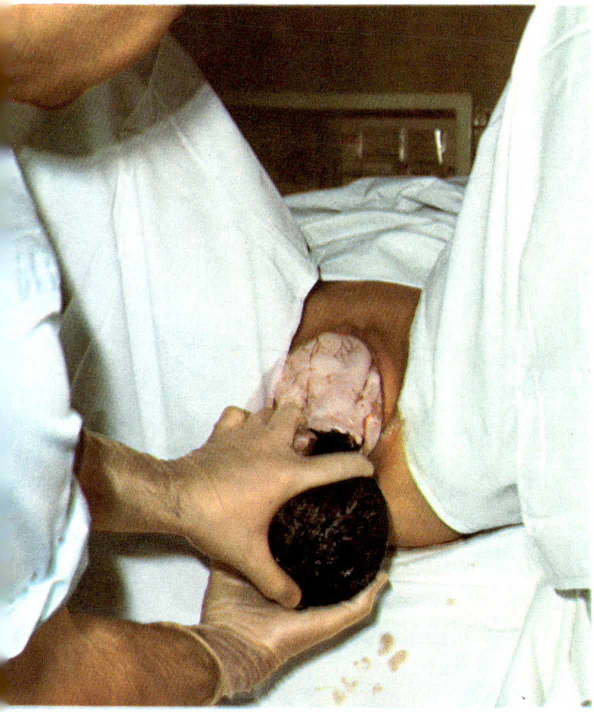

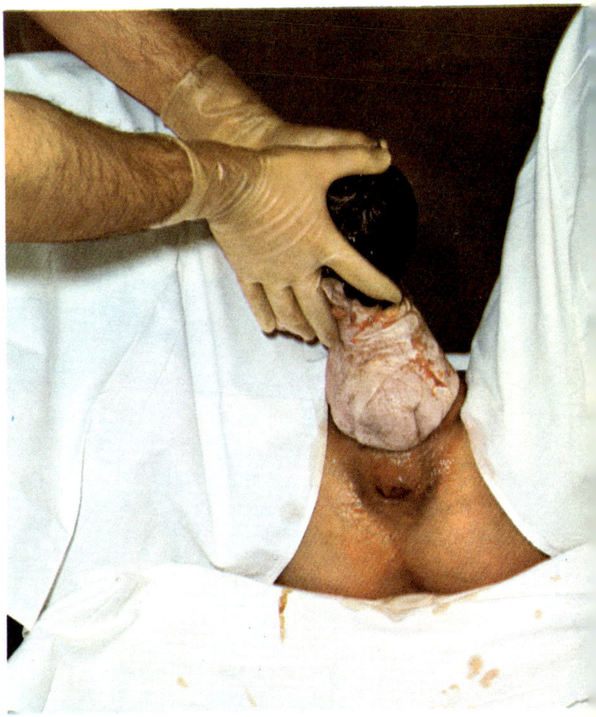

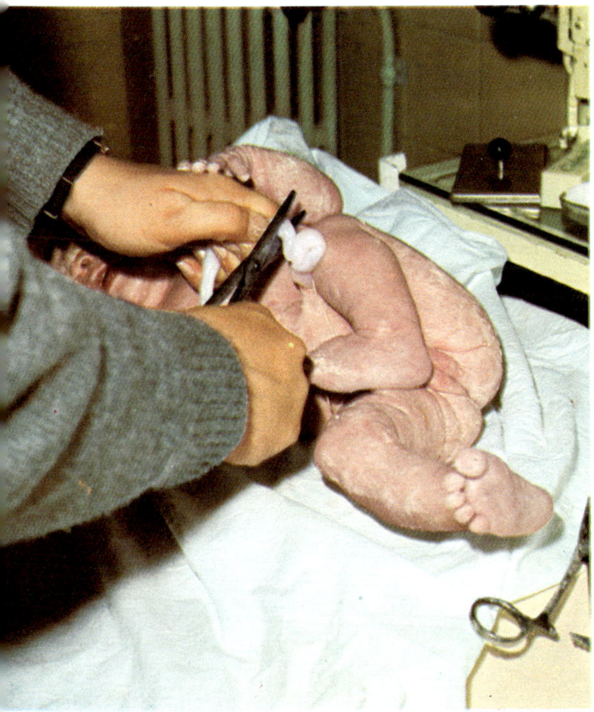

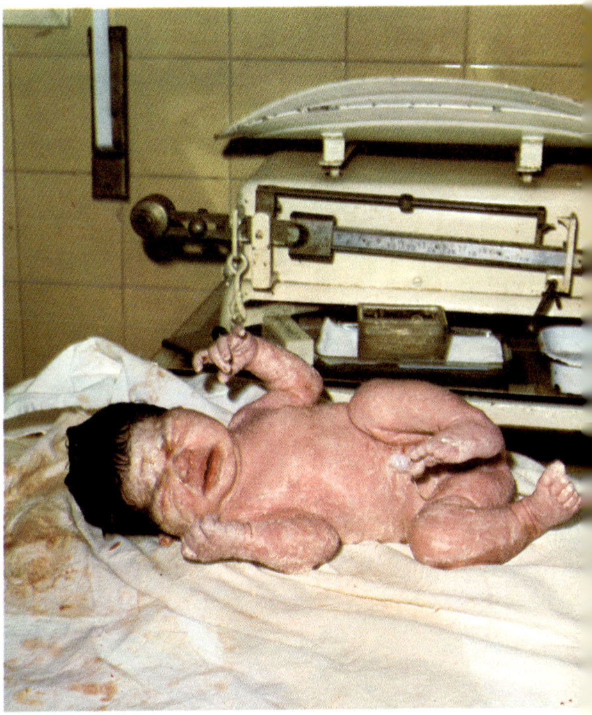

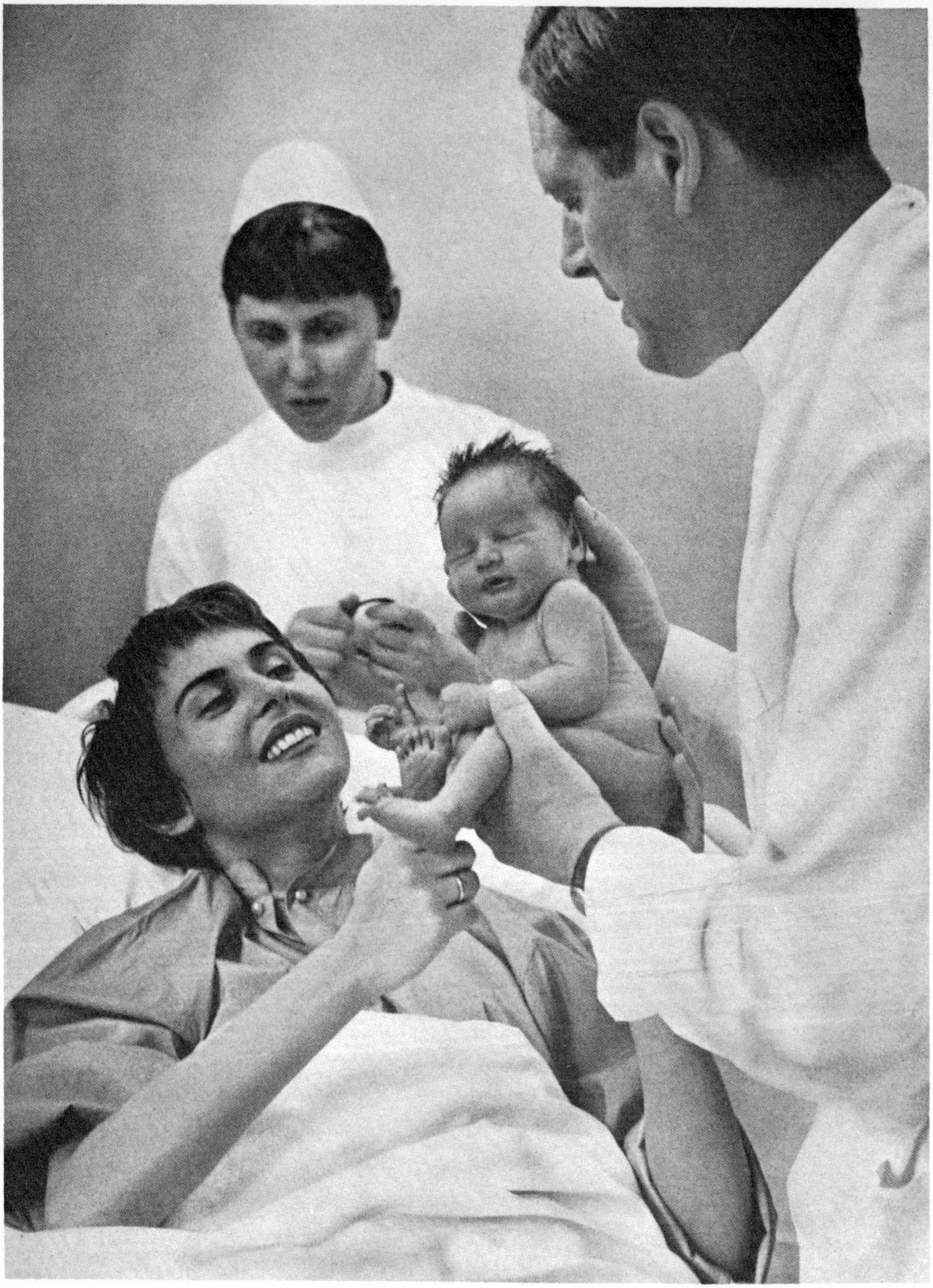

◁ *Ha finalizado el aseo del bebé, y éste es presentado «oficialmente» a la feliz madre. Con la expulsión de las secundinas, que tiene lugar unos veinte o treinta minutos después de nacer el niño, el parto habrá concluido a plena satisfacción.*

Cada dolor de expulsión significa que el niño avanza un poco hacia fuera a través del cuello de la matriz y de la vagina, ensanchada de 5 a 15 centímetros. Al llegar este momento, conteniendo la respiración, debe lanzarse el aire hacia abajo (nunca hacia arriba). Esto ya se aprendió durante la gimnasia del embarazo. Por otra parte, el médico o la comadrona controlarán constantemente los latidos del corazón del niño.

Respirar jadeando y, más tarde, empujar durante los dolores de expulsión.

Los dolores de expulsión no suelen durar casi nunca más de dos horas. Cuando aparece el dolor las madres suelen estar tan enfrascadas en la tarea de empujar que, muchas veces, no tienen ni siquiera tiempo de sentir las molestias. Cuando por fin el niño viene al mundo a través de la vagina -generalmente con la cabeza por delante y siempre acompañado por el dolor de expulsión–, lo reciben las manos cuidadosas del médico o de la comadrona. En este momento, la madre debe cesar de empujar y limitarse a respirar jadeando; los músculos de la matriz deben hacer por sí solos la fuerza de expulsión. Así se evitará el peligro de que una salida demasiado brusca dañe la cabeza del niño. Pasada esta fase, que es la más fatigosa, hay que dar aún un último empujón para que pueda salir el resto del cuerpo del niño. El momento más feliz para la madre es aquel en que, después de cortado el cordón umbilical y estando ella en plena conciencia, le colocan al niño, por unos instantes, encima del vientre para que lo vea y tenga el primer contacto con él. Tanta alegría y emoción pueden hacerla olvidar que el parto todavía no ha terminado.

Al cabo de veinte o treinta minutos se expulsan las secundinas.

Veinte o treinta minutos después de nacer el niño se desprenderán la placenta y las membranas que envolvían el feto. Estos tejidos (llamados «secundinas») se expulsan acompañados por pequeños dolores que la madre, generalmente, no siente. El médico o la comadrona examinan las secundinas para comprobar que todo ha sido expulsado, ya que si alguno de estos tejidos quedara en la matriz constituiría un estorbo en el proceso de involución de la misma y podría originar hemorragias.

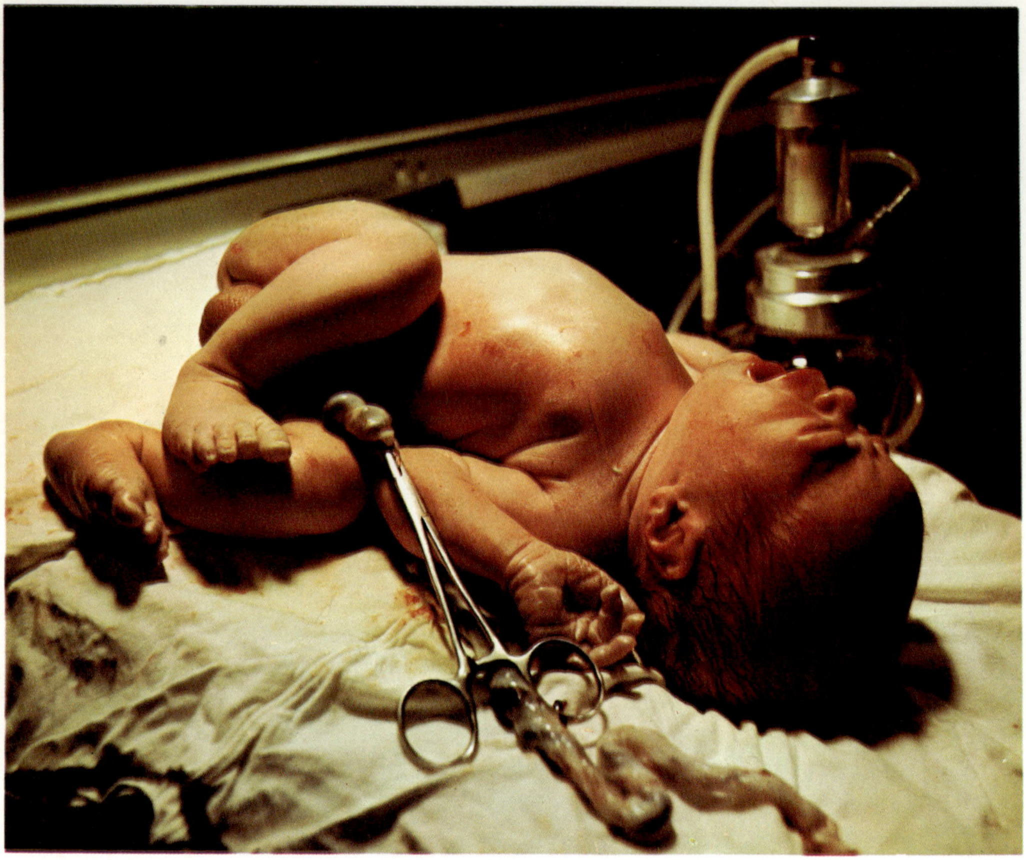

El cordón umbilical es estrangulado y cortado en cuanto el niño sale del seno materno; el pequeño cabo que quedará al finalizar estas operaciones será uno de los puntos más débiles de la anatomía del niño en los primeros días, hasta que se seque y se desprenda.

EL PRIMER AÑO

EL RECIÉN NACIDO

Las primeras horas

A menudo, la madre no tiene conciencia de cómo transcurren las primeras horas de su hijo. No todos los médicos o comadronas ponen al niño entre sus brazos, durante unos instantes, para que traben conocimiento. Por otra parte, después del fatigoso parto, está tan cansada -y a la vez tan «descansada»- que suele dormirse en cuanto escucha el primer llanto de su hijo y confía en que será bien atendido durante las primeras horas.

Pero una madre debe saber lo que ocurre entre el momento de cortar el cordón umbilical y el primer encuentro con el niño al despertar en la cama de la clínica:

¿Qué sucede con el recién nacido en las primeras horas?

Antes que nada la comadrona se ocupa de dejar las vías respiratorias del niño completamente libres de mucosidades y de líquido amniótico. A menudo, con sólo mantener al niño unos instantes en alto, cogido por los pies y cabeza abajo, estos líquidos se vacían por la boca del recién nacido. Si el procedimiento no resulta suficiente, hay que succionar por otros medios las vías respiratorias hasta dejarlas limpias.

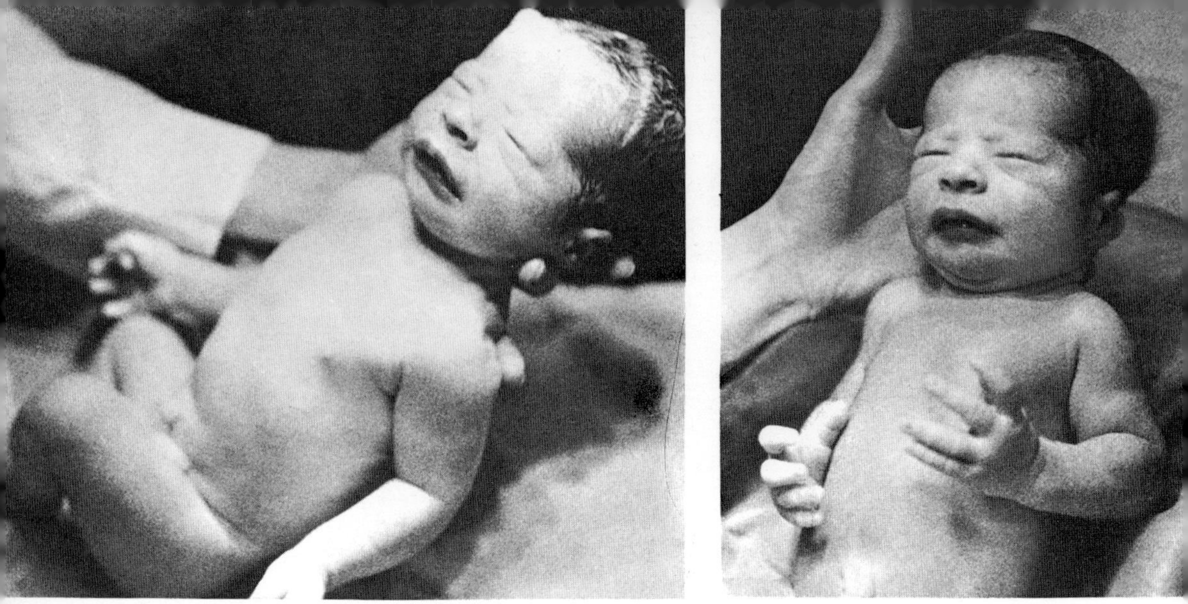

Comprobación de los reflejos de un recién nacido. Arriba, reflejo «del abrazo». Se mantiene al niño semiincorporado, y al soltarle momentáneamente, mueve los brazos como buscando algo a que agarrarse. Abajo, reflejo de «búsqueda»; el niño mueve la boca, tratando de apresar con ella lo que le ha rozado los labios.

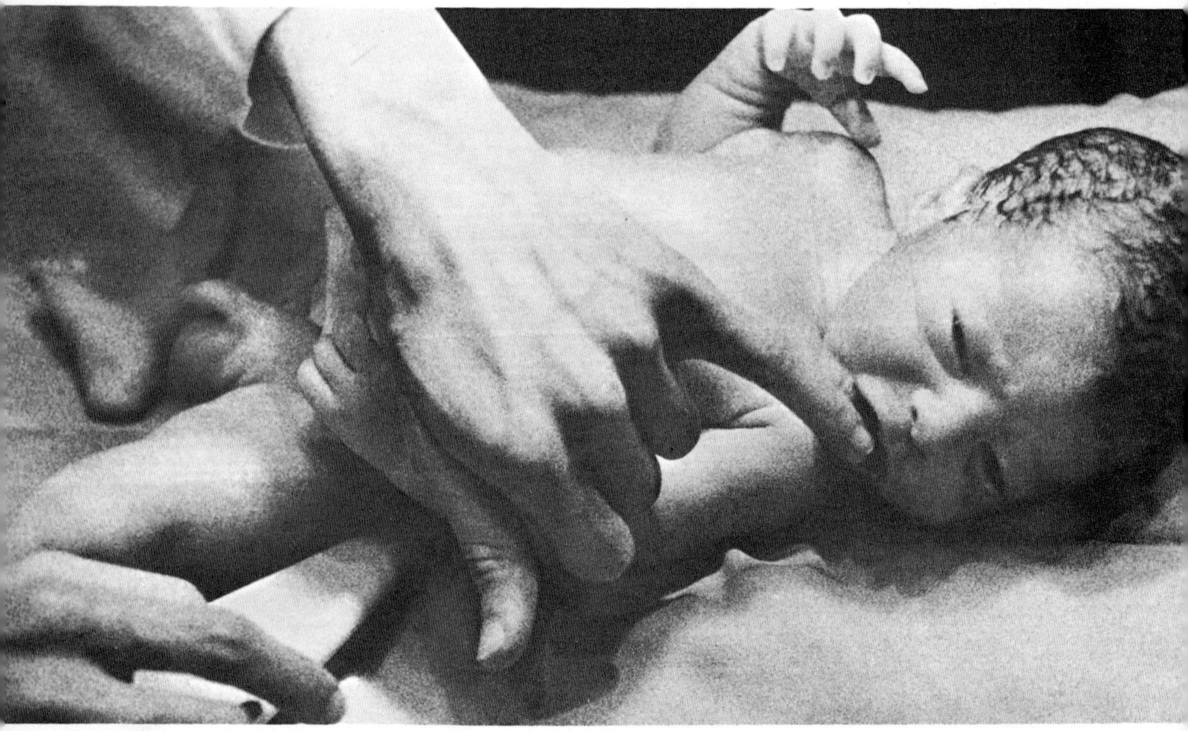

Normalmente el niño, en el momento en que sale del claustro materno, efectúa una intensa inspiración, e inmediatamente empieza a llorar fuertemente. A veces esto no ocurre con tanta rapidez; el recién nacido tarda en llorar, y si este estado se prolonga puede sufrir graves trastornos.

En tiempos pasados, cuando el niño no lloraba inmediatamente, se efectuaban bruscas maniobras de reanimación que no siempre eran inocuas: balanceos, golpes en la espalda, baños fríos y calientes alternativamente, etc. En la actualidad todas las clínicas obstétricas tienen dispuesto material e instrumental adecuado para llevar a cabo una reanimación eficaz y exenta de riesgos: aspirador, oxígeno, material para intubación y respiración artificial controlada, etcétera.

Después de iniciada la normal respiración del neonato, se le reconoce para ver si hay malformaciones visibles y si su sistema nervioso está bien desarrollado, comprobando los típicos reflejos del recién nacido, como son el reflejo de búsqueda (el niño parece como si buscara con su boca cuando se le rozan los labios con un objeto; este objeto será más tarde el pezón del pecho de la madre o la boquilla del biberón); el reflejo de succión (el niño succiona cuando se le aplica entre los labios un objeto, que igualmente será después el pecho materno); el reflejo de prensión palmar, cuando se le pone un objeto en la palma de la mano. Otros varios reflejos sirven al puericultor para reconocer la normalidad del niño, reconocimiento que tiene gran trascendencia en estos primeros momentos de la vida, en que se puede hacer algo positivo para hacer desaparecer o impedir que progresen ciertas enfermedades del sistema nervioso.

El aspecto exterior del niño, en cuanto a forma de su cuerpo y miembros y apariencia y color de la piel; la respiración normal, los reflejos normales, el peso superior a 2500 gramos y la talla no inferior a los 45 centímetros, son los datos que el médico busca para asegurar la normalidad del nuevo ser. Una exploración más detenida de los órganos internos permite asegurar esa normalidad; estos datos se obtienen pasadas algunas horas, cuando el niño ya ha hecho su primera deposición, ha orinado y ha tenido ocasión de deglutir las primeras gotas de líquido que se le ofrecen.

Con un cordón esterilizado se estrangula el cordón umbilical y se corta después la porción que sobra. El extremo restante se empolva con un antiséptico, se cubre con una gasa esterilizada y se ata cuidadosamente con un cordoncillo elástico (se dan más referencias sobre este tema en el apartado titulado «El ombligo»).

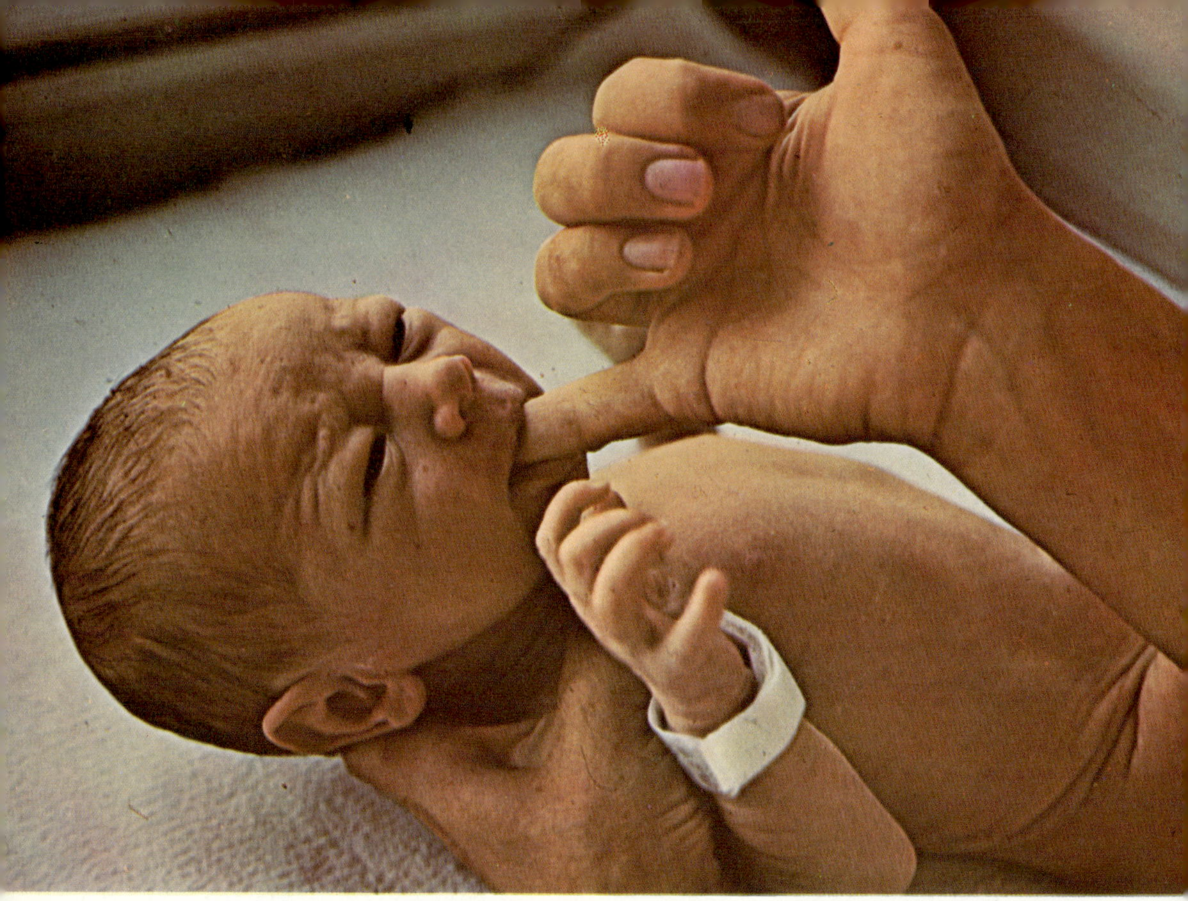

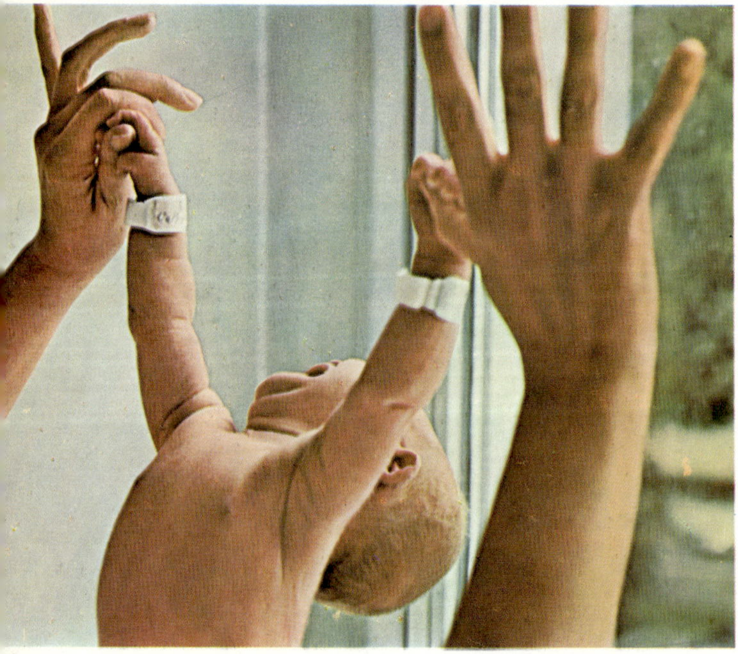

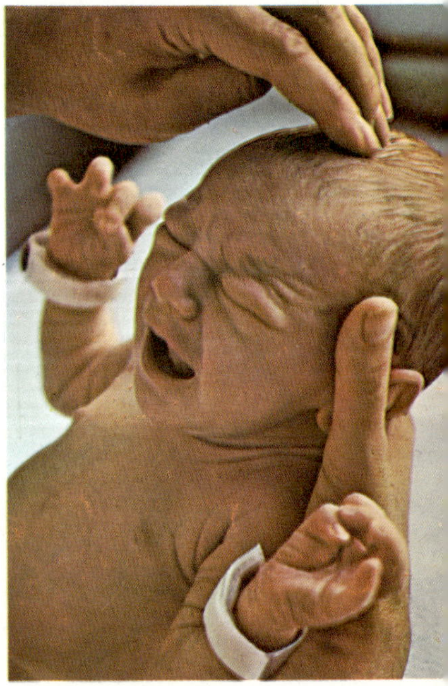

En pág. anterior, arriba, examen del reflejo de succión del recién nacido; abajo, izquierda, el reflejo de prensión con las manos es tan fuerte que el bebé puede mantenerse suspendido de los dedos de la comadrona; derecha, la enfermera palpa las fontanelas anterior y posterior. En esta pág., arriba, reflejo de marcha; el bebé trata de apoyar sus pies en algo sólido. Abajo, reflejo de prensión con los pies.

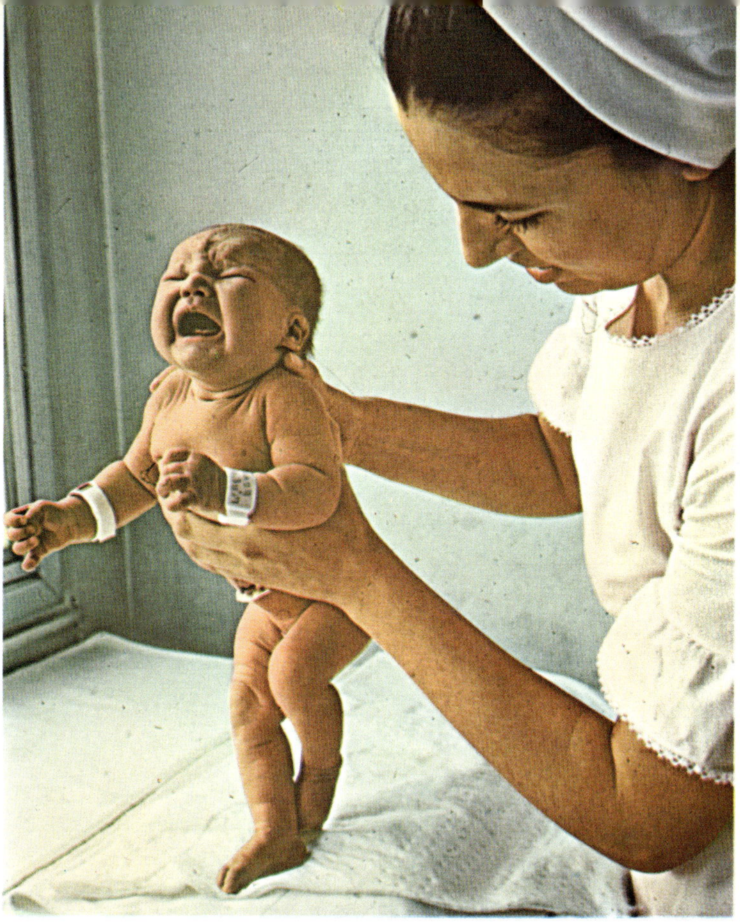

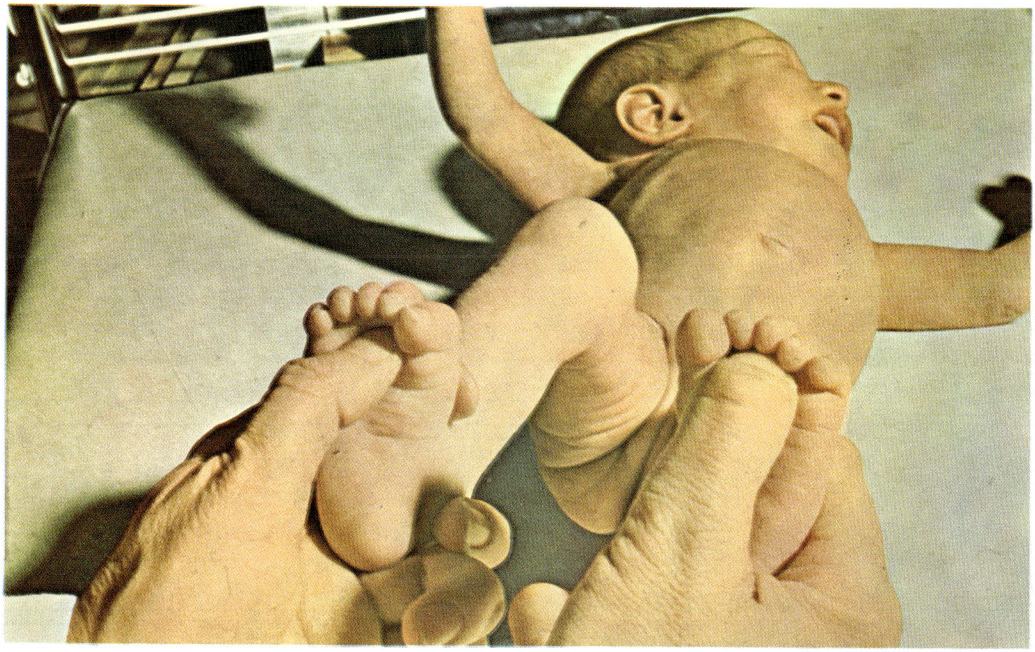

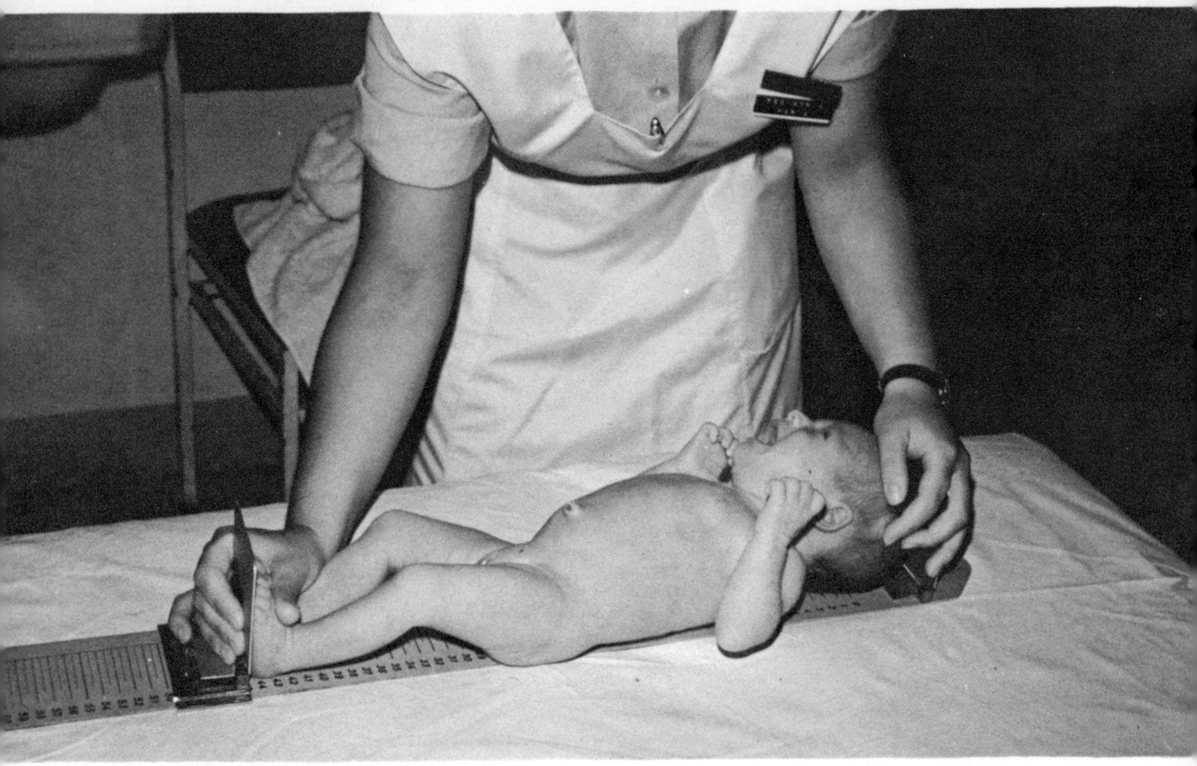

Se mide al recién nacido inmediatamente después del baño; con el aparato que muestra la fotografía, la operación puede realizarse con toda precisión y a comodidad del bebé. Mediciones sucesivas irán mostrando gráficamente los progresos del desarrollo del pequeño.

En las clínicas modernas se suele bañar al niño inmediatamente después del parto. Pero hay cierta tendencia a mantener al niño sin lavar durante algunas horas, incluso algún día, ya que el manto sebáceo *(vermix)* que le cubre le protege, favoreciendo una buena adaptación a la temperatura ambiente; en especial se mantiene el *vermix* en niños muy pequeños (débiles congénitos y prematuros), pues esa protección es de suma importancia en las primeras horas.

Tras el baño se suelen aplicar unas gotas de un colirio antiséptico (nitrato de plata o penicilina) en los ojos, con objeto de evitar las frecuentes conjuntivitis del recién nacido, que antes del uso de esos medicamentos eran causa de graves infecciones oculares, e incluso de cegueras.

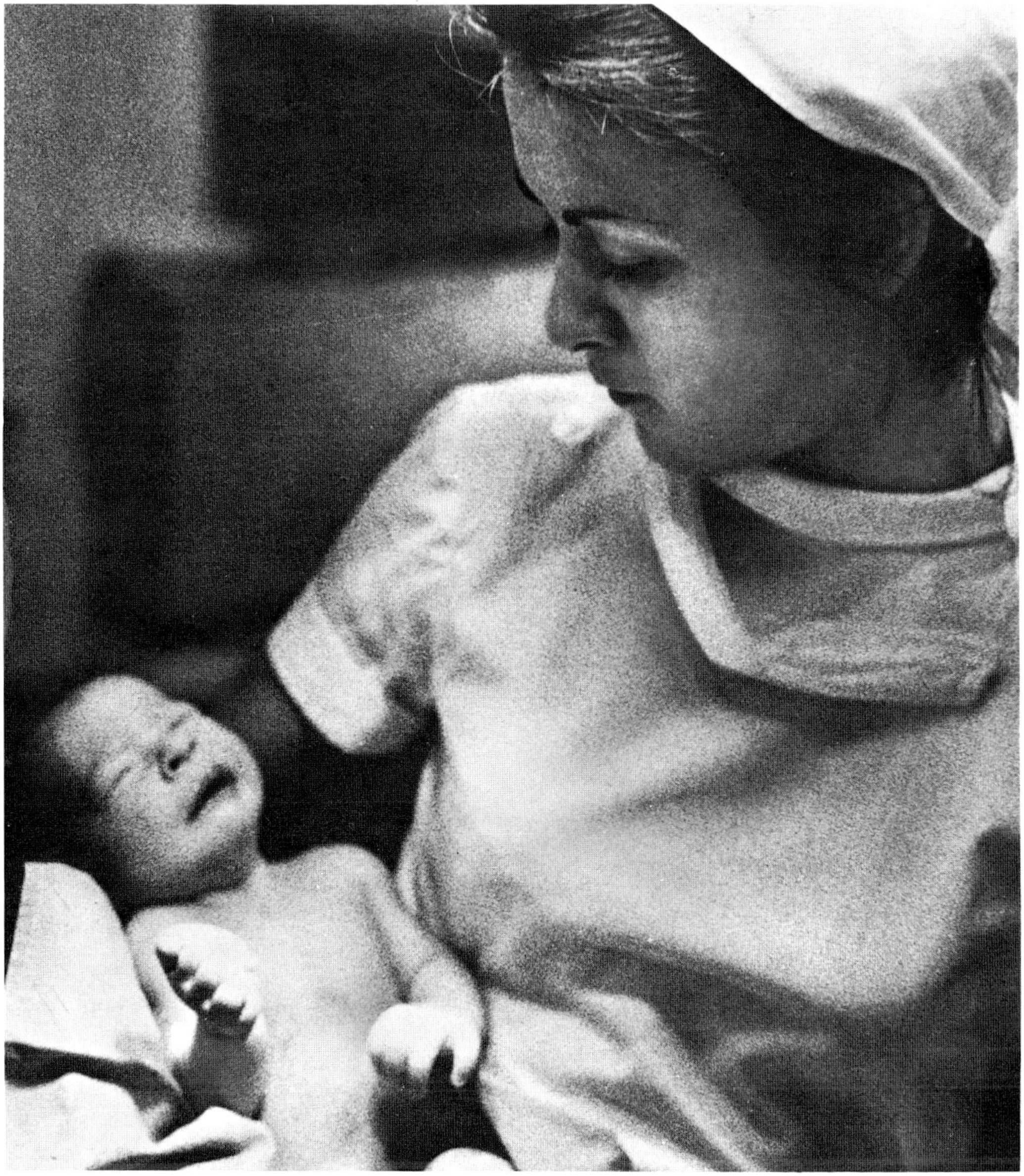

Las manos expertas de la enfermera secan al bebé después de su primer baño. La piel del recién nacido, desprovista del vermix *que la protegía del ambiente exterior, presenta un aspecto rojizo, con un ligerísimo vello, y tardará unos días en adquirir el tacto suave y el tono sonrosado.*

Después de pesar y medir al niño, se le viste y se le acuesta en su cuna con una bolsa de agua caliente envuelta en un paño. Este calor suplementario sólo es necesario, normalmente, durante las primeras doce horas; después,el niño se acostumbra a la temperatura ambiente. Si el niño, durante los primeros diez días, tiene las

Primer examen médico del recién nacido. Los cuidados más inmediatos tienden a comprobar la normalidad de las vías respiratorias, y a asegurarse del buen funcionamiento de la circulación sanguínea.

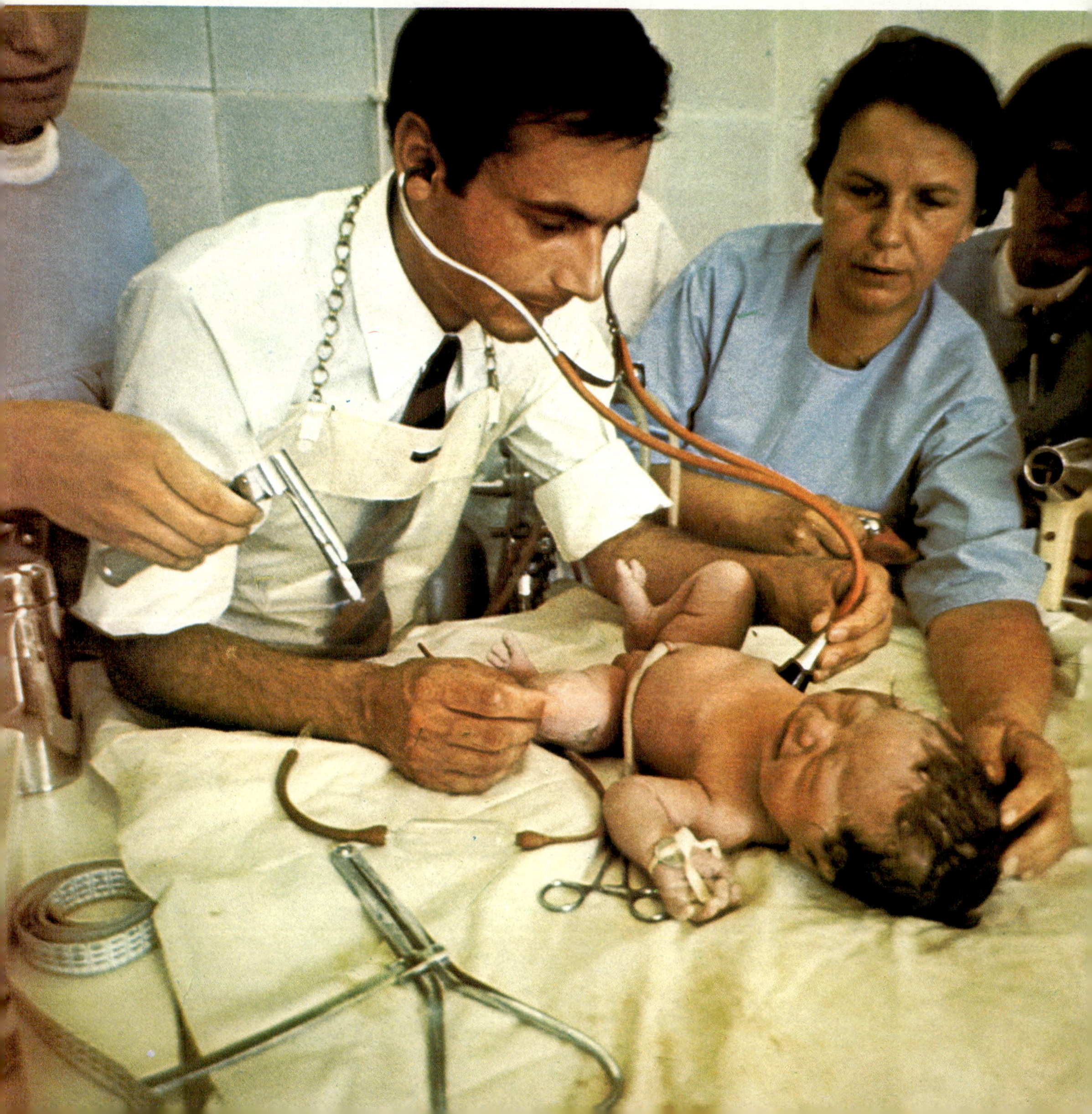

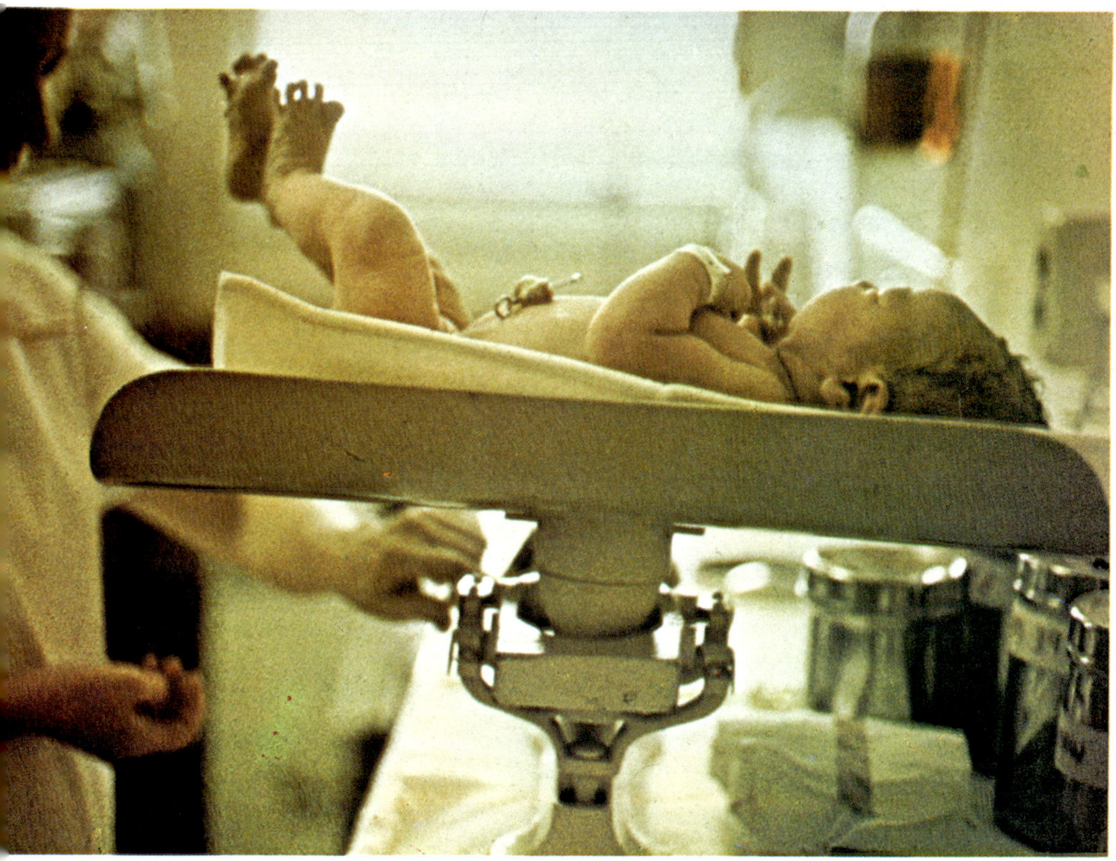

El momento de pesar al bebé es aún motivo de angustia para algunas madres, que ponen en relación directa la gordura y la salud de los niños. Pero los «pesos ligeros» no tienen, a este respecto, la más mínima desventaja.

manos azuladas, no se debe al frío ni a una mala circulación sanguínea, sino a que los vasos sanguíneos periféricos, los más alejados del corazón, no reciben aún suficiente riego.

La leche materna no antes de doce horas.

El recién nacido mamará la primera leche de su madre a las veinticuatro o, mejor, a las doce horas. Hasta este momento, las puericultoras de la clínica lo alimentan cada cuatro horas administrándole de 10 a 20 gramos de solución glucosada. Gracias a esto se eleva la glucemia del organismo del niño, que es relativamente baja.

El ombligo

El punto débil del bebé.

El ombligo, durante el tiempo que tarda en secarse definitivamente, constituye la parte más delicada del cuerpo del niño. El cabo que queda después de cortado el cordón umbilical debe mantenerse siempre seco y limpio; conviene espolvorearlo con polvos antisépticos (desinfectantes) y envolverlo con compresas de gasas y vendas umbilicales. El niño no debe ser todavía bañado de cuerpo entero. Las madres que den a luz en su propia casa recibirán de la comadrona los consejos necesarios. Si, por el contrario, el niño nace en una clínica, las puericultoras suelen conseguir mediante cuidados especiales que el resto del cordón umbilical, seco, se desprenda al cuarto o sexto día. Cuando tarda más días en desprenderse, puede ser debido a que esté infectado, a pesar de todos los cuidados; en este caso el médico ordenará lo que se ha de hacer, porque hay que tener en cuenta que esta herida es una peligrosa puerta de entrada para las infecciones. Estando bien el ombligo, las madres, al marchar de la clínica, pueden bañar al niño con toda tranquilidad. Como medida de precaución puede utilizarse la venda umbilical hasta la tercera semana; sobre todo si el niño es llorón, ya que los esfuerzos que hace durante el llanto repercuten en el ombligo.

Cuando el ombligo se resiste a curarse, cuando la nueva piel no se seca y aparece húmeda o inflamada y la herida umbilical segrega un líquido transparente, hay que intensificar la limpieza. La mayoría de las veces esta secreción se cura con polvos desinfectantes. Un baño demasiado anticipado puede volver atrás todo el proceso de curación, ya que el peligro de infección, durante un baño, es bastante grande. No hay ningún riesgo, sin embargo, en lavar y enjabonar al niño por partes, sin sumergirlo en la bañera.

Si la herida del ombligo comenzara a supurar, el médico o el pediatra decidirán qué sistema de desinfección debe seguirse. Cuando el ombligo supura, no debe limpiarse nunca con un objeto duro; sólo se conseguiría lastimarlo aún más y crear nuevos focos de infección.

No es poco el orgullo y la alegría de los hermanitos que acuden a ver, por una ventanilla apropiada a su estatura, al recién llegado. «¡Ese, ese es el nuestro!»

NURSERY NO. 2
FOR
BROTHERS & SISTERS

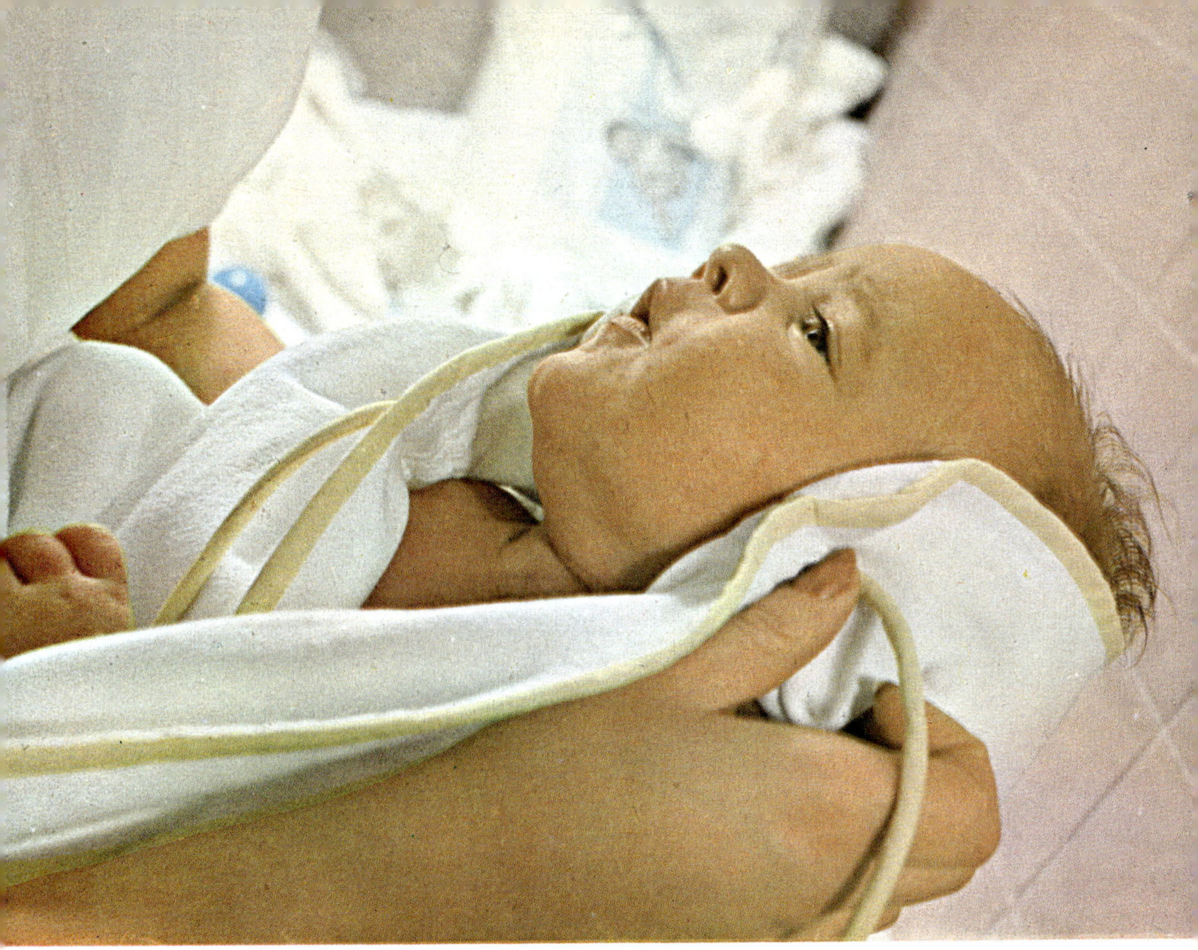

En pág. anterior, dos maneras seguras de sostener al bebé en el baño, de modo que pueda lavársele con toda comodidad; no hay que olvidar que la cabeza debe quedar siempre bien sujeta. Arriba, el secado tiene que ser suave, sin frotar, dejando que la toalla embeba la humedad de la piel.

El baño alegra

Aprender con la piel.

El baño puede ser uno de los momentos más felices de la vida del bebé durante las primeras semanas. Los niños hacen sus primeras experiencias a través de la piel, que es el órgano sensitivo más importante de la primera infancia; por medio de ella, van conociendo el mundo exterior. El niño comienza así, en el baño, por disfrutar de su libertad de movimientos y hace sus primeras experiencias sobre humedad, frío, calor, suavidad, sequedad, aspereza, toda una pequeña y seleccionada muestra de la escala humana de sensaciones. La temperatura del baño (36 a 37^{0}) no debe comprobarse nunca con el codo, sino con un termómetro adecuado.

Para que el baño no sea una causa de preocupaciones para la madre, conviene preparar a tiempo una serie de cosas:

Poner el termómetro en la bañera.
Tener a mano las toallitas para la cara y para el cuerpo (a ser posible de dos colores diferentes) y el jabón para niños.
Disponer de una toalla de baño (son muy prácticas las que tienen capucha).

No todos los niños soportan el jabón. A algunos les ocasiona rojeces en la piel o pequeñas ampollas. Cuando ocurra esto, lo mejor es probar otra marca de jabón. Según la piel del niño, se puede elegir entre el jabón corriente o un *moussel* o gel espumoso. Si la piel del niño se reseca inmediatamente después del baño, debe interpretarse que la acidez del jabón le resulta perjudicial. En este caso, también debe cambiarse el jabón de baño. Un jabón neutro o el jabón de glicerina son muy aconsejables.

Una manera de sostener al niño segura y que no perturba el placer del baño.

Ninguna madre debe temer que su hijo pueda resbalar y ahogarse en la bañera. Hay una manera de sostener al niño, muy sencilla, que no impide la libertad de movimientos y sin embargo es completamente segura: se desliza la mano izquierda por detrás de la espalda del niño y se le sujeta fuertemente por la parte superior del brazo izquierdo. De este modo, el niño puede apoyar la cabeza en el brazo de la madre y patalear tan fuerte como quiera. Para bañar al niño boca abajo sirve el mismo sistema, pero al revés. Si por casualidad la cara del niño se sumergiera en el agua no ocurre ninguna desgracia: durante los primeros meses, el niño tiene un sentido protector de «oclusión» que le llevará automáticamente a cerrar la nariz, los oídos, los ojos y la boca, de forma que no pueda entrar ninguna gota de agua. Más adelante explicaremos por qué los bebés pueden aprender a nadar con tanta facilidad. Al niño, naturalmente, debe jabonársele de arriba hacia abajo. Cuando el agua está todavía limpia, se le lavarán los ojos y la cara, a menos que los ojos estén inflamados y deban recibir un tratamiento especial. Los primeros cabellos no necesitan ningún champú especial. Después de la cabeza se lavará el cuerpo y, finalmente, se limpiarán con mucho cuidado, sin presionar, los pliegues de la piel de la parte superior de los muslos y la ingle. Estas partes del cuerpo, al igual que las orejas, el cuello y las axilas, se secarán a base de toques suaves con la toalla, sin frotar, para no erosionar los pliegues de la piel del niño y producirle heridas.

En principio, da lo mismo bañar al niño antes de la comida de las diez de la mañana, a mediodía o por la noche; pero no conviene

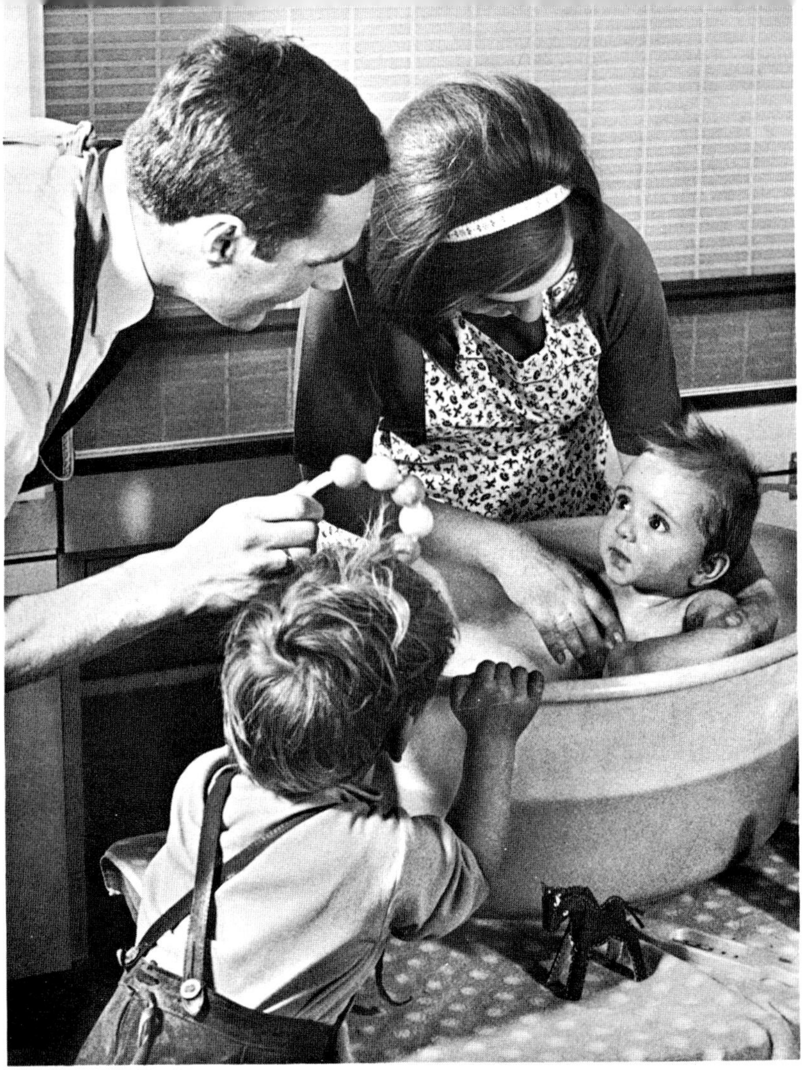

El baño del pequeño es un momento feliz para él, y un verdadero acontecimiento diario para la familia. Por eso conviene que se realice a una hora en que todos, y especialmente el padre, puedan estar presentes.

alterar el horario con demasiada frecuencia, porque se perturbaría el sentido del ritmo y del orden que el niño ha conseguido con esfuerzo. Aquí también debe imperar la regularidad. Desde hace años se sigue la costumbre de bañar a los niños al mediodía; contra este hábito debe considerarse el hecho de que, después de bañados, los niños deben ser preservados durante un rato del aire libre, de la ventilación excesiva y de salir a la calle; prohibiciones que pueden resultar duras en las horas de calor. Durante el invierno, como es lógico, esta consideración pierde importancia puesto que los días

La llegada del bebé trastoca las pequeñas costumbres, los horarios y hasta las relaciones sociales de los padres. La joven pareja, vertida hasta ese momento en una intensa vida exterior, se repliega y se agrupa en torno al nuevo centro del hogar: la cuna.

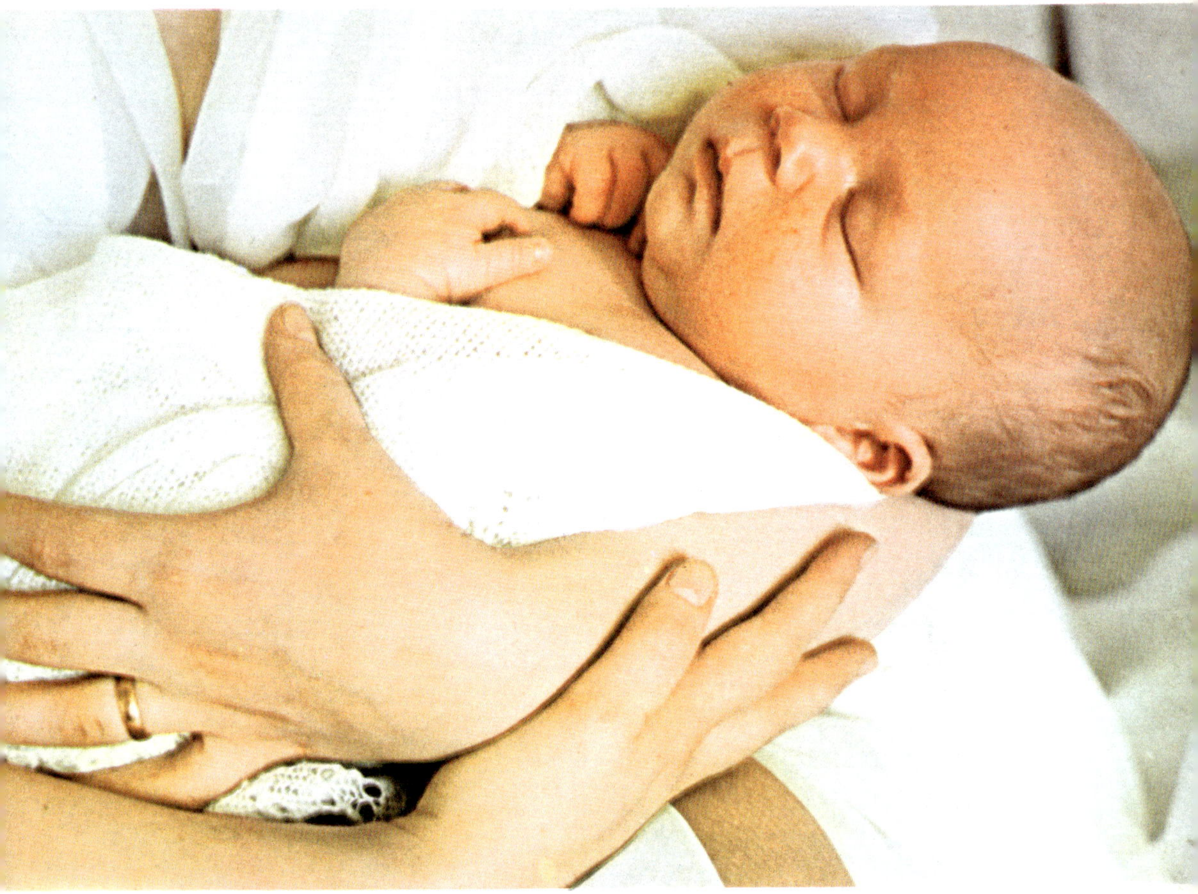

Una imagen plácida, llena de la blanca luminosidad que rodea los primeros meses del bebé: recién salido del baño, limpio, reclinándose a dormir en los brazos de su madre, refleja un bienestar total.

son cortos y el sol luce poco tiempo. Cuando el verano es muy caluroso puede refrescarse al niño bañándolo al mediodía (naturalmente, siempre antes de comer). En las familias numerosas, el baño suele aplazarse hasta la noche por motivos de comodidad. Así puede efectuarse con más tranquilidad. Por otra parte, después del baño, el bebé se encontrará agradablemente cansado y se dormirá enseguida. Otro punto a favor del baño nocturno es que, con un poco de suerte y sentido de la coordinación, el padre de familia, tan atareado durante todo el día, podrá ver a su pequeño de buen humor y en plena actividad.

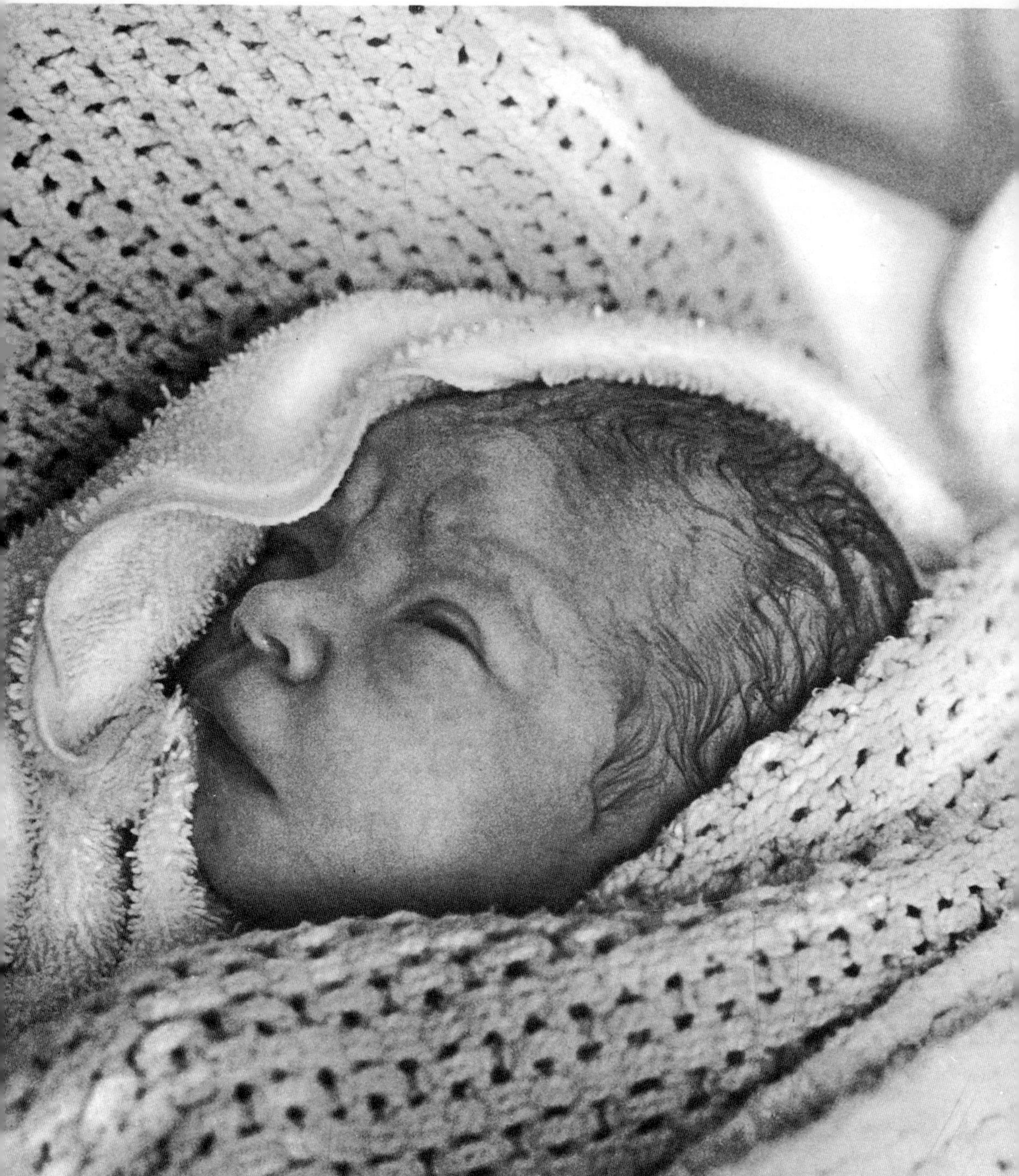

La piel del recién nacido

El niño, al nacer, no tiene la piel suave y sonrosada del bebé; en estos primeros días la piel sufre una serie de cambios que conviene conocer para no incurrir en una alarma innecesaria y, por el contrario, para consultar a tiempo cuando haya un indicio de que algo no marcha bien.

El niño nace con su piel cubierta por ese manto graso que es el *vermix caseoso* ya citado; al limpiarlo se puede apreciar una piel enrojecida y cubierta por una finísima capa de vello frágil, llamado «lanugo», que desaparece al poco tiempo. En estos primeros días, las manos y los pies pueden tener una coloración algo azulada, como consecuencia de que la oxigenación de la sangre, que es la responsable de la coloración sonrosada de la piel, no es muy rápida y esas zonas más alejadas del corazón tardan en conseguir una bella coloración.

La «ictericia» del recién nacido.

Hacia las 24 horas el color rojo de la piel se va suavizando y uno o dos días después puede aparecer un tinte amarillo suave, la llamada «ictericia fisiológica del recién nacido», que dura de tres a cinco días. Si el color amarillo aparece antes, si es muy intenso o se prolonga más de estos días, puede ser debido a una enfermedad, a veces grave, como es la derivada del problema del *Rh,* del que se habla en otro capítulo de este libro. En este caso es urgente llamar al pediatra, que dispondrá el oportuno tratamiento.

Después de la fase de coloración amarillenta, por fin la piel adquiere el bello color sonrosado que caracteriza al niño sano.

Con frecuencia, también en los primeros días, el pequeño sufre una descamación de la piel; esta se desprende en pequeñas escamitas, bajo las que aparece la piel normal; esa descamación dura pocos días y no debe preocupar; pero si la piel se desprende en grandes láminas, dejando al descubierto una superficie rojiza y húmeda, se debe acudir pronto al médico.

Otro frecuente motivo de preocupación para los padres suelen ser algunos tipos de manchas o lesiones de la piel, que desaparecen en pocos días y no son expresión de ninguna enfermedad. Entre estos tipos de manchas están unas rojizas o azul-violeta en el dorso

---

A este pequeño friolero, que tan expresivamente frunce el ceño, todos los chales y las toallas le parecen pocos después del baño, y se arrebuja en ellos con evidente malhumor por lo destemplado del ambiente exterior.

Madre e hijo en silencioso diálogo. El pequeño se acurruca lleno de confianza en esos brazos ya familiares, que desprenden calor, firmeza y sensación de seguridad.

del cuello y también en la raíz de la nariz, párpados o frente, llamados *nevi-materni;* son muy frecuentes y no tienen la menor importancia, desapareciendo en pocos meses e incluso días. Igual ocurre con el *milium* o pequeño punteado, como puntas de alfiler, de color blanco-amarillento, localizado en las aletas y punta de la nariz. Así mismo, lo que se llama «mancha mongólica» (pues es frecuente en esta raza asiática), que es una mancha azulada en el dorso del tronco, casi siempre a nivel de la cintura o algo más abajo, desaparece en algunos meses.

Cómo cuidar al bebé de la cabeza a los pies

La piel de un recién nacido es diez veces más fina que la de un adulto. Y, a pesar de ello, tiene que simultanear una doble misión: resistir las inclemencias del ambiente y ser, a la vez, el principal órgano sensitivo que transmita las sensaciones del mundo exterior al cerebro. Cualquier tratamiento o cuidado a que se someta la

La piel del niño es un finísimo tejido, delicado y sensible. A través de ella se experimentan las primeras impresiones, y durante cierto tiempo constituye el principal medio de contacto del bebé con el mundo que le rodea.

Los cuidados apropiados para la piel del bebé han de tender a su endurecimiento y flexibilidad.

piel del bebé debe ser consecuente con sus necesidades y dirigirse, por lo tanto, a endurecerla, por un lado, y a darle elasticidad, por otro (cosas que no constituyen una contradicción).

Las nalgas son la parte más expuesta y, por lo tanto, más necesitada de cuidados. La orina y las deposiciones, que son materias de eliminación, irritan la piel con suma facilidad, produciendo rojeces y pequeñas escoceduras. Estas lesiones se pueden prevenir untando la piel de las zonas afectadas con una pomada infantil y espolvoreándola con polvos de talco para bebés. Si, por un exceso de aseo, se abusa en la aplicación de las pomadas y el talco, puede provocarse una reacción adversa: una capa de polvos y pomada demasiado espesa se desmorona en migajas y perjudica aún más la piel lesionada.

Precauciones contra la ulceración.

Entre las precauciones que hay que tomar para evitar todas estas escoceduras está, en primer lugar, la conveniencia de desechar las pomadas ya viejas y usadas y los restos de polvos. Unas y otros deben comprarse especialmente para el bebé. Otros tratamientos beneficiosos son el aceite especial para niños, aplicado mediante un algodón; los lavados con agua tibia, y los pañales de celulosa. Si antes de bañarlo el niño hace una deposición, es suficiente limpiarlo con la punta de un pañal.

Pero la mayoría de las veces, cuando el niño no está escocido ni sucio, bastará con limpiarle las nalgas con un poco de alcohol y empolvarlo muy ligeramente. Así se consigue aumentar el riego sanguíneo de la piel que, por otra parte, se mantiene fresca, sonrosada y elástica. Si se trata de una niña, las operaciones de limpieza deben hacerse siempre de delante hacia atrás; así se evita el peligro de que los microbios del intestino causen una inflamación en la delicada región vaginal. Las rodillas, muy sensibles a causa de su posición contraída en el claustro materno, y los pies, se pueden frotar ligeramente con una solución de alcohol y empolvarlos con una capa muy fina para evitar las heridas que pueda ocasionar el pataleo del niño.

Además de la técnica de vestir al niño con los pañales (lo cual constituye una pequeña ciencia que tratamos en otro capítulo), la cosmética del bebé abarca todos los cuidados que se aplican a la cara y las manos. Como el bebé, a partir de los diez días, ya puede estar casi siempre expuesto al aire libre, conviene cuidar especialmente la piel de estas regiones; si el clima es muy seco, pueden protegerse cara y manos con una ligera capa de una crema suave infantil (no debe utilizarse jamás la crema antihumedad que se usa para las escoceduras).

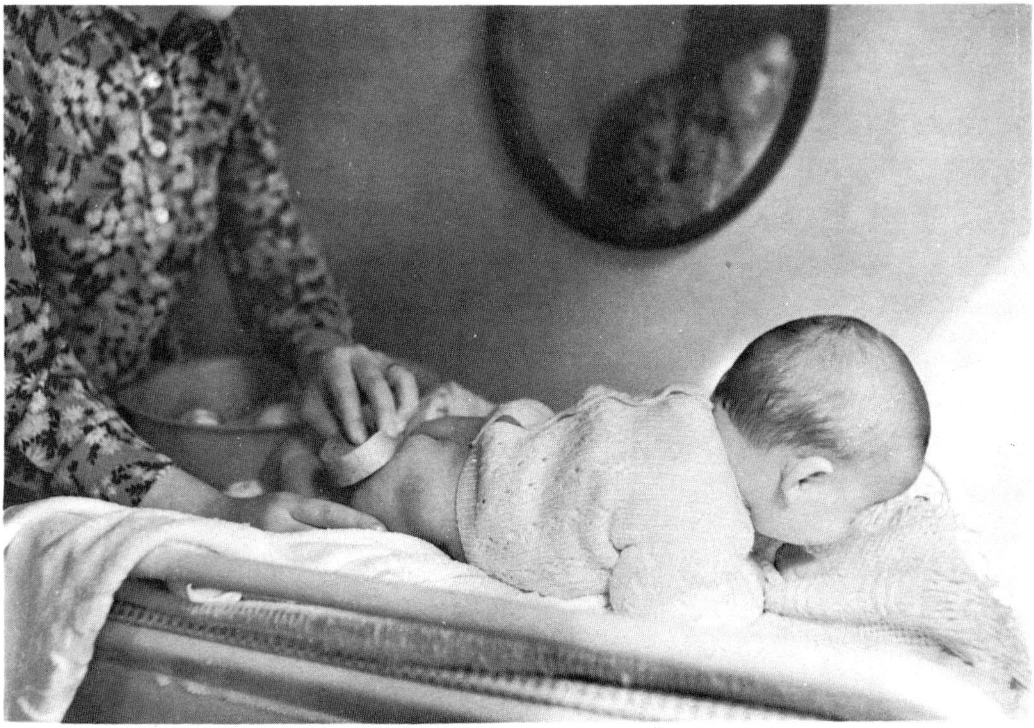

Naturalmente, en las nalgas es donde más frecuentes son las irritaciones de la piel. Por eso la limpieza frecuente y cuidadosa de esta zona, y el uso de cremas suavizadoras y polvos de talco, son especialmente necesarios.

Al tratar del baño, ya hemos hablado del cuidado de los ojos. La nariz y las orejas no tienen que limpiarse a fondo cada día. Por una parte, es una labor siempre peligrosa ya que se corre el riesgo de lesionar al niño con cualquier movimiento inesperado (incluso si se utilizan los tan recomendables palillos de algodón); por otro lado, todos los esfuerzos por limpiar el cerumen de los oídos resultarán vanos. Más vale conformarse con limpiar la suciedad exterior. Naturalmente, hay que hacer una excepción si el niño está resfriado y sólo con la ayuda de medios externos se le puede limpiar la nariz. Pretender limpiar el interior de la boca del niño es tan exagerado como peligroso. Con esta intervención inútil pueden dañarse las mucosas y originarse inflamaciones.

Cada vez que se cambian los pañales del niño debe peinársele, incluso por pura rutina. El masaje con un suave cepillo de cerdas

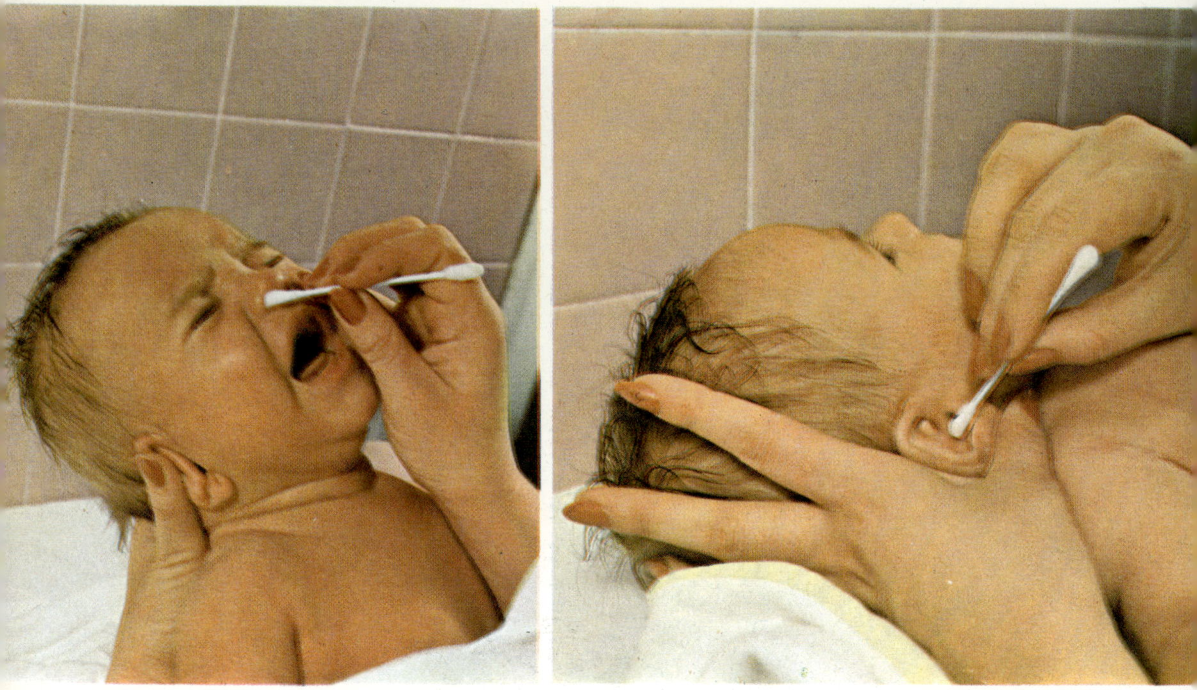

Un palillo con las puntas envueltas en algodón es muy práctico para limpiar el pabellón del oído y las aletas de la nariz, pero debe utilizarse con cuidado, sin apretar ni intentar ahondar.

naturales favorece el crecimiento del cabello. Además, si se realiza con frecuencia mantiene sana la suave pelusilla capilar y evita por completo la aparición de la caspa.

Todas las madres pasan grandes apuros cuando tienen que cortar las uñas de su bebé por primera vez. Sin embargo, esta operación no debe constituir ningún problema: los deditos del niño, espontáneamente, se aferran al dedo índice de la mano izquierda de la madre. Sólo hay que sujetarlos fuertemente con el pulgar libre de la misma mano y comenzar a cortar las uñas. Más riesgo se corre si se dejan crecer demasiado las uñas del bebé y éste se araña la cara, produciéndose pequeños focos de infección. Para mayor seguridad, se pueden utilizar unas tijeras especiales, de puntas curvas, que incluso servirán más adelante, cuando el niño crezca, sobre todo si es revoltoso.

Y he aquí el resultado final. Limpio, bien vestido y peinado, bien cuidado, este pequeño ofrece un aspecto perfecto, y parece eminentemente satisfecho de sí mismo.

Algo que suele preocupar a las madres es la hinchazón o intumescencia de las pequeñas mamas de su hijo, aun si es varón, que a veces aparece en los primeros días de la vida; se debe a un mecanismo hormonal transitorio, e incluso puede dar lugar a la secreción de algunas gotas de leche (se la ha llamado «leche de brujas» y otras madres dicen que los niños les roban la leche). En ningún caso se deben exprimir las mamilas con intención de vaciarlas y aliviar la pequeña molestia que la intumescencia ocasiona al bebé, pues con mucha facilidad se infectan, produciendo incluso un absceso mamario que casi seguramente hay que terminar por operar. Lo mejor es hacer una limpieza suave con una gasa estéril y dejar una protección de gasa o algodón sujeta solamente con la camisetita; en pocos días la hinchazón desaparecerá sola.

Los pañales y la técnica de vestir a los niños

¿Pañales de tela o de celulosa?, he aquí una pregunta que todas las madres se hacen cuando regresan de la clínica. Durante unos días las puericultoras se han ocupado de todos los problemas del recién nacido, pero desde este momento es la madre quien

Quizás el indicador que mejor nos informe de lo que el niño necesita sea el propio niño. La pequeña de la foto, con la mano abierta y la expresión tensa en espera de algo que no alcanzamos a ver, tiene una elocuencia difícil de superar.

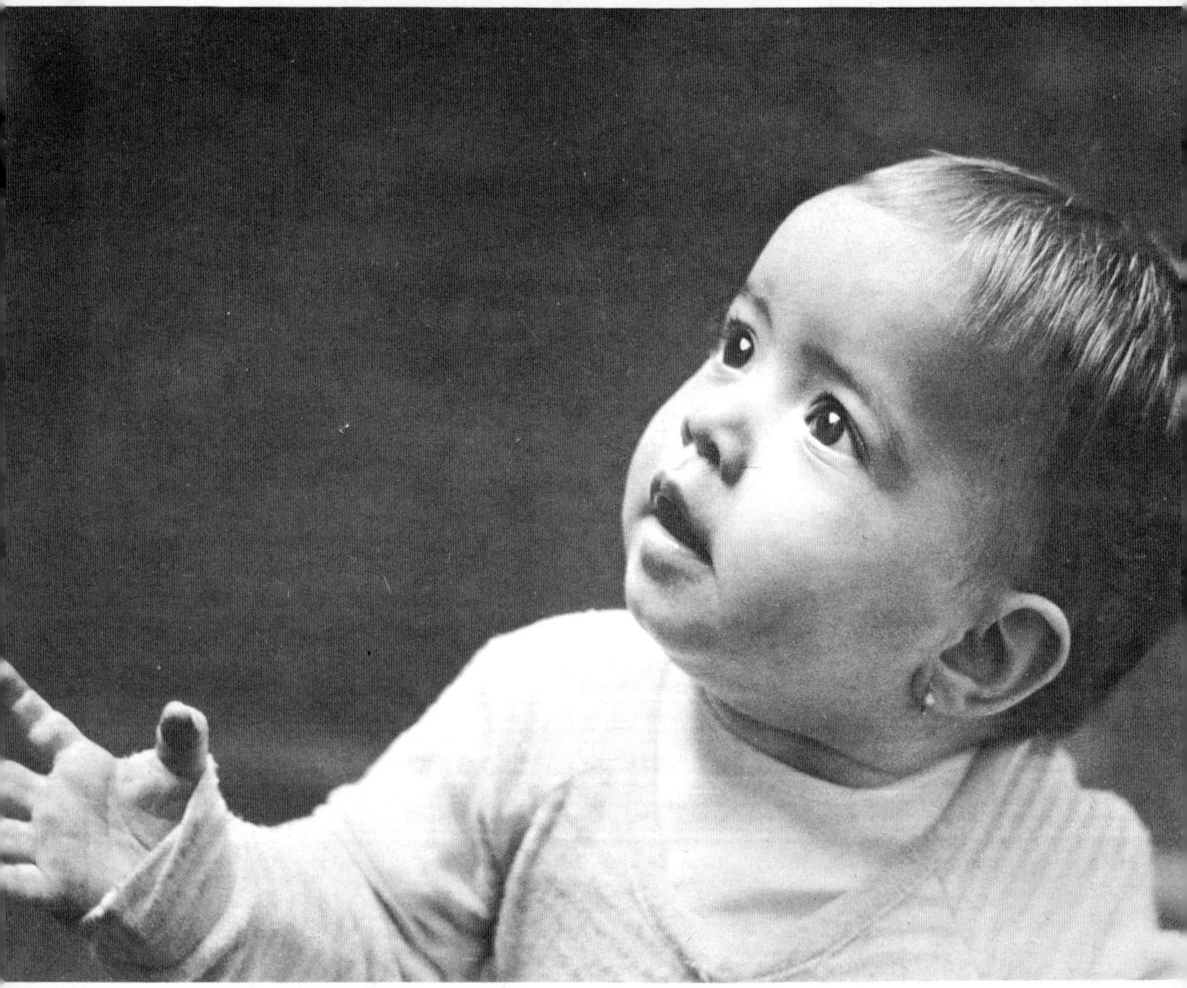

debe hacerse cargo de sus tareas, e incluso, si se tercia, éstas pueden afectar también al recién estrenado padre. Algunos maridos extremadamente atentos llegan incluso a encargarse del arreglo del niño a la temprana hora de las seis de la mañana y a llevarlo, limpio y fresco, a la cama de la madre para que ella le dé de mamar.

Un esfuerzo así, nada corriente, debería al menos facilitarse en lo posible utilizando unos pañales de manejo sencillo y de rápida colocación. Insistiendo en la pregunta sobre el material de los pañales (tela o celulosa), diremos por lo pronto que unos y otros tienen sus ventajas e inconvenientes; por lo tanto, debemos establecer una comparación antes de decidirnos en cualquier sentido.

Pañales de tela...

Los pañales de tela resultan más baratos porque se compran de una sola vez. Pero dan más trabajo: cuando menos hay que lavarlos, tenderlos y doblarlos, seis veces cada día. En algunas capitales europeas se ha creado –inspirándose en América– el llamado *Diaper Service* (Servicio de Pañales). La madre que quiera ahorrarse el trabajo de lavar los pañales de tela y no desee usarlos de otro material puede abonarse a este servicio, que le facilitará la limpieza de los pañales cada vez que recurra a él.

...o pañales de papel.

Si se usan los pañales de papel o celulosa, puede elegirse entre dos especialidades distintas: o bien los paquetes de pañales individuales, o los paquetes que contienen tiras de diez metros de largo. La celulosa siempre resulta más cara que los pañales de tela: cálculos dignos de crédito demuestran que por cada niño se gastan unas 6000 pesetas al año en pañales de celulosa. Con este dinero se ahorran sin embargo muchas horas de esclavitud que la madre hubiera pasado lavando pañales y que ha podido emplear junto a su marido y sus hijos.

Si se eligen los pañales de celulosa, hay que experimentar sobre la marcha cuál de los tipos existentes en el mercado resulta más práctico. Cada marca tiene sus ventajas, y hay que elegir de acuerdo con las propias preferencias: hay quien prefiere pañales más flexibles (que son muy suaves para la piel del bebé) y quien se decide por pañales de mayor y más equilibrado poder de absorción (cuando el niño está muy mojado es fácil que se produzcan escoceduras y llaguitas). Todos estos pañales se diluyen perfectamente en el WC y no lo atascan. Por lo tanto cada madre, ateniéndose al precio –que también tiene su importancia– elegirá su propia marca. En las farmacias puede obtenerse consejo y escogerse entre una variada gama de modelos. También se pueden combinar los pañales de tela con los de celulosa. Pueden usarse normalmente los de tela, y esporádicamente los de celulosa. Los

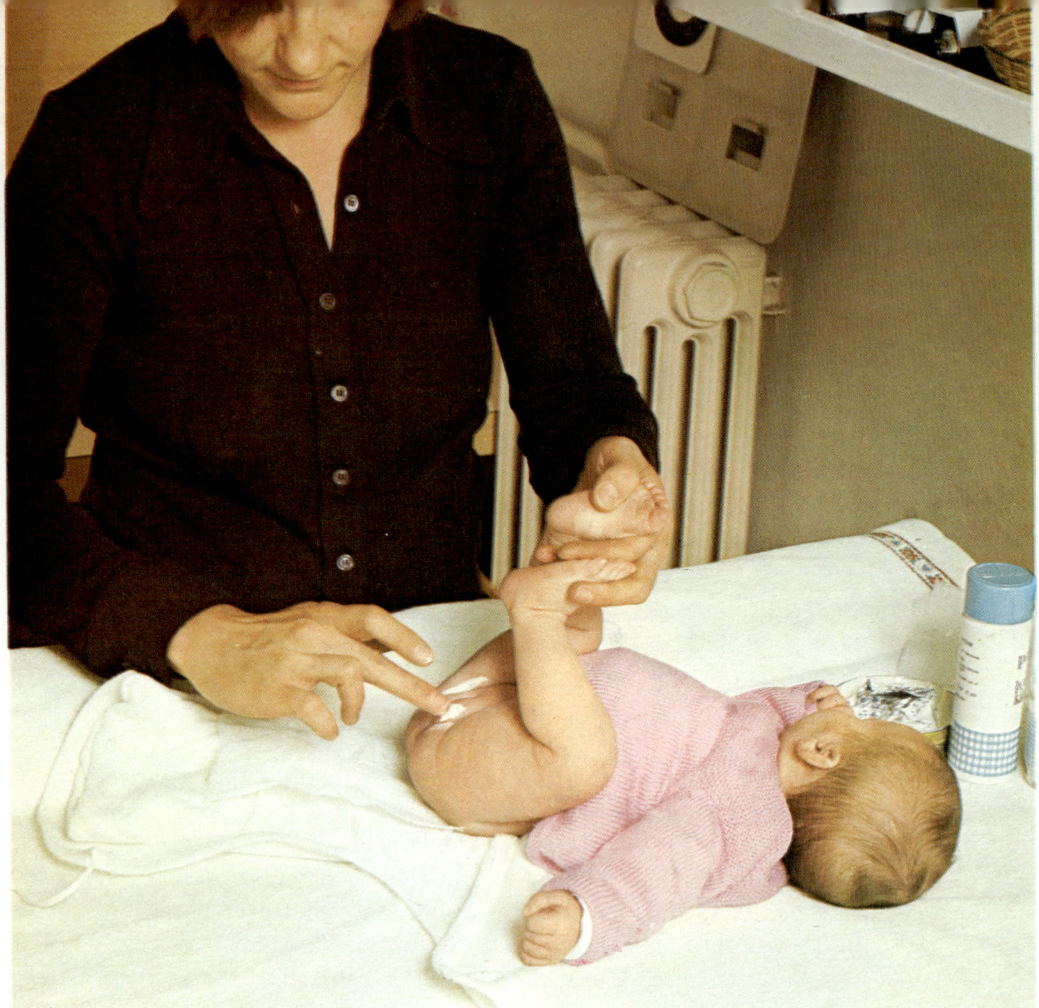

La tarea de cambiar los pañales se facilita extraordinariamente si se dispone de una mesa o tablero sobre el que el niño pueda estar perfectamente cómodo, dejando a la madre las manos libres. Esta pequeña secuencia fotográfica muestra las fases esenciales de la operación.

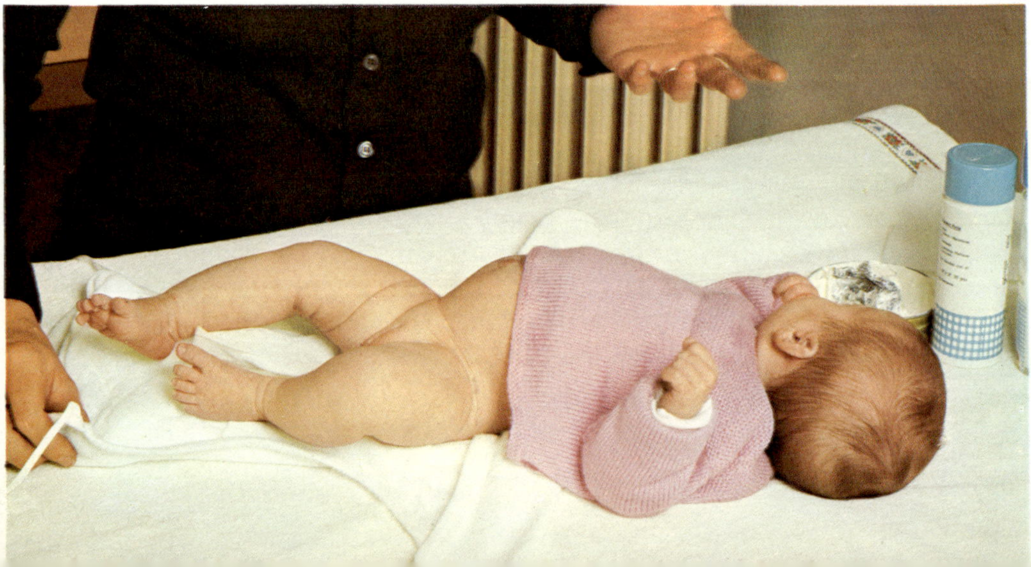

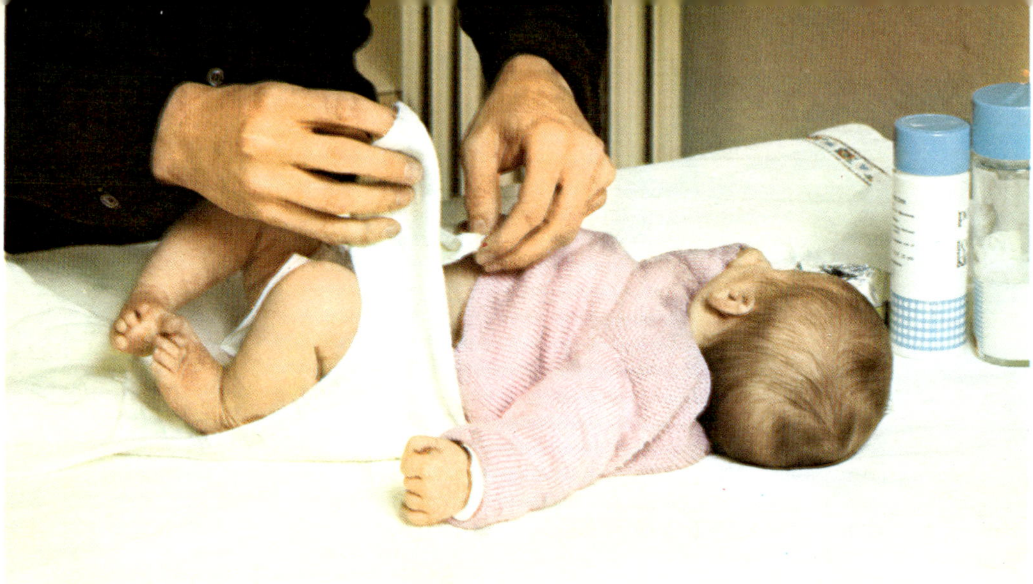

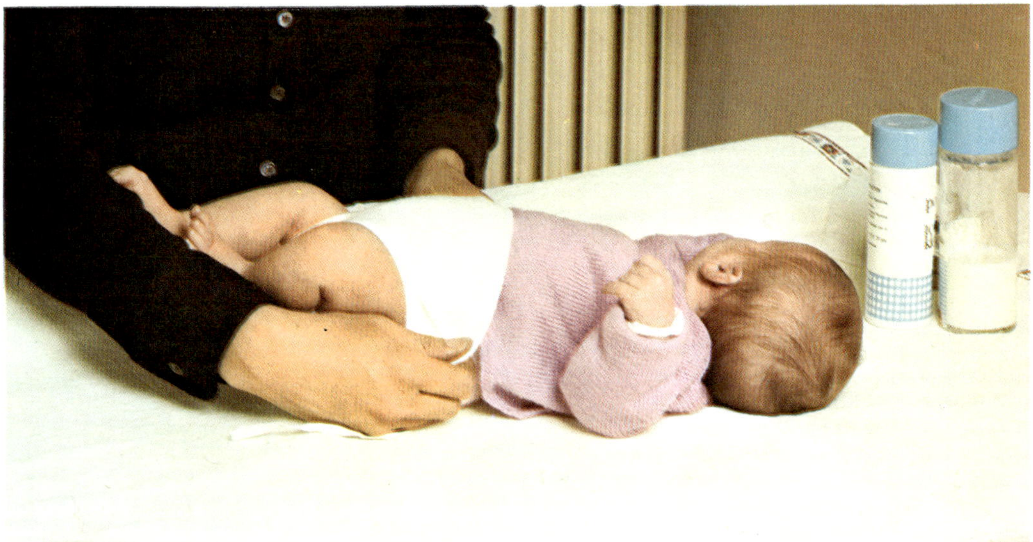

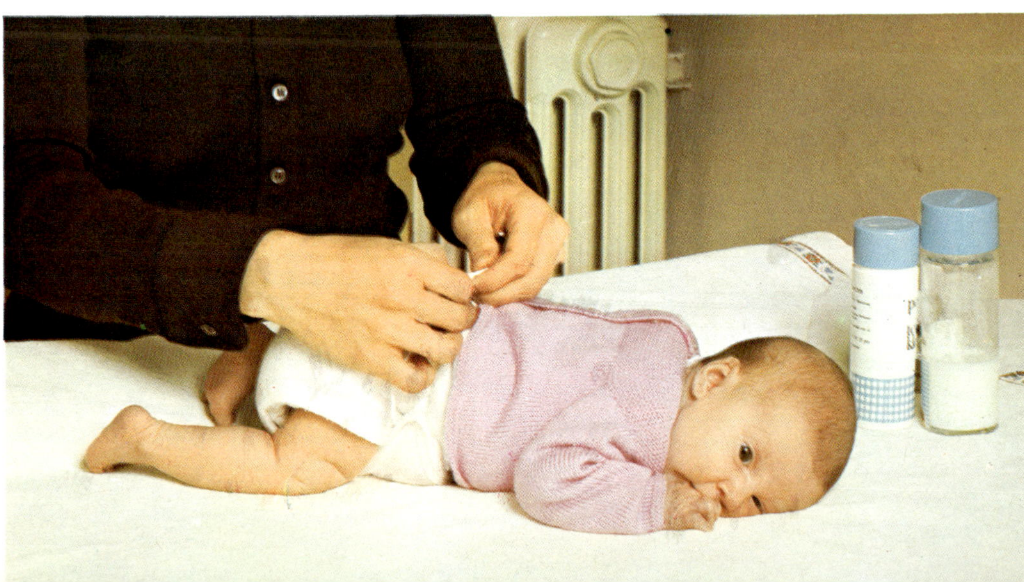

pañales de tela pueden echarse en la lavadora con la abundante colada que, durante los primeros meses, habrá que lavar.

Envolver en pañales no tiene ningún secreto.

La técnica de envolver al bebé en los pañales fue considerada durante mucho tiempo como un arte misterioso, sobre todo en la época en que se envolvía a los niños, como paquetes, en grandes pañoletas acolchadas o de franela. Las madres americanas visten a sus niños, desde el primer momento, con nanas de distintas tallas, adecuadas al largo del niño; esta variedad de tamaños, tan práctica, no suele encontrarse en los establecimientos españoles.

La forma de colocar los tradicionales pañales es algo que conocen todas las mujeres que han jugado a ser «mamás» de sus muñecas: en primer lugar se coloca la mantilla que ha de envolver al niño, doblándola un poco por la parte superior; encima se pone una pieza cuadrada de material impermeable (plástico o goma) y después un pañito de muletón; sobre todo ello va el pañal de gasa, doblado en forma de triángulo, que debe colocarse con uno de los vértices hacia abajo y los otros dos a cada lado del bebé. El vértice inferior, que está entre las piernas del niño, se dobla hacia arriba; los vértices que quedan a ambos lados del bebé se doblan por encima de la cintura y se sujetan por la espalda con un imperdible o mejor, por ser menos peligroso, con cintas o material adhesivo. Finalmente, se envuelve al niño en la mantilla, dejando una abertura por debajo para una mejor ventilación.

Los niños muy nerviosos, frecuentemente, se zafan de esta envoltura en menos de un cuarto de hora y la arrinconan a los pies de la cuna. En estos casos la mejor solución es recurrir a las nanas, aunque sean de tallas mayores y las piernas del niño no lleguen más que a la mitad.

Si se utiliza la nana hay que modificar un poco el método de preparación de los pañales. En vez de los metidillos de plástico se usarán pañales-pantalón de un material suave y agradable a la piel (si el niño es extremadamente sensible puede utilizarse un pantalón de tejido de algodón o de rizo). El pañito de muletón se doblará en tres como una venda y se colocará, con las gasas, entre las piernas del niño; también puede doblarse en forma de triángulo y, de esta forma, protegerá mejor la parte superior de los muslos. Los pañales de papel o celulosa sustituirán, si se quiere, a las gasas y el muletón. Si estos pañales se doblan en tres, puede ocurrir que la capa inferior no se moje y exista así la posibilidad de utilizarla en otra ocasión para ponerla encima.

Hay diferentes tejidos que evitan que el niño permanezca mojado en la cuna.

Los pañales filtrantes de tela deben comprarse de una vez; hay que disponer, como mínimo, de dos o tres para ir cambiando. El tejido especial deja pasar toda la humedad a las capas inferiores y la piel del bebé se mantiene seca. Estos pañales triangulares pueden hervirse y, algunas veces, se venden ya con los pañales-pantalón para que se introduzcan entre unos y otros las compresas empapantes.
Los metidillos de la llamada «tela de lana» tienen el mismo empleo, pero están concebidos para ser desechados después de cada uso. Impiden que se ensucien demasiado las gasas, ya que separan la orina de las heces. Esta «tela de lana» es un tejido intermedio entre la tela y el papel; se seca rápidamente y, en alguna ocasión, se puede incluso utilizar más de una vez.

Los tejidos especiales modernos pueden evitar que el bebé esté siempre húmedo.

Tanto los pañales filtrantes como los metidillos se colocan directamente sobre la piel del niño.

El niño, mejor que nadie, debe darnos una indicación sobre el momento preciso para cambiar los pañales (antes o después de comer): si tiene tendencia a vomitar no debe sometérsele a la «gimnasia» de la muda después de comer, sino que será mejor hacerlo antes. También habrá que mudarlo antes de comer si está muy mojado o se ha ensuciado. Si se sigue la costumbre de mudar al niño antes de comer, los pañales se ensuciarán enseguida después de las comidas; ya que por lo general un bebé al mismo tiempo que come hace el resto de sus necesidades. Sería absurdo y completamente agotador, para la madre y el hijo, mudar los pañales cada vez que se mojan. Hay que tener en cuenta, para apreciar la magnitud de esa tarea, que los niños pequeños orinan cada hora u hora y media; o sea, de quince a veinte veces diarias.

El bebé orina de 15 a 20 veces cada día.

Las madres jóvenes que tienen el prejuicio de creer que sólo una mujer sabe vestir a un niño dificultan el desarrollo del sentimiento de paternidad de sus maridos, que -aunque estarían dispuestos a ayudarlas- se inhiben al sentirse inseguros en esta tarea. Cada padre debe aprender a serlo; nadie posee la ciencia infusa y no hay nada mejor que la experiencia y el trato con el recién nacido para aprender esta lección. Además, no hay miedo de que el bebé proteste por este aprendizaje que se hace sobre su cuerpo; las madres miedosas o poco decididas deben hacerse la misma consideración. En España no existen aún unos centros de enseñanza como los que hay en Suecia, donde los jóvenes, los padres del mañana, aprenden con toda naturalidad a cuidar de un bebé.

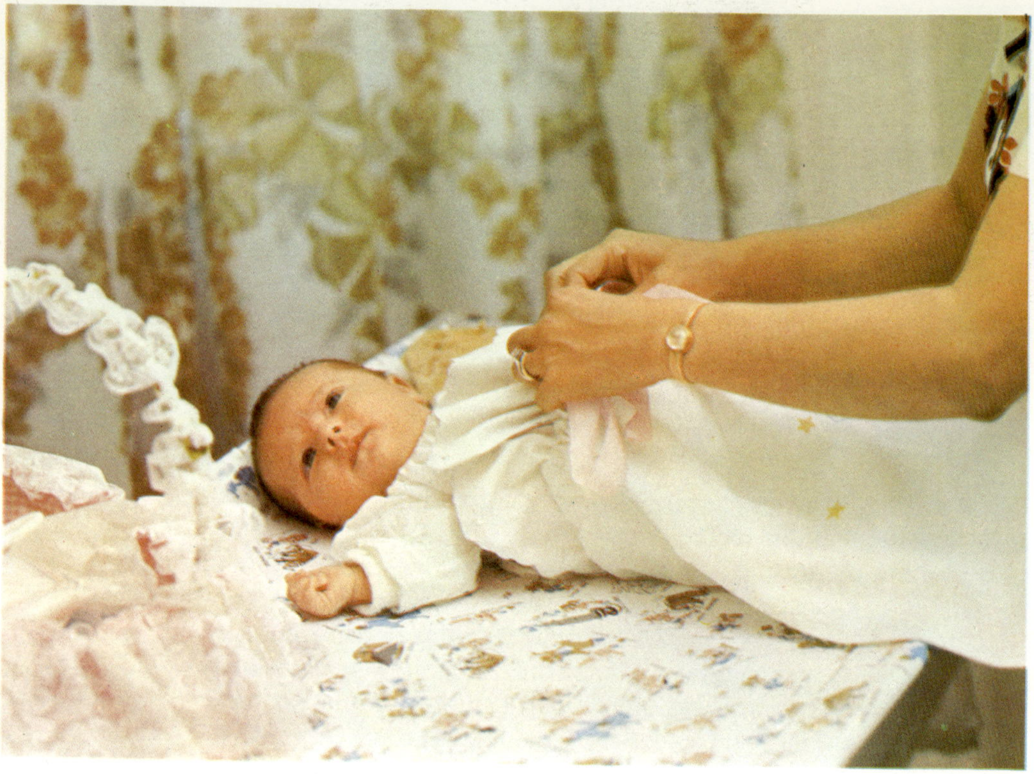

Vestir al niño es una labor que se asocia espontáneamente a las manos femeninas. Y en efecto, la madre disfruta en este cometido. Pero no debe querer monopolizarlo a toda costa: las «manazas» del padre sabrán también, con un poco de entrenamiento, salir airosas del paso, cuando se precise su concurso.

Defendamos la alimentación al pecho

La leche materna sigue siendo el alimento ideal.

Dentro de la clase de los mamíferos, las hembras de cada especie animal segregan una leche con una composición peculiar, adecuada a las características y necesidades de sus crías. Esto quiere decir que la leche no tiene la misma composición en todos los casos, y que, por tanto, la más adecuada para cada especie es la suya propia.

La leche materna sigue siendo el mejor alimento posible para el bebé. Nadie podrá dudarlo al observar la avidez de este pequeño lactante.

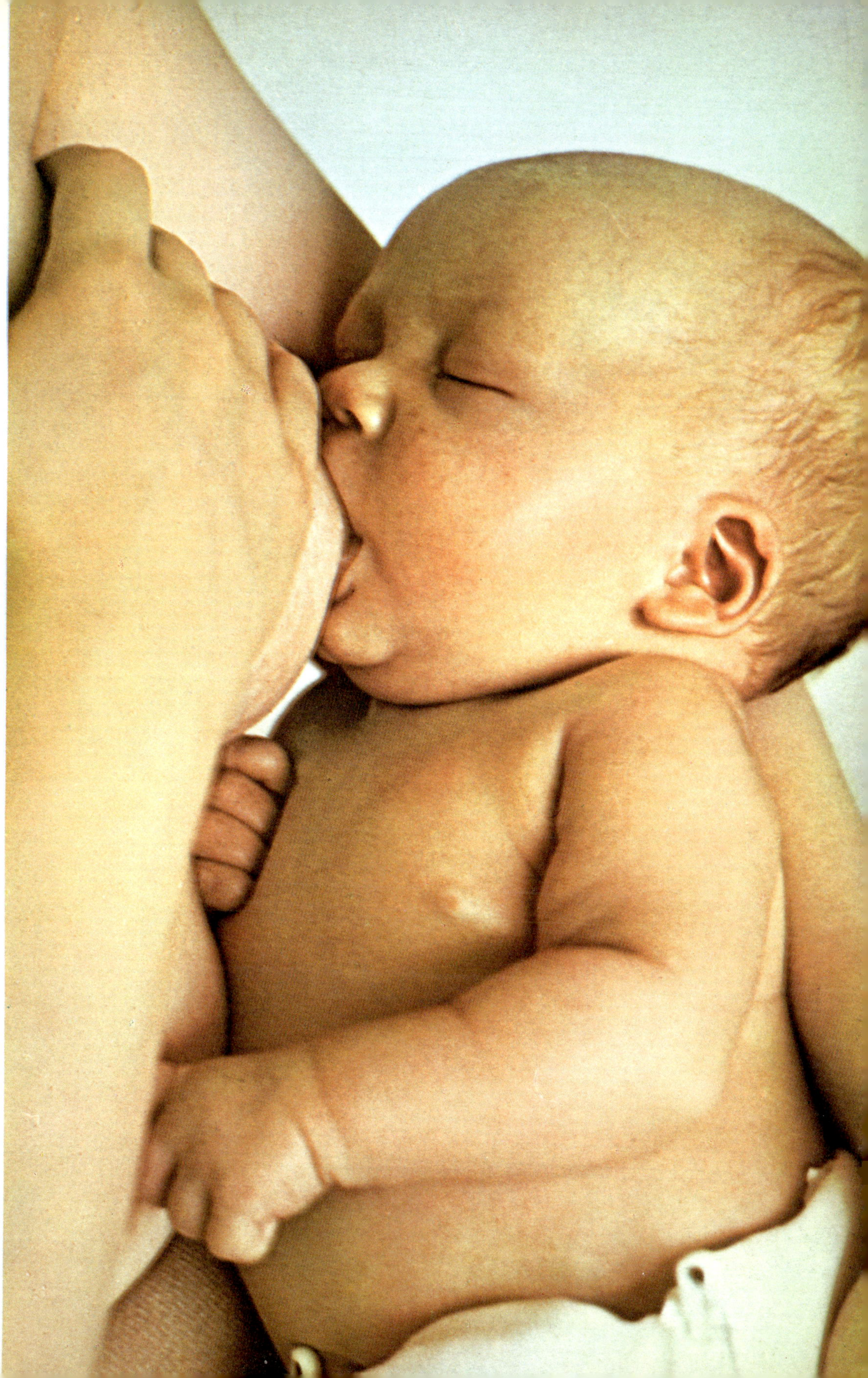

En la tabla adjunta se recogen los datos de la composición, en calorías y sustancias nutritivas básicas, de la leche de mujer y de otras leches que se han empleado, y aún se usan, en la alimentación del niño; como se puede comprobar, la composición de estas leches es muy diferente, y esto no sólo es cierto en cuanto a la cantidad de sus componentes, sino también en la calidad de los mismos, pues, por ejemplo, las proteínas son distintas, en sus propiedades químicas y alimenticias, para cada especie; y las proteínas son sustancias de valor importantísimo en el crecimiento y desarrollo del niño o del animal en cuestión.

Los avances técnicos de la industria alimentaria han permitido obtener una leche, a partir de la de vaca, de características parecidas a la leche de mujer; pero sólo en cuanto al contenido en cantidad (cuantitativas) de cada uno de los componentes, y no en cuanto a la calidad de los mismos (cualitativas), si bien se favorece la digestión o aprovechamiento de las sustancias que componen estas leches artificiales, mediante algunos «trucos».

Significa todo esto que, a pesar de los avances actuales, la leche materna, o sea la *lactancia natural,* sigue siendo el mejor procedimiento para criar a nuestros hijos.

Y no sólo la lactancia materna es más adecuada por la composición de la leche, sino además por otras varias razones. La leche, además de esas sustancias alimenticias, proporciona al niño anticuerpos, que son elementos específicos de defensa del organismo, contra determinadas infecciones; la madre ha producido estos anticuerpos a través de contactos con microbios o virus infectantes como el sarampión, parálisis infantil, paperas y otras importantes enfermedades. De esta forma, la leche materna protege al niño durante los primeros meses de su vida; pero además, contiene vitaminas, hormonas y fermentos, igualmente necesarios al niño. Sustancias parecidas a éstas también están en la leche de vaca y de otros animales, pero para dar estas leches al niño hay que esterilizarlas antes por el calor, y el calor destruye esas sustancias tan importantes.

	Proteínas	Grasas	Azúcares	Sales	Agua
L. mujer	1	3,5	7	0,20	87
L. vaca	3	3	5	0,70	87
L. cabra	3	4	5	0,80	87
L. burra	1	1	7	0,40	87

Valores aproximados para 100 cc de leche

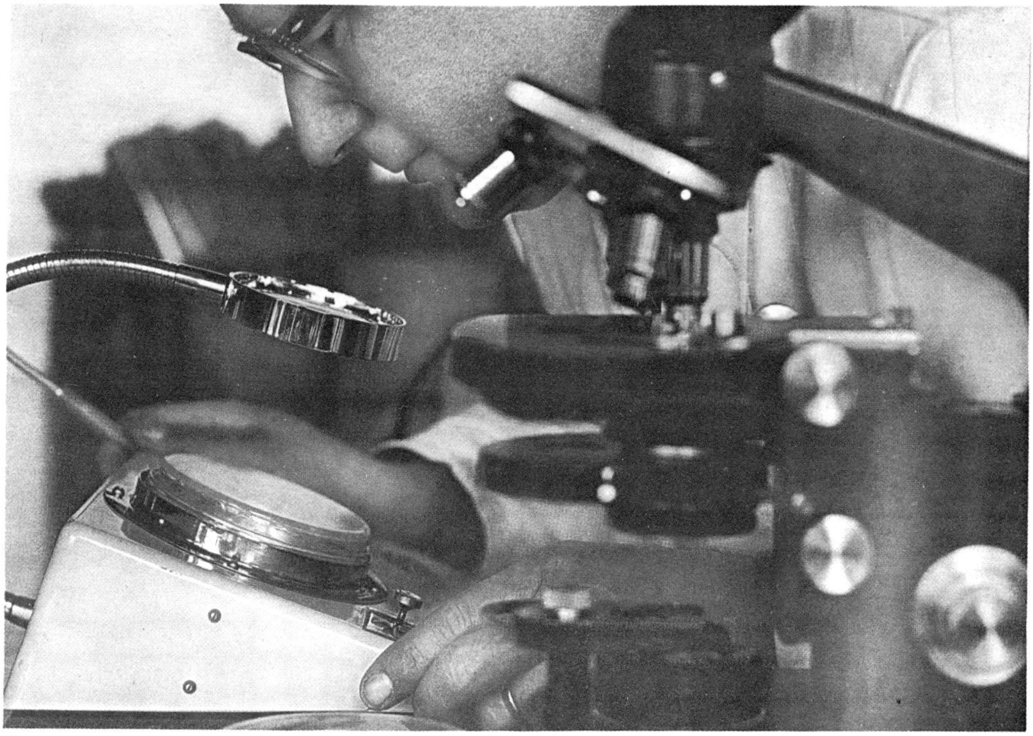

La industria de la alimentación ha conseguido obtener, a partir de la de la vaca, una leche sensiblemente igual a la de la mujer, al menos en el aspecto cuantitativo. Tres aspectos del proceso de elaboración: arriba, análisis de las materias primas; abajo, izquierda, control de acidez y análisis químicos para estandarizar los componentes de la leche; derecha, llenado automático de los envases, para evitar toda posible contaminación.

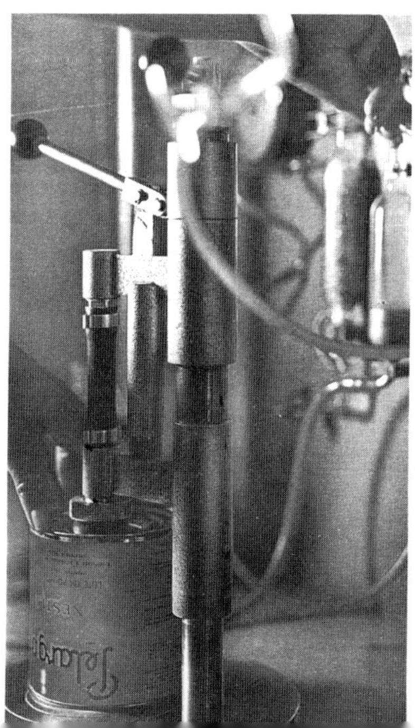

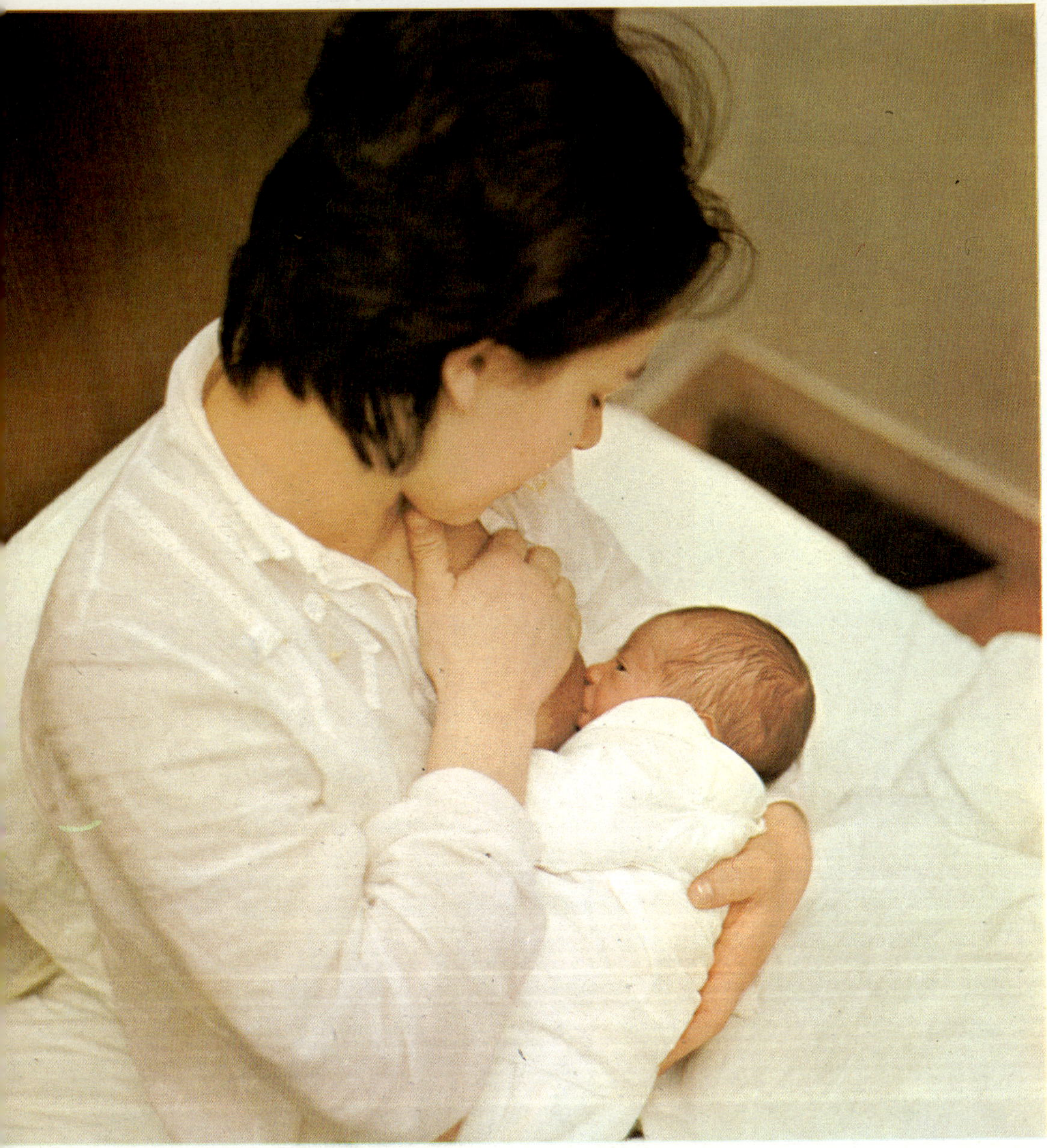

La lactancia materna supone también beneficios psicológicos: la relación afectiva es más directa y tierna, y contribuye favorablemente a la formación psíquica del niño. Pero la madre debe evitar una pequeña «trampa»: dar excesivo valor a su actitud y considerarse acreedora, de algún modo, frente a su hijo. Amamantar no es un «sacrificio patético», sino un hecho natural.

El contacto piel a piel con la madre es muy importante para que el pequeño perciba el calor y el cariño que tanto necesita para su desarrollo emocional. La ducha es una buena ocasión para esa intimidad, sobre todo en los casos de madres que no lactan a sus hijos.

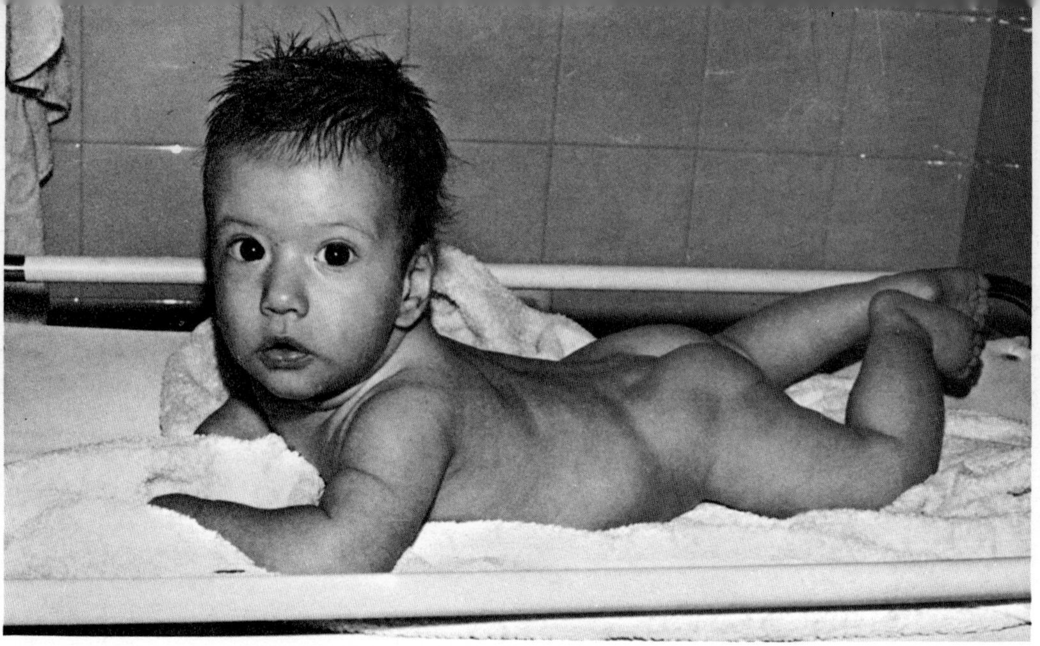

La piel es el órgano más sensible del bebé, el medio a través del que recibe casi todos los estímulos exteriores. Su cuidado es, por ello, tanto más importante.

Al dar el pecho directamente al niño, se evita la contaminación, siempre posible con la leche de vaca y aun con las leches en polvo o concentradas, en las diversas manipulaciones precisas para preparar el biberón. La leche es un magnífico medio de cultivo de microbios, de forma que éstos se multiplican con gran rapidez, aun en una simple gota que puede quedar como residuo en un recipiente que parece limpio.

Además de estas razones de orden material, apoyan la lactancia materna motivos de tipo psicológico e incluso de orden estético, pues de siempre se ha dicho que la mujer que lacta a sus hijos conserva mejor su lozanía y juventud, además de su silueta.

En el plano psicológico, además de la satisfacción de contribuir de forma tan directa al crecimiento del hijo, otras razones que afectan a las relaciones madre-hijo juegan un papel preponderante.

Hace unos años se señalaba, como primera ventaja de criar los niños a pecho, el «sentimiento sublime del deber cumplido que experimenta la madre cuando mira a los ojos a su hijo y se siente protectora de su infinito desamparo». Amamantar no debe considerarse como una misión patética, sino como un simple hecho natural. Los psicólogos han demostrado que el contacto directo que se establece entre la madre y el hijo, en el acto de mamar, influye favorablemente en el desarrollo psíquico posterior del niño. Por eso se recomienda también a las madres que no amamantan a sus hijos que, como compensación, les dejen, a ratos, sentir el calor y la dulzura de la piel materna. Como ya hemos dicho, los niños pequeños perciben a través de la piel todos los sentimientos, incluso los de amor y seguridad.

¿Podré dar el pecho a mi hijo?

Muchas mujeres se hacen esta pregunta, casi siempre temerosas de una respuesta negativa; a veces influenciadas por el número creciente de mujeres que «al parecer» no pueden criar a sus hijos y, otras veces, por desgracia, con el «temor» de poderlo hacer. Efectivamente, en nuestra época muchas mujeres, ignorando el gran beneficio que supone para los hijos el tomar la leche de su propia madre, y confiadas en los adelantos de la industria dietética, prefieren el más cómodo camino de alimentar al niño con una leche menos idónea, haciendo lo que se llama una lactancia artificial.

La mayoría de las mujeres pueden tener leche suficiente para amamantar a sus hijos, y no solamente suficiente en cantidad, sino también en calidad; la leche tiene una composición casi igual de unas mujeres a otras, y todas son igualmente buenas, ya que aunque una mujer esté delgada o inapetente, la calidad de la leche no se altera. En cambio, puede fallar la cantidad de leche secretada por las glándulas, aun en mujeres bien alimentadas.

El tamaño de las mamas depende del acúmulo de grasa, pero no del tamaño ni del funcionalismo de las glándulas mamarias, que están más profundamente situadas. La mujer que tenga unos pechos pequeños no debe pensar que serán incapaces de producir leche, pues, por el contrario, es muy probable que la produzcan en abundancia.

Para que la secreción de la leche se ponga en marcha son precisas tres condiciones; la primera y más importante es el buen funcionamiento del sistema fisiológico (hormonas y sistema nervioso) encargado de la secreción. Otra condición es el deseo de lactar, por parte de la propia mujer; el temor a no tener leche o a los inconvenientes de la lactancia puede impedir, por un mecanismo psicológico, la secreción láctea. La última condición es el estímulo mecánico del pecho que proporciona el niño al succionar

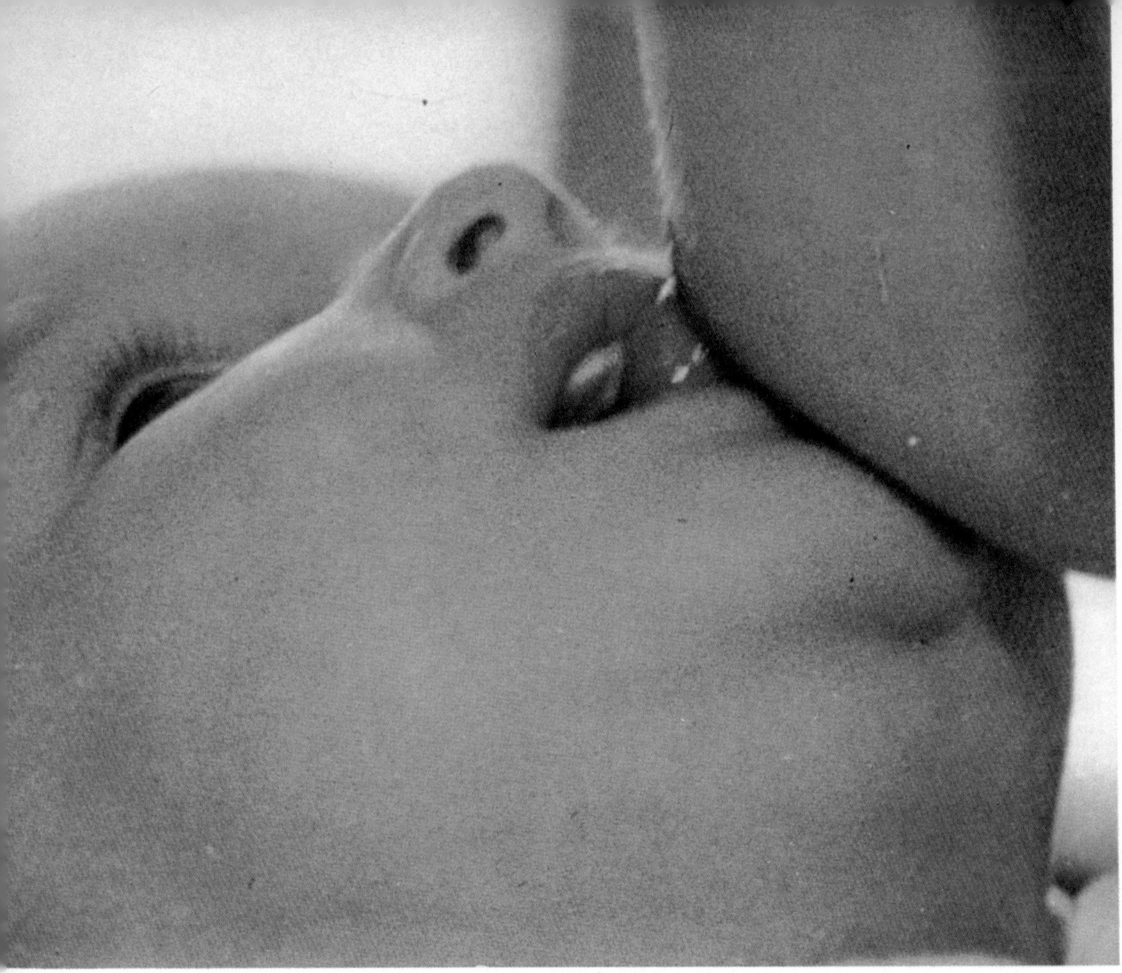

Son relativamente muy pocas las mujeres a quienes es fisiológicamente imposible alimentar al pecho a sus hijos. Pero a veces, una succión demasiado ávida o el jugueteo del bebé con el pezón pueden provocar grietas dolorosas que obliguen a interrumpir la lactancia. En ese caso, gracias a los sacaleches podrá seguirse utilizando el excelente alimento que es para el niño la leche materna.

los pezones; de ello se deduce que es necesario poner al niño al pecho desde los primeros días después del nacimiento, aunque no haya secreción o sea muy escasa; ya que así el pecho se estimula al mismo tiempo que el neonato se ejercita en la succión.

Extracción de la leche materna mediante un sacaleches.

La extracción artificial de la leche se hace necesaria cuando, por cualquier razón, la madre no puede estar junto a su hijo o cuando, por una casualidad muy infrecuente, padece alguna anomalía anatómica que le impide criar al niño (por ejemplo, grietas en los pezones). Pero aun en estos casos no es forzoso que el niño prescinda de la leche materna –el mejor de los alimentos–, pues gracias a los distintos tipos de «sacaleches» que se encuentran en las farmacias puede vaciarse el pecho con facilidad y alimentar al niño con esta leche, que se puede conservar al fresco durante un rato (naturalmente, antes de dársela al niño hay que calentarla de nuevo a la temperatura del cuerpo). La comadrona puede enseñar perfectamente la técnica de la extracción de la leche.

Algunas madres tienen más leche de la que necesita el niño para hartarse y necesitan vaciar su pecho, después de cada comida, para que no se acumule un exceso de líquido y dé lugar a grandes molestias. Pero la leche sobrante no debe desperdiciarse. En algunas clínicas, centros de prematuros y centros de puericultura hay organizados «lactarios» en los que se recoge, se homogeneíza y esteriliza esta leche sobrante, destinándola para alimentar a niños prematuros o débiles que necesitan leche de mujer para poder sobrevivir.

La leche sobrante es necesaria en muchas clínicas de maternidad, que ya disponen de colectores especiales.

El «trasfondo» de una clínica maternal: preparación y llenado de biberones, con leche cuidadosamente esterilizada. ¡Los bebés los aguardan impacientes!

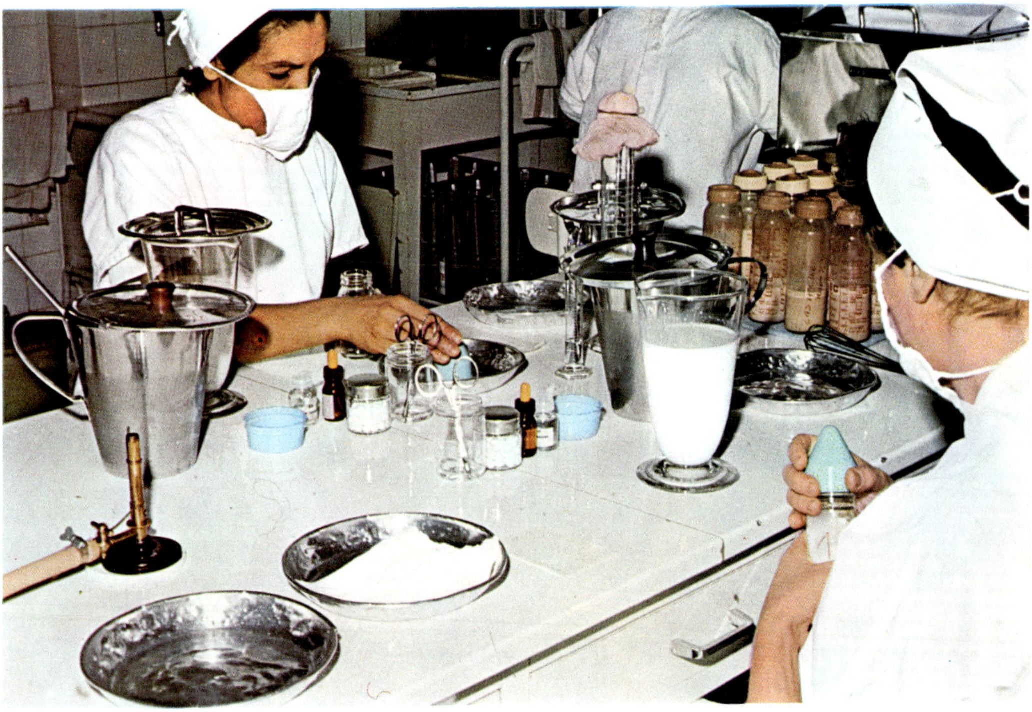

Cuándo no dar el pecho

Pocas veces es desaconsejable la lactancia materna. Cuando la madre padece alguna enfermedad importante, la lactancia puede suponer una sobrecarga perjudicial; las enfermedades infecciosas largas, como la tuberculosis, pueden perjudicar también al niño, por el riesgo de contagio mientras toma el pecho.

Algunas mujeres tienen unos pezones muy pequeños, incluso hundidos (pezones planos, pezones umbilicados), siendo imposible que el niño los pueda coger con su boquita; en ciertos casos se puede extraer la leche de ellos, dándola al niño con biberón. Otras veces la mama está enferma, bien por infecciones (mastitis, abscesos, etc.), o bien por grietas.

Las grietas del pezón, muy dolorosas cuando el niño mama, no deben impedir la lactancia materna, si bien en algunas ocasiones ésta se puede interrumpir o alternar con leche maternizada, durante pocos días, mientras cicatrizan; el tratamiento local de las grietas con pomadas no impide que el niño lacte, siempre que el pecho se limpie antes de acercarlo al niño.

Si se presenta un nuevo embarazo cuando el bebé es aún muy pequeño, se puede dar el pecho uno o dos meses más; pero si el niño ya tiene algunos meses, lo mejor es suprimir el pecho.

Pocas veces se producen trastornos al dar el pecho durante la regla: sin embargo, es posible algún vómito, o un leve trastorno intestinal; esto no debe ser motivo para no dar el pecho durante esos días.

Por parte del niño también puede haber algunas dificultades que le impidan tomar el pecho de la madre, en particular algún defecto de la boca o los labios (labio leporino, en que el labio superior está cortado por el centro, o la fisura palatina, en que el paladar se encuentra dividido). El frenillo de la lengua excesivamente largo también puede dificultar la succión, pero no tanto como muchas madres creen; de todas formas este pequeño defecto tiene fácil solución, pudiéndolo cortar el médico en la propia consulta.

Los niños débiles, como son los prematuros, o los que han sufrido en el parto o en otras circunstancias, pueden tener dificultades para succionar; en estos casos la alimentación directamente al pecho es totalmente imposible y desaconsejable.

La mujer que trabaja fuera de casa tendrá, evidentemente, dificultades para amamantar a su hijo; la legislación laboral actual ha previsto un periodo de seis semanas, a contar desde el parto, de vacación para la madre, que puede así dar el pecho durante este tiempo y después sustituir algunas tetadas por leche maternizada, criando al niño con un sistema de lactancia llamado lactancia mixta.

Es necesario aprender a dar el pecho

Durante los primeros días el niño no recibe leche sino un líquido llamado calostro, muy alimenticio y rico en sustancias de defensa. Algunas veces, durante el último periodo del embarazo, las glándulas mamarias empiezan ya a segregar este líquido. La leche no «sube» hasta el tercero o incluso hasta el séptimo día. Muchas veces, este proceso va acompañado de fuertes dolores en los pechos y un ligero aumento de la temperatura.

La leche «sube».

No sólo la madre debe hacer su aprendizaje sobre la forma de sostener y manejar al niño mientras le alimenta; también el recién nacido debe resolver sus problemas, aunque con la perspectiva de un merecido premio. Algunos niños, instintivamente, se agarran con firmeza al pecho y chupan del pezón (así el pecho trabaja con facilidad e intensivamente); otros niños, por el contrario, deben ser colocados por la comadrona en la posición adecuada para mamar.

En los primeros días lo más fácil y cómodo es amamantar al niño en la cama. Más adelante puede hacerse igualmente bien sentándose en una silla cómoda, con las rodillas un poco levantadas para que el niño se sienta protegido en el regazo de su madre. Hay que buscar una posición en que el niño pueda alcanzar el pezón con comodidad. Un sillón cuyos brazos tengan la altura adecuada puede resultar muy cómodo para sentarse durante los veinte minutos que, como máximo, dura la operación. Si es necesario puede utilizarse un cojín para conseguir la altura que se desee. Al colocar al niño en posición de mamar hay que cuidar siempre que, a la vez que se alimenta, no le falte la respiración, al taparle la nariz la mama. Para evitar este inconveniente basta presionar un poco la mama con el índice de la mano que queda libre, por debajo de la nariz del niño; a la vez, con el dedo corazón, el anular y el meñique, se empujará el pecho ligeramente, desde abajo, contra la barbilla del niño.

Amamantar durante un máximo de 20 minutos, en una posición cómoda.

Cuando mama, el niño realiza con la mandíbula un ejercicio -distinto del simple chupar- que resulta muy beneficioso para el desarrollo de los maxilares y los dientes.

La lactancia es también importante para el desarrollo de los maxilares del bebé.

El horario de las comidas del bebé es diferente, según la alimentación sea al pecho o con biberón. En el primer caso es preferible, entre toma y toma, un ritmo de tres horas; en el segundo, de cuatro.

Algunos consejos útiles

El niño se pondrá al pecho por primera vez entre las doce y las veinticuatro horas después de nacer. Antes se le habrán dado algunas cucharaditas de glucosa disuelta en agua, o manzanilla, para ver cómo deglute y comprobar si hay algún defecto que impida o dificulte la alimentación.

Las primeras veces se le pondrá al pecho con cierta frecuencia, para que se estimule la subida de la leche y el bebé se ejercite en la práctica de la succión y deglución; aunque en estos primeros momentos no extraiga ningún o muy escaso líquido, es fundamental este primer estímulo para que la secreción de la leche se ponga

La mejor posición para que el niño eructe es mantenerlo erguido, apoyado de cara en el hombro de la madre, un poco inclinado hacia adelante.

en marcha; por otra parte ya sabemos que el calostro es muy rico en calorías, mucho más que la leche normal, así que es muy alimenticio para el pequeñín, proporcionándole lo que él necesita en estos primeros días de su vida.

Al segundo o tercer día se pondrá al pecho menos veces, para pasar seguidamente a un horario más fijo. Pero es aconsejable no ser demasiado rígidos en el horario durante el primer mes, si bien hay que ir poco a poco siendo más exigentes; estos primeros días, tanto se pueden adelantar algo las tetadas como retrasarlas, e incluso dar alguna toma durante la noche si el niño llora más de lo soportable.

Hay dos criterios respecto al horario que se ha de seguir en la alimentación del niño. En la lactancia materna es más correcto dar

Ritmo de lactancia cada 3 o cada 4 horas.

el alimento cada tres horas y descansar seis horas por la noche, con lo que el niño toma el pecho siete veces; si se da la primera toma del día a las seis de la mañana, la última será a las doce de la noche. Este horario está basado en que la leche de mujer la digiere el niño mejor y más rápidamente que las otras leches, para las que es mejor seguir el ritmo de cuatro horas, con descanso de ocho horas durante la noche.

Aunque el niño esté dormido, se le debe acercar el pecho hasta conseguir que abarque el pezón con su boquita; en este momento empezará a succionar y deglutir aun estando dormido, ya que estos mecanismos son reflejos y los ejecuta de forma automática, sin necesidad de actuar de forma activa o consciente (en ese caso, debería estar despierto).

En los primeros cinco minutos de la mamada el niño ha extraído la mayor parte de la leche (unas tres cuartas partes) que en ese momento tiene la glándula en sus pequeños depósitos; en los tres minutos siguientes la glándula se ha vaciado del todo. Se pueden permitir un par de minutos más para asegurarse de que el vaciamiento ha sido completo. Aunque se tenga al niño puesto al pecho por más tiempo, no conseguirá sacar más leche, pero sí perjudicará la delicada piel del pezón, que con la humedad de la boca del niño se macera poco a poco y llega a agrietarse. Por consiguiente no debe tenerse al niño puesto al mismo pecho más de diez minutos; pasado este tiempo se cambiará de pecho, que también tomará diez minutos. Sólo cuando se tenga mucha leche o el niño sea algo inapetente, se dará un solo pecho cada vez, debiendo vaciarse el otro con sacaleches.

Después de cada comida, el pecho ha de quedar vacío.

Debe procurarse que el niño expulse el aire que haya podido deglutir, antes de cambiarlo de pecho y al acabar de mamar, para evitar que tenga molestias de vientre, y que, incluso, saque un poco de leche o hasta que vomite, como ocurre algunas veces cuando no se le facilita el eructo. Puede favorecerse el eructo incorporando al niño y manteniéndolo derecho o, mejor, un poco inclinado hacia delante y a la izquierda, con lo que la posición del estómago y del esófago es la más adecuada para que la burbuja de aire del estómago salga fuera; esta posición se puede conseguir también cogiendo al niño en brazos, vertical, apoyado de cara sobre el hombro de la madre. Es aconsejable no acostar al nene hasta que no haya expulsado este aire o flato, como también le llaman, o que esté el niño totalmente tranquilo, porque hay el peligro de que lo expulse estando acostado, vomite y aspire parte del líquido vomitado, accidente que puede ser muy grave.

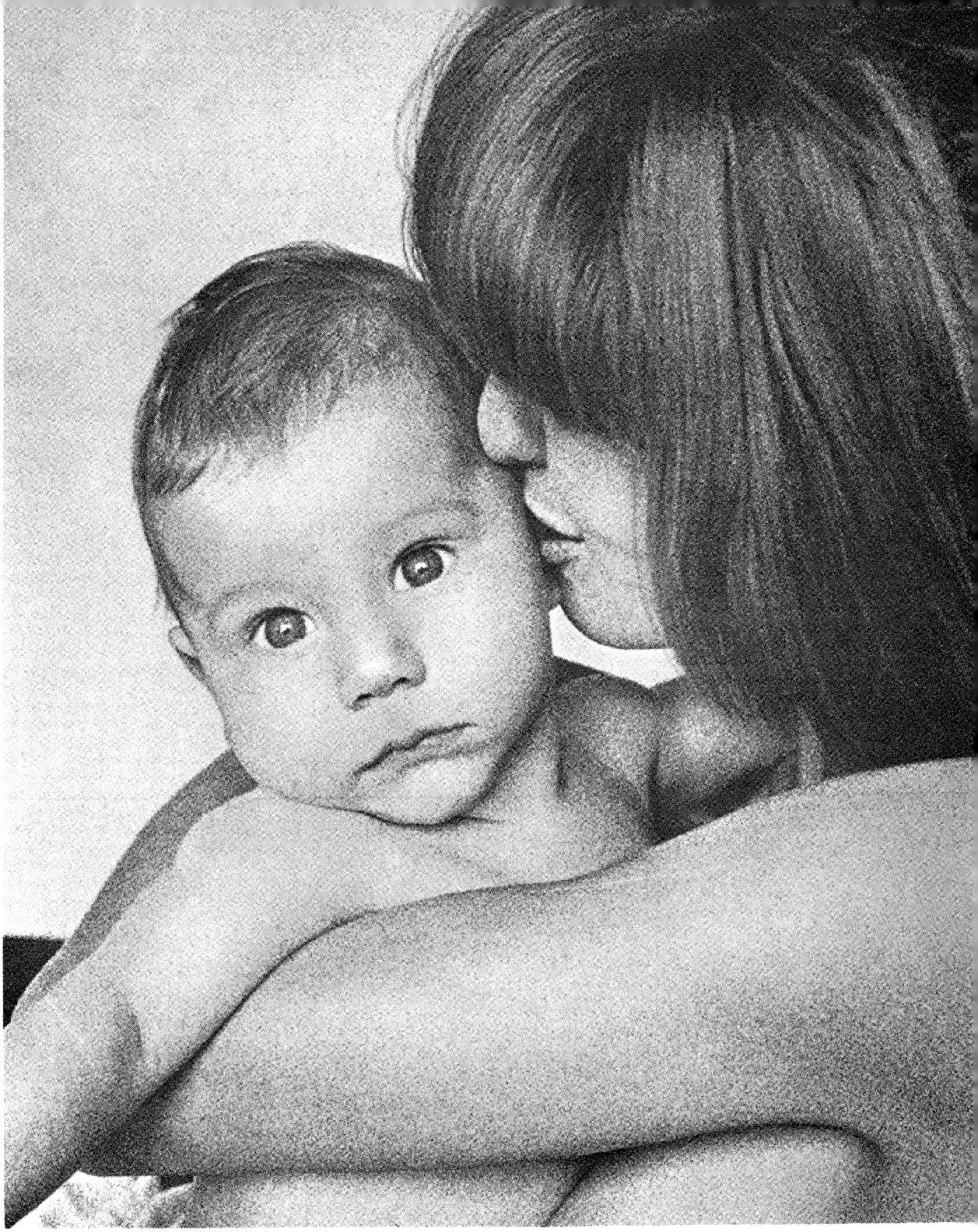

La intimidad con la madre es para el niño la mayor fuente de placer. Los abrazos, los besos, las palabras susurradas al oído despiertan en él una sensación agradable y beneficiosa, contra la opinión de quienes creen que los «mimos» estropean el carácter.

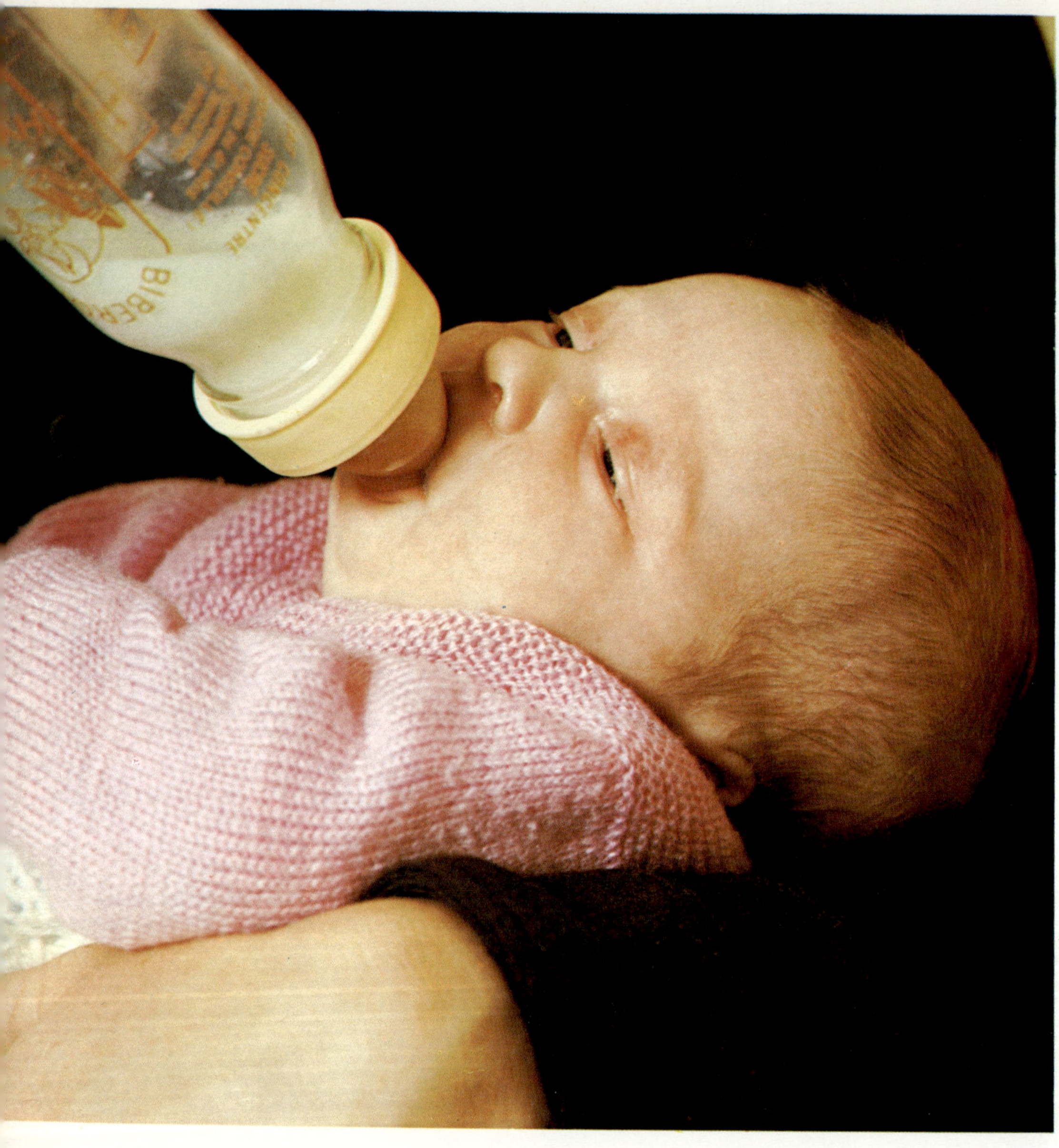

¿Pecho o biberón? Cada sistema tiene sus inconvenientes y sus ventajas, y elegir uno u otro (o una lactancia mixta) ha de ser función de un examen cuidadoso de las circunstancias de cada caso; nunca debe decidirse por comodidad o pereza, o, al contrario, por un exagerado sentido del deber y del sacrificio.

Las primeras papillas suelen traer problemas: el niño extraña el nuevo sabor, y más aún el nuevo procedimiento para alimentarle. Es tarea de la madre procurar que se acostumbre gradualmente a la cucharilla.

Hablemos del destete

Desde el momento en que se empieza a dar el pecho al niño, hay que tener una idea de cuándo y cómo ha de dejar de tomarlo.

Tradicionalmente, durante muchos años se ha pensado que cuanto más tiempo tomara el niño el pecho sería mejor para él. Nuestras abuelas lactaban hasta dos o tres años a sus hijos; todavía hay poblaciones y ambientes en que se mantiene la tradición, si

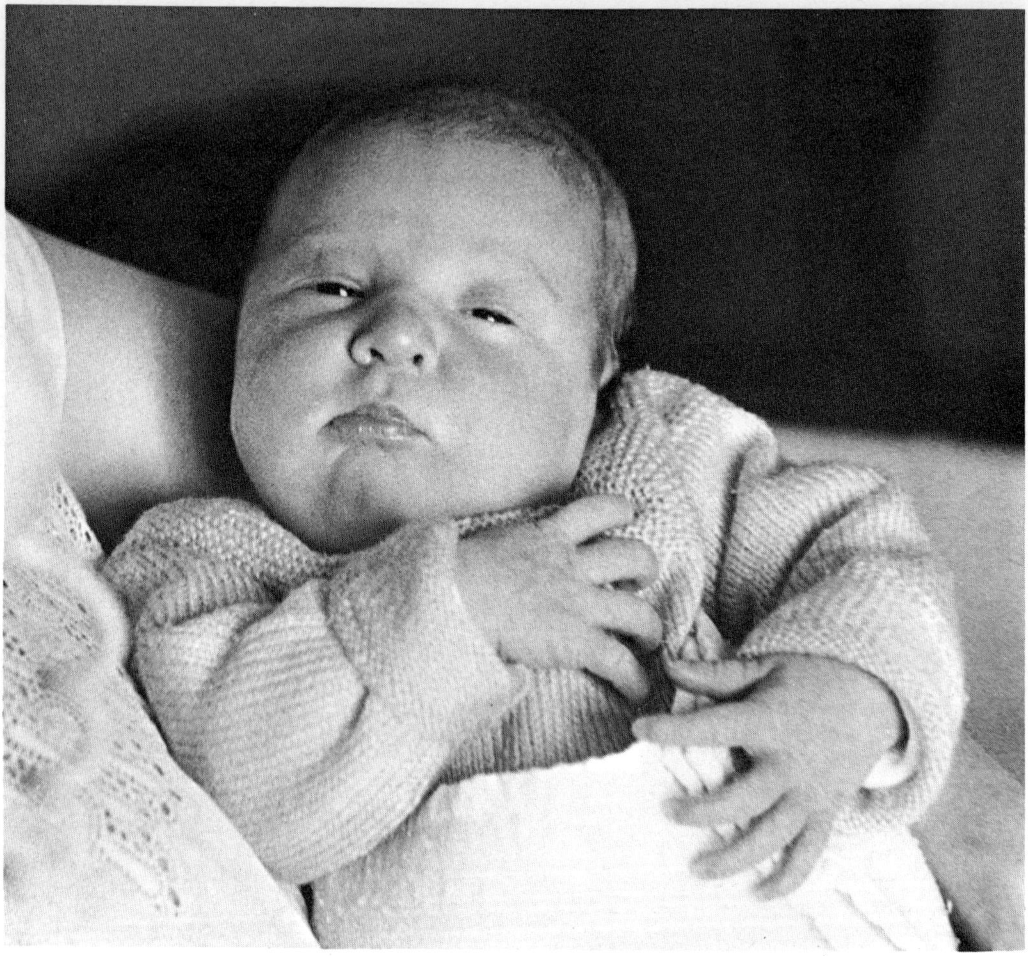

Bien abrigado, envuelto en una toalla y cómodamente colocado en los brazos de su madre, el pequeño está dispuesto a empezar el «banquete», como indican sus gestos.

bien es raro que pase la lactancia del año y medio o dos años. Algunas mujeres prolongan la lactancia cuanto pueden por la falsa convicción de que no quedarán embarazadas mientras están dando el pecho.

Todavía hay lugares poco desarrollados o con difíciles condiciones de vida, como pasa entre los esquimales o en ciertos países africanos, en que la lactancia se alarga por cuatro y hasta cinco años.

La leche, como alimento exclusivo, es útil sólo en los dos o tres primeros meses de la vida; después, al aumentar las necesidades del niño para mantener su desarrollo, comienza a ser insuficiente, primero en vitaminas y después en cada una de las sustancias nutritivas: proteínas, grasas, azúcares, etcétera.

A partir del tercer mes, la leche sola es insuficiente.

El biberón toca a su fin. El bebé ha quedado satisfecho, y se dispone ya a reemprender sus interrumpidos sueños...

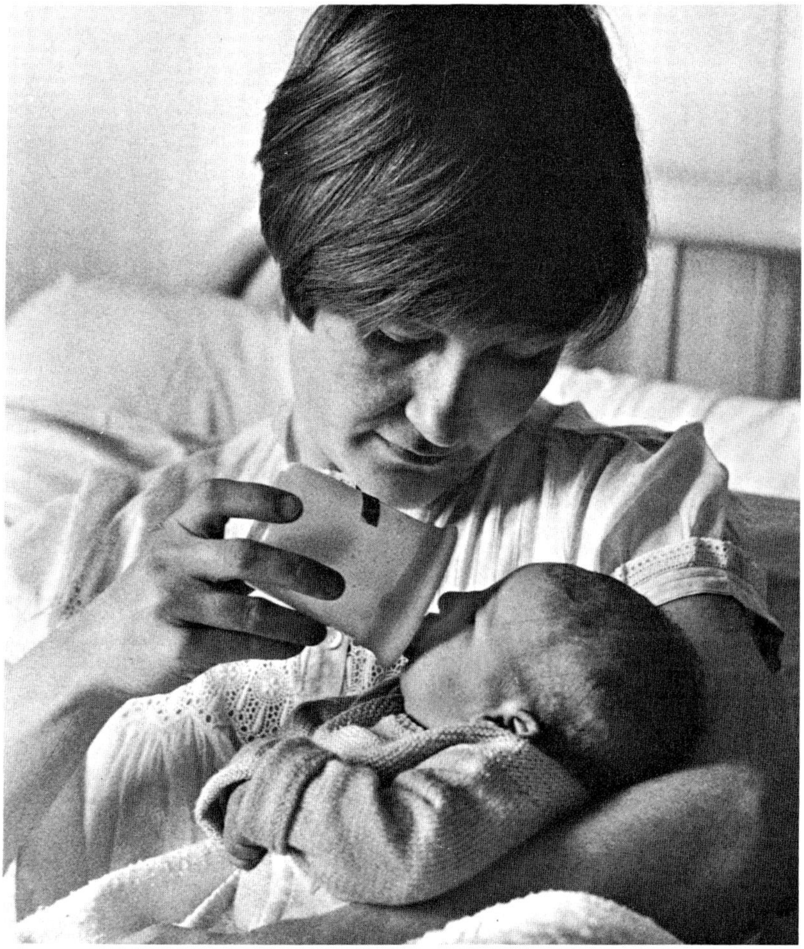

No hace muchos años, se miraba con prevención la lactancia artificial por los peligros —muy reales— que derivaban de ella: raquitismo, retrasos en el crecimiento, etc. Hoy estas amenazas han desaparecido. La alimentación al biberón no es tan recomendable como la natural, pero es perfectamente apta para criar hijos sanos, despiertos y robustos.

He aquí por qué el destete *comienza* hacia los dos o tres meses, cuando hay que empezar a añadir vitaminas en forma de zumo de frutas; va progresando a lo largo de los meses siguientes, conforme se van sustituyendo tetadas por alimentos sólidos, y acaba cuando ya la leche se convierte en un alimento secundario, lo que ocurre entre los ocho y los doce meses. Así, la edad tope y más aceptada para quitar totalmente el pecho, cambiándolo por leche de vaca, es el año o poco antes.

A los dos o tres meses hay que empezar a añadir vitaminas.

Lo que conviene saber de la lactancia artificial

Hace algunos años, cuando la madre no tenía leche para amamantar a su hijo se originaba un verdadero drama, ya que los niños alimentados a biberón, con leche de vaca o de cabra, tenían con gran frecuencia graves enfermedades, además de que su desarrollo era muy inferior al de los niños alimentados por su madre. Como consecuencia de todo esto, muchos niños así alimentados morían de diarreas, vómitos o infecciones.

Los que se salvaban de esas complicaciones graves solían ser niños delgados, irritables, raquíticos y en general retrasados en su desarrollo, tanto del crecimiento, formación de los huesos y dentición, como de las actividades psíquicas y afectivas: inteligencia, habla, comportamiento, etcétera.

Afortunadamente, la técnica actual ha permitido un grado de desarrollo de la industria alimentaria tan grande, que se consiguen preparar leches muy bien equilibradas en su composición y de muy buena calidad, además de presentarse con suficientes garantías de asepsia y conservación. Estas leches se llaman, en general, maternizadas porque tratan de ser lo más parecidas a la leche de mujer. Claro que esto es totalmente imposible de conseguir, al menos por ahora, pero la perfección de estos alimentos es suficiente para tranquilizar a las madres, que ya no deben apurarse si no pueden criar a sus hijos por sí mismas.

La industria alimentaria ofrece leches de muy buena calidad.

El inconveniente de la confianza que dan estas leches es que se está pasando al extremo opuesto; se va considerando como un inconveniente tener una buena secreción de leche, porque la lactancia materna es más incómoda e impone una obligación y un horario demasiado rígidos para las formas de vida actuales, ya de trabajo, ya de diversión o de ocio.

Toda madre debe saber que, si bien los antiguos peligros de la lactancia artificial han disminuido considerablemente, no han desaparecido por completo.

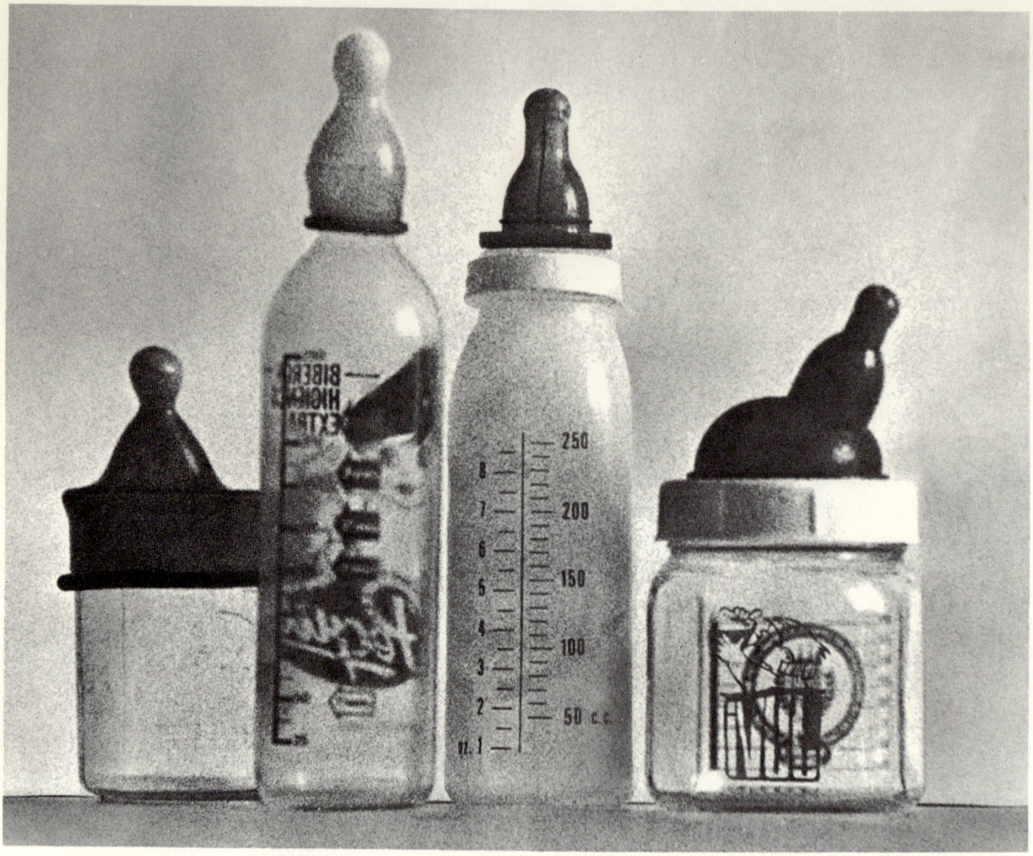

Hay biberones y tetinas de todos los tipos, y adecuados a diferentes circunstancias. Dos condiciones deben reunir sobre todo: facilidad de limpieza y resistencia al agua hirviendo.

La elección del biberón

Son muy variados los modelos de biberón que se han usado a través de los tiempos, y muy variados siguen siendo los que se pueden adquirir en el comercio, pero no todos reúnen las características ideales de un biberón.

El recipiente del biberón ha de ser fácil de limpiar. La tetina debe ser de goma, ni muy blanda ni demasiado dura; que no se deshaga fácilmente con el calor al esterilizarla, porque aparte del mal sabor del caucho, que puede disgustar al niño, se agranda excesivamente el agujero de salida, con lo que la leche fluirá con demasiada abundancia.

Como recipiente puede servir un simple vaso de agua, de vidrio resistente al calor; pero son mejores los vasos fabricados con esta finalidad, que vienen graduados para saber la cantidad de leche que se prepara y que el niño toma. Estos vasos anchos son fáciles de limpiar. Se pueden adquirir de vidrio o de un plástico muy duro y resistente al agua hirviendo, que puede esterilizarse centenares de veces sin que se deteriore, y tiene además la ventaja de que no se rompe.

Vasos de plástico irrompible.

Los recipientes estrechos y altos son más difíciles de limpiar; para ello hay que usar una escobilla adecuada, con cerdas alrededor del eje y también en la punta; la escobilla debe girarse dentro del frasco bastantes veces, para dejar limpios todos sus bordes y las paredes.

Las tetinas o boquillas del biberón se construyen en tamaños aptos para ambos tipos de recipientes. La mayoría de las que se encuentran en el mercado vienen sin perforar; la operación no siempre es fácil, porque se ha de conseguir un orificio de tamaño suficiente como para que la leche gotee con cierta rapidez, pero sin que salga a chorro.

El perforado se puede hacer con una aguja gruesa; una vez puesta al rojo, acercándola a una llama, se perfora con ella la punta de la boquilla, con un toque seco y rápido; así el orificio se consigue, no al cortar la goma con el instrumento punzante, sino al quemarla. En la zona plana de la tetina se practicará otro orificio al que no ha de llegar la leche y que puede ser mayor, con objeto de que pase el aire a su través mientras el niño deglute, facilitando así la salida del líquido.

Las tetinas pequeñas, para los frascos estrechos, suelen traer el orificio ya practicado; de este tipo, son recomendables las que en vez de orificio traen un pequeño corte; en la misma tetina están marcadas tres posiciones para dar el biberón. En una, al coger el niño la tetina con la boca, se abre la salida tan sólo muy ligeramente, siendo adecuada para niños con gran potencia de succión y muy ávidos de alimento. Para los niños más débiles o inapetentes se recomienda otra posición, en la que el corte de la tetina se abre totalmente, dejando salir un chorro mayor; finalmente, la posición intermedia es adecuada para los niños que se encuentran entre ambos extremos.

Tres posiciones en la tetina.

Antes de cada toma, el biberón y la tetina ya limpios se esterilizarán por ebullición durante, al menos, diez minutos. Las prisas no son excusa para ahorrar esta operación. Por eso, es muy práctico disponer de varios biberones ya hervidos y bien tapados, listos para usar en cualquier momento.

El biberón siempre esterilizado

Después de usar el biberón, se debe llenar o introducir inmediatamente en agua (mejor si es tibia), para que los restos de leche no se sequen y hagan más difícil la limpieza. Claro que mucho mejor es limpiar el biberón enseguida que se acaba de dar.

Lavar simplemente con agua y jabón.

Limpiar simplemente con agua y jabón o detergente, como cualquier otro utensilio de la vajilla, usando esponja o escobilla, y después enjuagar con agua abundante para que no queden restos de detergente.

La tetina también debe limpiarse con agua en abundancia, despegando todos los restos de leche, con especial cuidado en la parte que ha de coger el niño con su boquita, la más estrecha, porque es donde más fácilmente quedan aquellos adheridos.

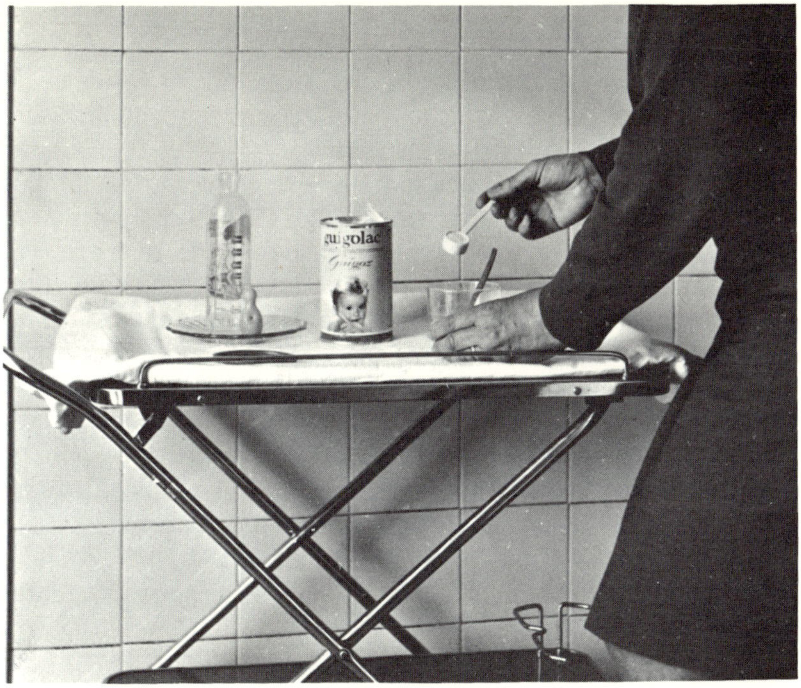

Por su facilidad de preparación y garantías de calidad, las leches concentradas o en polvo son las más utilizadas hoy en la lactancia artificial. En su composición, los distintos elementos entran en proporciones similares a las de la leche materna, de donde viene la denominación de «leches maternizadas».

Hay que esterilizar la tetina y el vaso.

Recipiente y boquilla se deben esterilizar por ebullición; se introducirán en agua hirviendo, donde han de permanecer al menos diez minutos. Después deben guardarse tapados, hasta que se vayan a usar. Esto es muy importante, pues es muy probable que por medio del polvo y, sobre todo, de las moscas y otros insectos que pueden posarse en la tetina, se depositen microbios en ella, transmitiendo enfermedades infecciosas al niño.

Se puede tener un solo biberón o varios. Hay un modelo múltiple muy práctico, que consiste en un recipiente de aluminio, como una cacerola, que contiene un soporte con seis biberones; los biberones limpios se esterilizan en la misma cacerola, que se llena de agua y se pone a hervir. Sirve así para todo el día, al usarse un biberón (vaso y tetina) para cada toma, ahorrándose un poco de tiempo y trabajo.

Qué clase de leche elegir

Para alimentar al bebé con una leche distinta a la de la madre, se puede recurrir a leches naturales o a leche modificada y preparada industrialmente con esa finalidad.

Debe abandonarse totalmente la leche de cabra.

En la actualidad, la única leche que se emplea en la alimentación artificial es la de vaca, pues hasta las leches industriales se valen de ella para su preparación. La leche de cabra, muy empleada antes, ya apenas se usa, y debe ser abandonada totalmente; es la leche menos idónea, y además las cabras están muy expuestas al contagio de una grave enfermedad, que pueden transmitir al niño o a la persona que beba esta leche, si no se la esteriliza suficientemente; esta enfermedad es la fiebre de malta, y el microbio que la produce es el llamado *bacilus melitensis;* es una enfermedad que en España estaba muy extendida, pero que afortunadamente casi ha desaparecido, gracias al menor consumo de leche de cabra y los productos de ella derivados (queso, mantequilla).

Para la alimentación artificial del bebé se dispone, por tanto, de estos tipos de leches:

Leche natural:
Vaca
Cabra
Burra

Leches preparadas:
Condensada
Concentrada

Leches en polvo:
Dulces
Ácidas

Leches-medicamento

Nuestras abuelas utilizaban leche de burra.

La leche de burra es la más parecida a la humana, como se puede comprobar en la tabla de composición de la pág. 190, pero es más pobre en materia grasa; por esto en épocas pasadas se empleó en la alimentación transitoria de niños con diarrea, a los que perjudica la grasa. Parecidas a la de burra son las leches-medicamento, cuya base es la leche de vaca modificada y asimilada a la materna, pero descremada o semidescremada; además se preparan ácidas, para mejorar su digestión. Naturalmente, estas leches ya preparadas han desplazado totalmente a la leche de burra, pero todavía nuestras abuelas nos hablan de que la tuvieron que dar en alguna ocasión a sus hijos. Ya sabemos de qué se trata.

La leche de vaca también hay que prepararla

Ya sabemos lo distinta que es la leche de vaca de la de mujer; por esto es totalmente necesario modificarla para darla al bebé, ya que, si no se prepara adecuadamente, le causará graves trastornos, sobre todo diarreas; como es más rica en proteínas, podría pensarse que ayudaría mejor al crecimiento del niño, pero no es así; el recién nacido no está preparado para digerir tantas proteínas, que además no son las más adecuadas para él. En total, la leche de vaca proporciona menos calorías que la de mujer, porque ésta la aventaja en azúcar.

Precisamente por ser demasiado rica en proteínas, la leche de vaca debe diluirse, y como al mismo tiempo se diluyen las grasas y los azúcares, hay que añadir además un suplemento de ambos.

Diferentes tipos de alimentación complementaria de la leche.

Para diluir la leche se puede recurrir al agua natural o mineral, y este mismo líquido de dilución se puede aprovechar para añadir los azúcares e hidratos de carbono que se precisan, lo que puede hacerse con mucílago. El mucílago se prepara con treinta gramos de grano, que se hierven en un litro de agua añadiendo después una cucharadita pequeña de sal. El grano a emplear puede ser de arroz, si el niño tiene tendencia a hacer deposiciones blandas o diarreicas; de avena, si más bien las deposiciones son demasiado duras o no las hace diariamente; si el niño hace de vientre con toda normalidad, el mucílago se prepara con trigo.

El mucílago vale para los tres primeros meses de su vida, pero después se cambiará por un cocimiento de cereales, que se prepara sustituyendo el grano por la harina correspondiente, en la misma proporción de peso y cantidad de agua.

Lo mejor es pesar en una balanza de cocina las cantidades necesarias; si no se dispone de peso, se puede calcular midiendo el grano o la harina con una cuchara. La cuchara sopera normal, rasa, puede contener un peso de unos 15 gramos de grano; la harina en polvo es mucho menos pesada; la cantidad que cabe en la misma cuchara pesa aproximadamente la mitad, es decir, siete gramos y medio.

Seguro que han oído hablar de la «leche al medio», «leche a los dos tercios» y «leche a los tres cuartos», pero no siempre se tiene una idea clara de lo que esto significa, y ahora a la nueva mamá le interesa saberlo sin que le queden dudas.

Leche al medio es la leche de vaca diluida al cincuenta por ciento, con el líquido correspondiente; es decir, la misma cantidad de agua o mucílago que de leche de vaca.

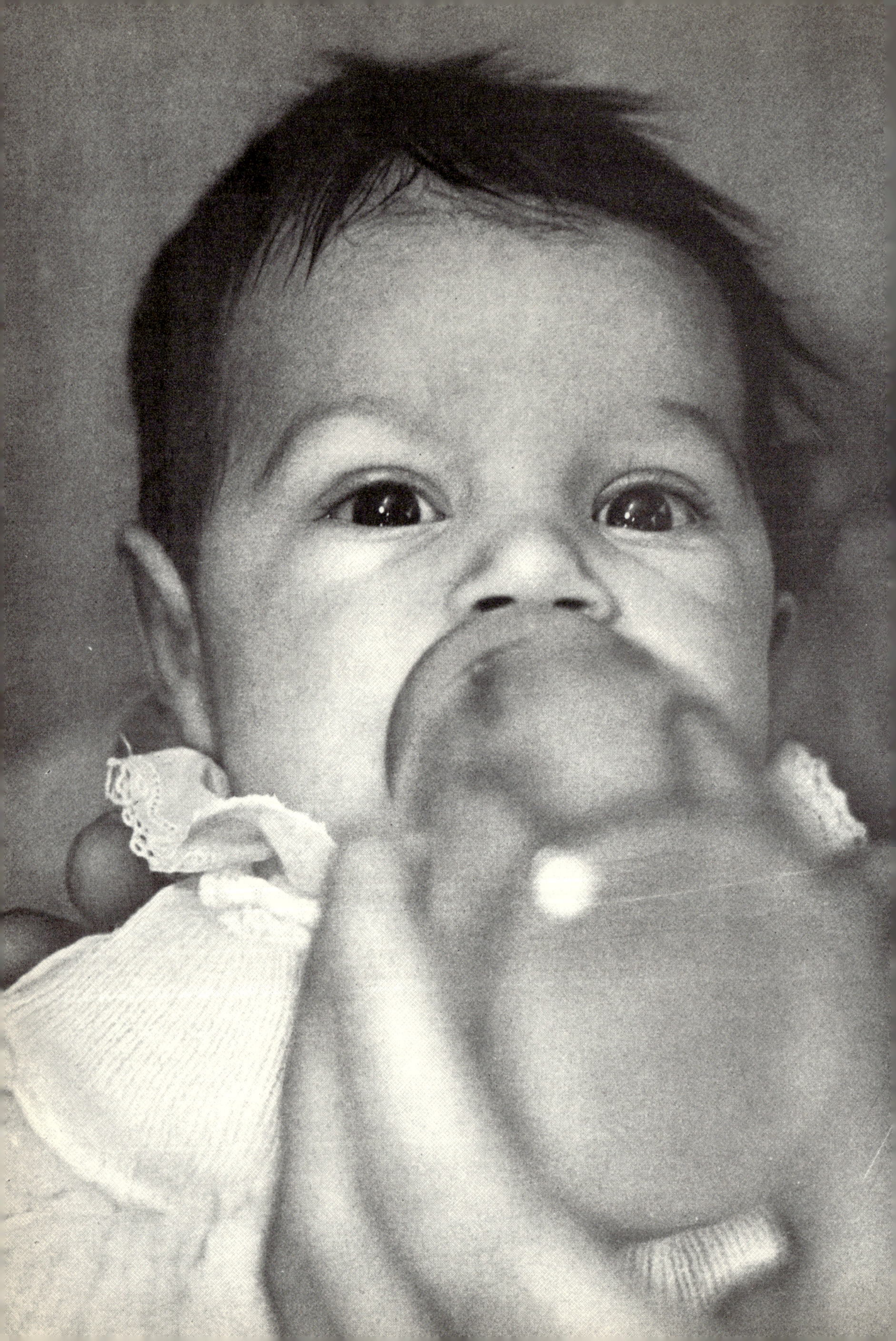

La leche a los dos tercios se prepara poniendo dos terceras partes de leche y el tercio restante de líquido de dilución. A los «tres cuartos» es la leche preparada con tres cuartas partes de leche y un cuarto de agua. ¿Verdad que ya no queda ninguna duda?

Cuanto más pequeño, necesita la leche más diluida.

El niño, cuanto más pequeño, necesita la leche más diluida; por esto la leche al medio es para niños de menos de dos meses de edad, aunque a niños de buen apetito, que digieran a la perfección sin trastornos de vientre ni vómitos, se les puede pasar un poco antes a la leche a los dos tercios.

De leche a los dos tercios se mantiene el bebé hasta el final del cuarto mes, o poco antes en el mismo caso de buena digestión. Después, hasta el sexto mes, se le da la leche diluida a los tres cuartos, pasándose luego a la leche entera o sin diluir, que también puede adelantarse al quinto mes, o antes, vigilando al niño y siempre con la recomendación del médico puericultor.

La grasa también queda reducida cuando se diluye la leche, pero eso tiene menos importancia porque las grasas sólo aportan calorías, y no son sustancias esenciales para el crecimiento. En países más fríos que España, como es Alemania, se puede añadir la grasa en forma de mantequilla o bien como crema o nata. En los países cálidos la digestión de la grasa es más lenta y puede originar diarreas y vómitos; por esto hay que tener cuidado si se añade grasa; de hacerlo será un gramo en cada 100 mililitros de leche preparada, para los tres primeros meses, y doble cantidad en los tres meses siguientes.

Leche pasteurizada o esterilizada.

La leche de vaca puede ser la que se expende pasteurizada o esterilizada, procedente de Centrales lecheras de garantía. En todas las capitales y en muchas poblaciones importantes hay centrales de este tipo, que abastecen a toda la región; no es difícil, por tanto, encontrar en cualquier población estas leches, que tienen la garantía de pureza, de tener una composición constante y de esterilización, respaldado todo esto por la inspección de los servicios sanitarios que vigilan la salud de las vacas, los procedimientos de recogida de la leche y la homogeneización y esterilización posterior en las Centrales.

Los primeros biberones deben prepararse con leche diluida «al medio»; progresivamente, y según la facilidad de digestión del bebé, se irá aumentando la proporción de leche en la preparación.

Ninguno de estos tipos de leche (pasteurizada o esterilizada), si se conserva en sus envases y en las debidas condiciones, necesita hervirse, pero debe consumirse dentro del tiempo indicado en la botella; la pasteurizada se conserva solamente uno o dos días en frigorífico, y la esterilizada, mucho más.

Pero si, por la circunstancia que sea, ha de tomarse leche de vaca adquirida directamente, sin pasar por Central lechera, han de observarse algunas normas de la máxima importancia. Primero la calidad; a esta leche no debe habérsele agregado ninguna cantidad de agua ni otras sustancias. Las vacas deben estar sanas; sobre todo tenerse la certeza de que no padecen tuberculosis, enfermedad muy extendida en el ganado vacuno. Los recipientes de recogida de la leche han de estar absolutamente limpios; por último, hay que hervir la leche teniendo muy en cuenta que no está estéril cuando «sube», sino que debe hervir, con fuego lento, unos diez minutos después de la «subida». Con esto la leche pierde parte de su agua, por lo que al diluirla hay que añadirle un poco más del líquido que se ha recomendado antes (mucílago).

¡La leche no está estéril cuando «sube»!

Leche condensada y leche concentrada, ¿qué son?

Estas leches, muy fáciles de preparar, son muy útiles en la alimentación del pequeño, si se siguen con exactitud las normas de preparación.

La leche condensada es leche de vaca a la que se ha quitado una gran parte de agua, dejándola en la cuarta parte del volumen total; por tanto, un litro de leche queda reducido a un cuarto aproximadamente.

La leche concentrada es parecida, sólo que la cantidad de agua que pierde es menor.

En España casi todas las leches condensadas del comercio están hiperazucaradas; es decir, se les ha añadido azúcar en cantidad aproximada a los cuarenta gramos por cada cien de leche, con lo que aumentan las calorías y se consigue una buena conservación.

Aún mejor que con agua, es preparar la leche con mucilago.

Para preparar estas leches basta añadirles el agua que se les había quitado. El líquido que se emplea puede ser también el mucílago o el cocimiento, porque los azúcares o hidratos de carbono que tienen son algo distintos del azúcar de remolacha y se pueden dar juntos.

La leche condensada tiene algunos inconvenientes; el mayor peligro es pasarse de la dosis, si no se mide cuidadosamente y se deja un chorro con cada cucharada, con la intención de que el niño tome más alimento. Otro inconveniente es que, una vez abierto el bote, no hay que olvidar taparlo cada vez que se use, conservándolo en frigorífico, sobre todo en verano, con lo que al mismo tiempo se evita que las moscas u otros insectos acudan a la leche, infectándola; la leche tan dulce es un excelente medio en el que los microbios se multiplican con rapidez, pudiendo ser causa de graves infecciones intestinales.

El bote, siempre bien cerrado.

Para preparar la leche en polvo, basta añadirle el agua correspondiente —o, mejor, el mucílago; nunca, en cambio, debe incluirse leche natural—, y batir bien la mezcla para evitar los grumos. La batidora eléctrica facilita esta tarea.

Leches en polvo para alimentar al bebé

Una gran variedad de leche ofrece ahora la industria dietética que se ocupa de preparar alimentos para niños. Estas leches están preparadas en polvo, porque se les ha sometido a un proceso de desecación intenso y se les ha quitado la totalidad del agua que contienen. Después de esta desecación, quedan 125 gramos de polvo por cada litro de leche. Esto es interesante de conocer porque, para volver a obtener una leche entera, basta agregar a esos 125 gramos el agua que se ha quitado, 875 mililitros, para reconstituir el litro de leche.

Con 875 ml de agua se reconstruye el litro de leche.

Además de someter a desecación la leche de vaca, se la modifica en algunos de sus componentes, con el propósito de obtener una leche lo más parecida a la de mujer; estas son las leches maternizadas.

Es tanta la variedad de leches de distintas marcas, así preparadas, que se encuentran en las farmacias, que no se pueden describir todas ni dar normas para la preparación y dosis de cada una; pero estos datos se encuentran anotados en forma de tablas en los botes de estas leches.

Son de plena garantía todas estas leches; la calidad, la excelente composición, la esterilización, la conservación, están respaldadas por acreditadas firmas comerciales, que dan confianza cuando tenemos que someter a nuestros hijos a una lactancia artificial.

Las leches en polvo vienen enriquecidas con vitaminas y minerales diversos, sobre todo hierro, para cubrir todas las necesidades del bebé, impidiendo la frecuente anemia o las enfermedades por carencia de vitaminas, como el raquitismo (por faltar en el alimento la suficiente cantidad de vitamina D) o el escorbuto (cuando es la vitamina C la que falta o es escasa).

Algunas leches traen ya adicionados cereales en cantidad suficiente para cubrir las necesidades de azúcares y acostumbrar al aparato digestivo del infante a digerir estas sustancias.

El niño, desde que nace, es capaz de distinguir los sabores, y rechaza el alimento cuando no le gusta; distingue entre el sabor dulce y el ácido; muchos bebés prefieren el alimento un poco ácido, sobre todo si desde el principio se les empieza a dar leche de este tipo. Por esto es útil saber qué son las leches ácidas y las leches dulces.

Sabor dulce o ácido al gusto del bebé.

Las leches con sabor dulce son la leche neutra y todas las leches maternizadas y las endulzadas con miel, que ahora se encuentran en el comercio con distintas marcas.

Las leches ácidas se preparan de forma parecida a las otras, pero se acidifican con alguna sustancia -como ácido láctico, ácido cítrico, ácido acético u otros- con objeto de hacer más fácil la digestión de la leche de vaca, porque la acidez hace que los coágulos que se forman en cuanto la leche llega al estómago sean más pequeños, como los de la leche de mujer, y de esta forma el jugo gástrico los ataca mejor. El jugo gástrico es ácido, pero en el niño pequeño la acidez no es siempre suficiente para realizar la digestión de la leche de vaca en las mejores condiciones; por este

Leches en polvo, maternizadas, con cereales, de todas las marcas y en todas las presentaciones. La industria alimentaria moderna ofrece un muestrario tan amplio y variado, que la única dificultad consiste en decidirse por una u otra marca.

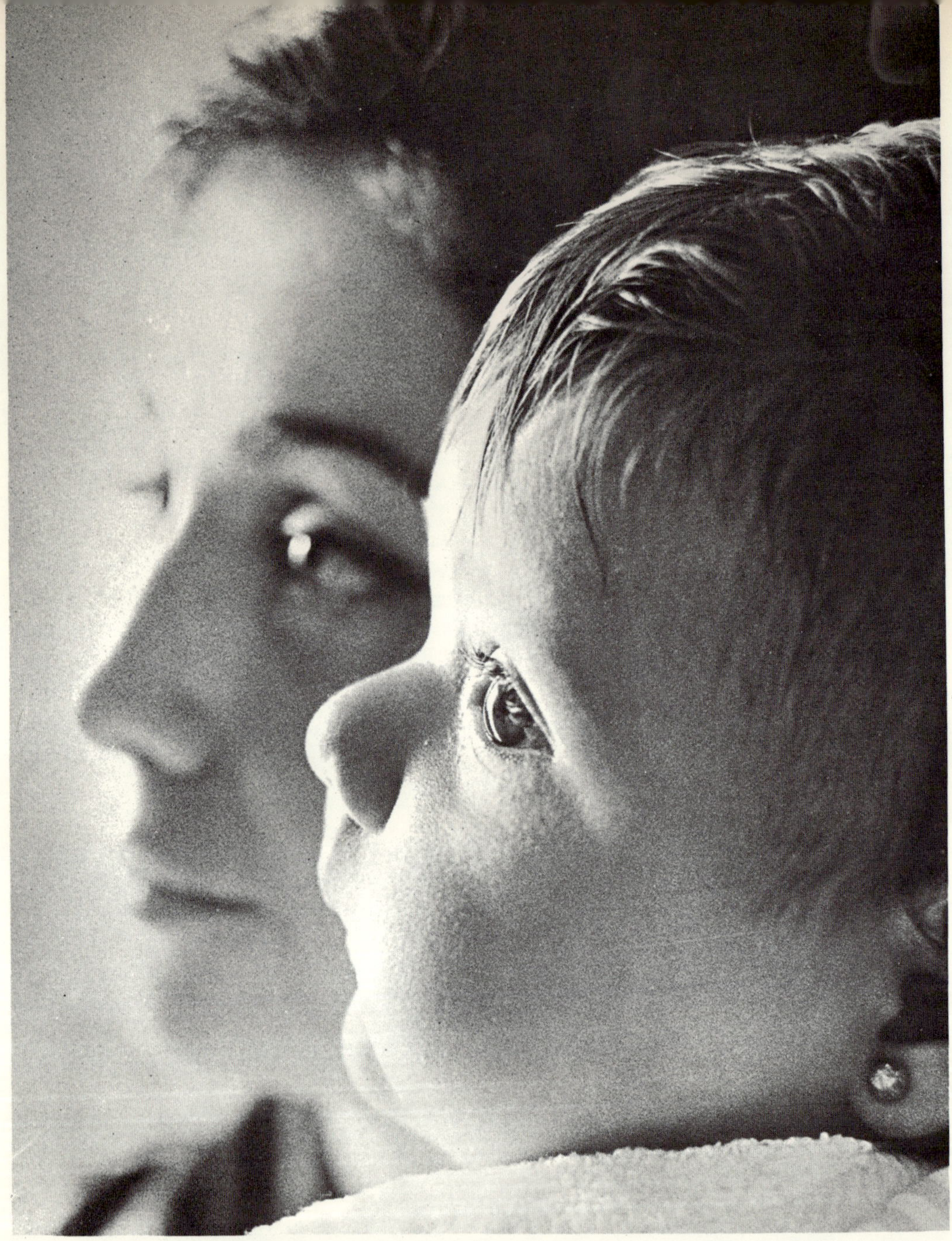

No hay una leche industrial determinada que sea «la mejor», rotundamente. Es, como tantas otras cosas, un problema de gusto; y en primer lugar, del gusto del niño. He aquí un factor que los padres ansiosos por proporcionar a su hijo «lo último», o «lo más caro» del mercado, no deben olvidar.

motivo, al ser la leche un poco ácida, el estómago recibe una ayuda importante.

Además, los microbios se reproducen mal en un medio ácido; por eso la acidificación es uno de los procedimientos para mantener la leche esterilizada.

Por todas estas ventajas se aconseja la leche ácida, y son muchos los niños que la toman. Pero no todo son ventajas; algunos inconvenientes tiene también, y el principal, que no a todos los niños les apetece este sabor.

Las leches ácidas semidescremadas o descremadas sirven como leches-medicamento, pues son las más adecuadas para alimentar al lactante cuando tiene una infección intestinal o una diarrea por cualquier causa.

Lo curioso de esta leche-medicamento es que los médicos aprendieron a emplearla gracias a una experiencia popular que data de muchos años. Las madres holandesas acostumbraban a dar, a sus tiernos infantes enfermos de diarrea, el sobrante de leche después de preparar su famosa mantequilla; esto es, después que habían descremado la leche. Ese resto lácteo se hacía ácido por sí solo, porque sobre él actuaba un microbio que produce ácido láctico. A este producto se le llama *babeurre,* o *buttermilch* en alemán, que quiere decir «leche de manteca».

El babeurre *es la leche descremada*

Los médicos prestaron atención a este hecho y preconizaron de forma habitual el uso de esa leche residual para alimentar al lactante cuando sufriese diarrea, porque de esta forma, además de mejorar el niño, podía seguir recibiendo un alimento bastante completo.

El *babeurre* se prepara industrialmente y es muy conocido. Además de servir como alimento en los trastornos intestinales, puede darse como alimento inicial a los recién nacidos, que lo toman en la forma semidescremada durante unos días solamente, pasando pronto a un tipo de leche más rica que puede ser igualmente ácida.

Pero no es obligado dar *babeurre* los primeros días de la vida, porque también hay leches con sabor dulce que se preparan semidescremadas con igual finalidad de darlas a los recién nacidos, para luego pasar a la lactancia con leches igualmente dulces, pero con mayor contenido en grasa.

Ante una variedad tan grande de leches, se pueden plantear dudas sobre la elección de la más apropiada para nuestro niño; lo mejor es admitir el consejo del puericultor, que suele tener una gran experiencia con la mayoría de ellas.

Antes de seguir, más consejos útiles

Piénselo bien antes de cambiar el tipo de leche de su hijo. Sólo debe cambiarse cuando se tenga la convicción de que la leche elegida sienta mal al niño, o que éste no acepta su sabor ácido o demasiado dulce.

Hacer pruebas frecuentes, cambiando de una marca a otra, no suele acarrear más que trastornos al neonato o al pequeño lactante. A veces el niño rechaza el biberón por causas muy variadas: por estar demasiado caliente o frío, por estar poco o demasiado diluido, por tener la boquilla del biberón un orificio demasiado pequeño o excesivamente grande.

Si el bebé no engorda lo que debe, puede ser porque la ración de leche o su concentración no sean las adecuadas, y a veces porque el niño necesite más cantidad de la recomendada por las tablas como ración media para su edad; hay peques que por su naturaleza precisan más cantidad de alimento, lo mismo que otros necesitan menos. De esto tampoco se ha de hacer responsable a la leche, sometiendo al niño a cambios innecesarios y peligrosos.

Los cambios no deben hacerse bruscamente.

Cuando el puericultor recomienda el cambio de leche, éste no debe hacerse bruscamente, sino poco a poco, cambiando cada día un solo biberón al nuevo tipo de leche –a lo más, dos cada día–, de forma que transcurran de tres a cinco días hasta que se haya cambiado totalmente.

Otra recomendación útil es que se observen bien las indicaciones de las tablas que traen los botes de leche, en los que se dan normas para preparar los biberones, la cantidad proporcional de agua y polvo y la ración que se calcula como más adecuada, dentro de ciertos límites, para la edad del infante.

Los biberones pueden prepararse cada vez que se vayan a dar. Pero es mejor preparar cada mañana la cantidad total que el niño vaya a consumir durante el día, guardándola bien tapada en el frigorífico. Esto tiene algunas ventajas; es más cómodo, pues basta una sola vez para hervir el agua y diluir; la mujer tiene muchas ocupaciones en el hogar y cuando es la hora de dar el biberón, o si el niño lo reclama con su llanto unos minutos antes, no hay tiempo ni tranquilidad para hervir agua, diluir, dejar enfriar, etcétera. Estando preparada la leche desde la mañana, basta calentar el biberón unos instantes al baño María. Muy prácticos son los calientabiberones eléctricos, que en muy pocos minutos proporcionan la temperatura deseada, que el mismo aparato regula por medio de un termostato.

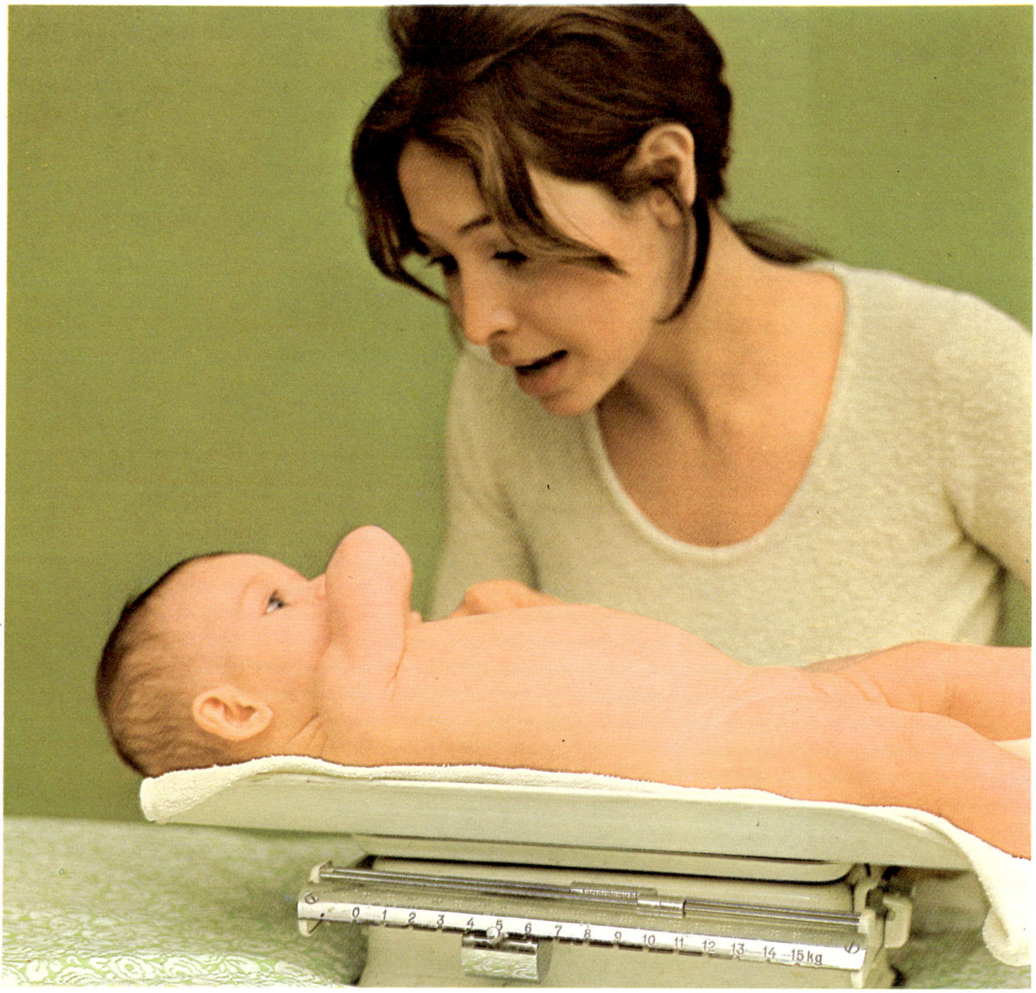

A través de la báscula sabremos, en última instancia, si la alimentación del niño es o no es adecuada. Pero ¡ojo!, un estancamiento o un pequeño descenso en la curva del peso no son motivo de alarma; y mucho menos son motivo para un cambio radical, siempre peligroso, en la cantidad o en la marca de la leche que se venía utilizando.

La mayor ventaja de preparar toda la cantidad de leche por la mañana está en que la dilución de los biberones es la misma en todas las tomas; en cambio, si se preparan los biberones de uno en uno, por muy bien que se mida cada vez, siempre habrá alguna diferencia de unos biberones a otros; diferencia que no siempre tolera el bebé.

Cuánto debe comer el bebé

Nada mejor que el buen humor y el aspecto del niño y, sobre todo, el peso, para saber si se alimenta suficientemente. A veces el niño llora cuando acaba el biberón, y lo toma con avidez si se le acerca de nuevo; puede, en tal caso, que necesite más cantidad de alimento que la recomendada para su edad, y no hay ningún inconveniente en aumentarle la ración.

Durante el primer semestre de vida, es normal que el niño aumente de peso unos 600 gramos cada mes, y unos 500 en los meses siguientes hasta el año. Algunas madres se preocupan porque su hijo come poco, es inapetente y les parece que no engorda bastante; si alcanza el peso dicho, unos 150 gramos por semana, hay que tranquilizarse, porque esa cifra es absolutamente normal. Por supuesto, hay niños que alcanzan más peso; pero atención con esos niños, porque es muy probable que sobrepasen en exceso la ración que les corresponde, lo que tampoco es recomendable.

El aumento de peso en el niño.

El aumento de peso del niño es el mejor indicio para saber si la madre tiene la cantidad de leche que necesita su hijo. La cantidad de pecho que debe tomar el niño aumenta gradualmente desde el primer día hasta el final del primer mes:

1.er día : 10 gramos por tetada
2.º día : 20 gramos por tetada
3.er día : 30 gramos por tetada
4.º día : 40 gramos por tetada
5.º día : 50 gramos por tetada
6.º día : 60 gramos por tetada

Después la cantidad de leche sigue aumentando, pero con menos rapidez:

15 día : 70 gramos por tetada
22 día : 80 gramos por tetada
29 día : 90 gramos por tetada
35 día : 100 gramos por tetada

Tomando siete veces al día, como se recomienda en la lactancia natural (es decir, cada tres horas con un descanso de seis horas por la noche), el niño se alimenta suficientemente.

Para saber si las glándulas mamarias segregan bastante cantidad de leche, se puede pesar al niño antes y después de cada toma de pecho, en un pesabebés muy exacto; hay que pesarle todas las

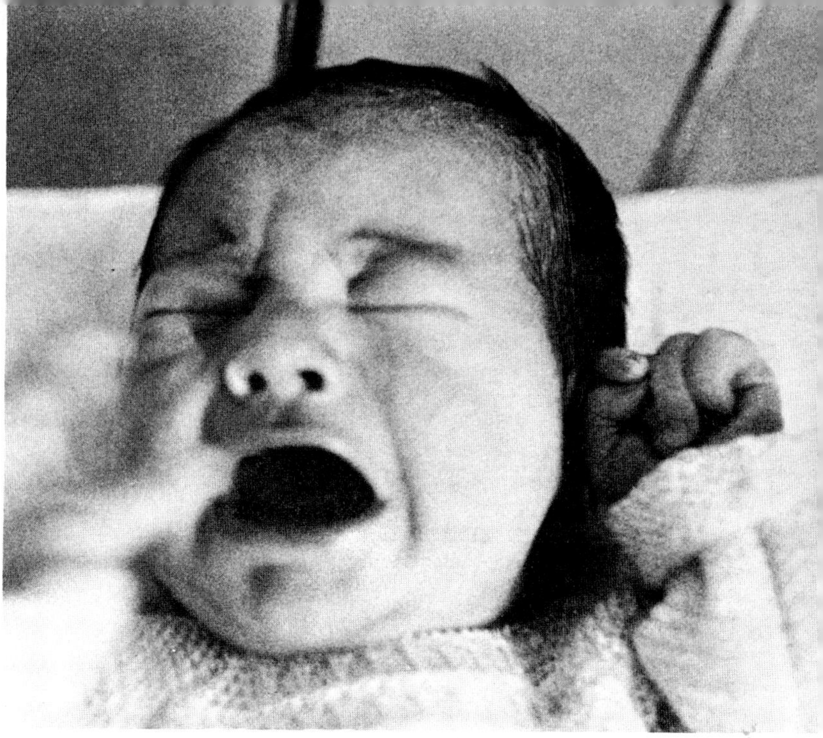

El llanto del niño es casi siempre la señal de alerta de que tiene hambre. La madre tomará buena nota de este dato, sobre todo si los lloros preceden regularmente en un tiempo considerable a la hora prevista para la comida.

veces que tome el pecho, durante varios días seguidos o, al menos, durante un día entero, pues la secreción varía de unas horas a otras del día, siendo más abundante por la mañana, después del reposo nocturno, y más escasa en las últimas horas del día. De todos modos, este pesaje es un procedimiento bastante engorroso, y no siempre demostrativo.

Cantidades medias en la alimentación diaria del bebé.

Cuando se dan biberones se sabe mejor la cantidad de leche que toma el niño. Se puede calcular la cantidad que debe tomar por medio de una regla muy sencilla, que consiste en poner un uno delante de la cifra que corresponde a los meses de edad que tiene el niño, y un cero detrás de la cifra así obtenida; así, un niño de cinco meses debe tomar unos 150 mililitros de biberón en cada toma, o algo más si se dan los biberones cada 4 horas, pues esa cifra está calculada para dar siete veces al día, como en la lactancia natural.

No nos vamos a detener en considerar los cálculos, un poco complicados, de la dilución y la ración de leche condensada que debe tomar el bebé, pero daremos una regla muy práctica que vale para todos los casos: el niño debe tomar seis gramos de leche condensada por cada kilogramo que pese y por cada biberón, dando los biberones cada cuatro horas (en total cinco biberones cada día).

Una cucharilla de café, normal, rasa, puede contener seis gramos; por tanto, se dará una cucharadita de leche por kilogramo de

El primer biberón de la mañana ofrece campo propicio a la colaboración del padre. Él podrá administrarlo cómodamente antes de salir al trabajo, y así la madre ganará unas horas de descanso, siempre necesario.

peso y biberón. Esta leche se debe diluir en una cantidad de agua que también depende del peso del niño: 150 mililitros por cada kilogramo.

Como la cabida de las cucharillas puede variar de unos modelos a otros, lo mejor es pesar o medir la leche condensada.

Para las leches en polvo, insistimos una vez más en la necesidad de observar las indicaciones de las tablas, que tienen ya calculadas la proporción de las diluciones y las cantidades de calorías y líquido que precisa el niño según la edad.

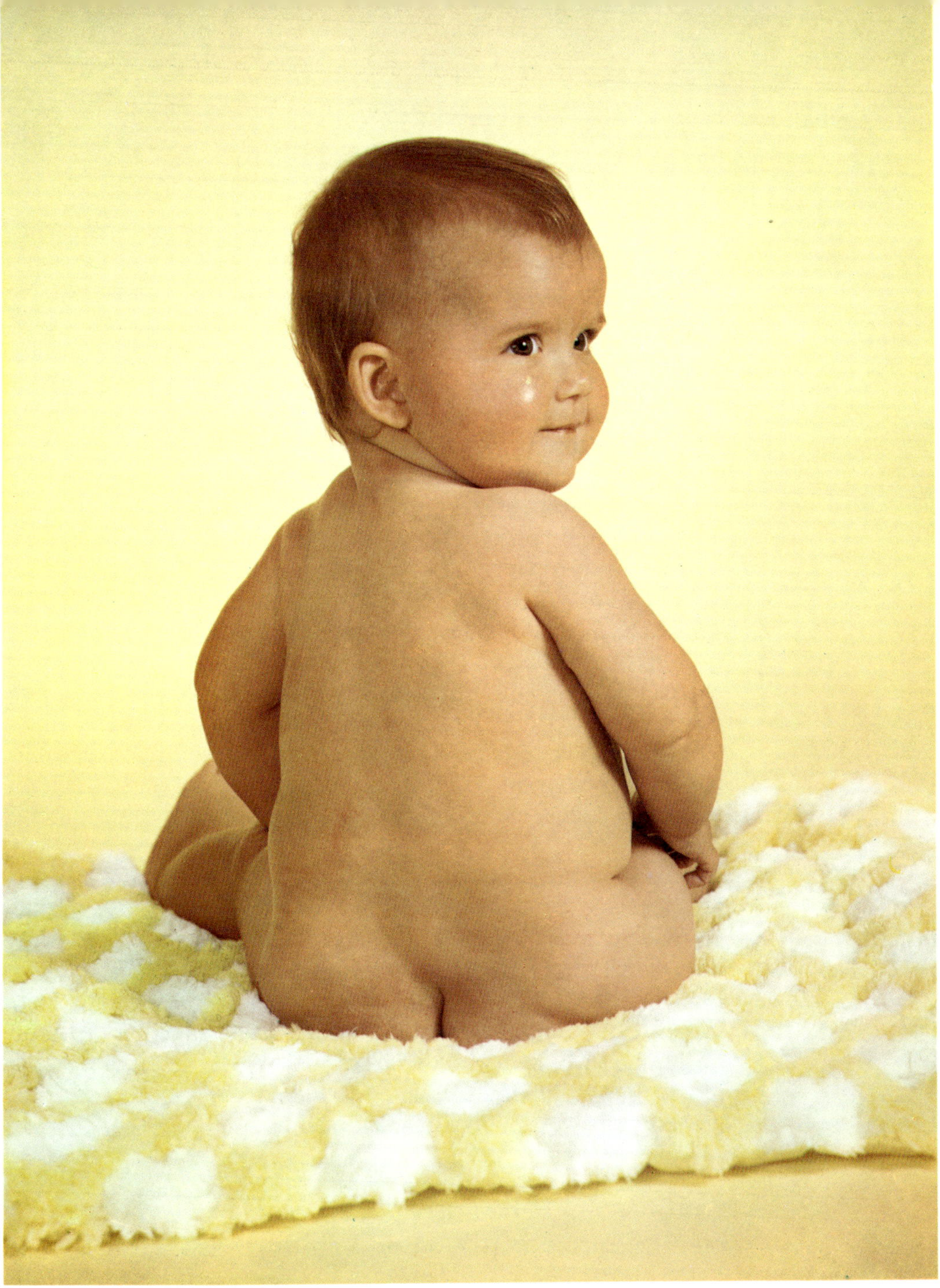

Vivimos en el siglo de la estadística: todo se mide, se pesa, se anota y se compara, y como todo, también, claro es, el niño. Pero ninguna estadística es más «elocuente» que el rostro sonriente y despierto de este precioso bebé.

Tengo poca leche, ¿qué hacer?

Esta pregunta se la hacen muchas mujeres que han comprendido la ventaja de alimentar a sus hijos por sí mismas, pero advierten que la cantidad de leche que tienen no es bastante. No conviene desaprovechar esa leche, aunque sea un poco escasa. Se pueden dar algunas tomas de pecho y otras de leche maternizada, complementando así la deficiencia de la madre. Este sistema de alimentación se llama lactancia mixta, y también tiene aplicación cuando la madre trabaja fuera de casa, porque puede dar el pecho a las horas en que está en el hogar, y las demás veces le pueden dar una toma de leche maternizada al bebé.

Algo importante debemos tener en cuenta en este tipo de lactancia: no conviene usar biberón, porque al ser más fácil sacar la leche de él que del pecho, pronto el niño dejará de mamar de la madre, reclamando la tetina; por algo se ha dicho que el biberón es la tumba del pecho. Dar la leche con cucharilla, aunque más entretenido, es obligado en estas circunstancias, pero se puede facilitar con un truco: hay unos biberones que en lugar de boquilla tienen una cucharilla en la que la leche se va vaciando por goteo, con lo que no hay que ir llenando la cucharilla cada vez que la toma el niño. Además, de esta forma es más difícil que se derrame el líquido.

En la alimentación mixta pueden seguirse dos sistemas distintos. Se puede dar el pecho cada tres horas o tres y media, y después se añade la leche que falte para completar la ración; a este método se llama coincidente. El método alternante consiste en dar unas tomas sólo de pecho, que se alternan con otras sólo de leche artificial; de esta forma, al quedar más distanciadas las tomas de pecho, da tiempo a que se acumule más cantidad de leche. Cualquiera de los dos procedimientos es bueno, pudiéndose elegir el que más guste o el más cómodo para cada madre.

Gráficos del bebé (curvas de peso, crecimiento y cantidad de bebida)

Vivimos en un tiempo de estadísticas y tablas, en el que se dan valores medios para todas las consultas y hechos posibles. No es raro pues que las madres jóvenes y los padres (para no mencionar también a los abuelos), busquen orientaciones en cuadros sinópticos relativos al desarrollo «normal» de su amado hijo o nieto. Es claro que existen datos, por ejemplo, sobre el promedio de aumento de peso de un niño de pecho que goce de buena salud. Pero las cifras que se dan son el promedio de observaciones tomadas en centenares de niños diversos. Tanto los padres como los abuelos cometen con gran frecuencia el error de tomar aquellos valores como lo que «debería» ser, y caen fácilmente en el pánico cuando su pequeño no alcanza, por un centímetro o por diez gramos, el valor dado por las estadísticas. Esta vigilancia es, no ya superflua, sino incluso peligrosa, especialmente cuando, por ejemplo, conduce a una sobrealimentación sistemática.

Los retrocesos y las detenciones también forman parte del desarrollo normal.

Cada niño se desarrolla conforme a unas características totalmente individuales, a las que pertenecen tanto los grandes avances como también algunas detenciones y algún que otro retroceso. Ello es así no sólo para el desarrollo psíquico, sino también para el físico (véase el apartado «No hay ningún bebé que se ajuste a un patrón fijo»). Por consiguiente, debe desecharse la pretensión de seguir unas prescripciones o atender a unos datos determinados. Sólo globalmente puede establecerse que, durante el primer año, un bebé aumenta en un 50% aproximadamente la talla que tenía al nacer, y casi triplica su peso de nacimiento.

Por lo que se refiere a la necesidad de las sustancias nutritivas y constituyentes que conducen a unos progresos tan sorprendentes, las tablas y datos sobre alimentación y las indicaciones de los preparados alimenticios para bebés sólo han de ser tomados como orientadores, nunca como «definitivos». El bebé que se desarrolla bien y se muestra satisfecho con la alimentación dispuesta por un médico pediatra o por el de cabecera demuestra, mejor que con mediciones, pesajes o dosificaciones, que le dan lo que necesita. La cantidad que le conviene es algo diferente según sea el preparado y la edad del niño (leche dulce o ácida, leche al medio, leche a dos tercios, leche sin desnatar, o bien alimento para niños preparado en casa o comprado ya preparado) y según sea el sistema de alimentación (al pecho o en biberón). Quien se decida por un sistema o una marca determinados debería atenerse a ellos y no cambiarlos sin necesidad absoluta y, en todo caso, con las etapas intermedias convenientes, ya expuestas en el capítulo anterior.

No conviene poner al bebé en la báscula cada día.

Muchos médicos aconsejan a las nuevas madres que no pesen diariamente a sus hijos. Un control de peso tan severo ocasiona, en primer lugar, el nerviosismo de la madre y del hijo y, por otra parte, casi no puede realizarse, porque es muy difícil apreciar una diferencia de peso tan pequeña en un niño, por poco que éste se mueva. Al principio, una pesada cada semana es suficiente;

El niño ha quedado por unos momentos encargado del cuidado de su hermanita, y se dedica a ella seriamente y con total responsabilidad. Pendiente de todos los detalles, incluso le acerca el biberón vacío, por si acaso: «¿Crees que querrá más, mamá?»

El bienestar y la confianza que revela la sonrisa de esta niña, no son producto solamente de una alimentación adecuada y una buena digestión. En la crianza intervienen una parte de ciencia y otra parte de cariño. La ciencia es indispensable; el cariño, insustituible.

desde el segundo mes basta con pesarlo cada quince días y luego cada mes. Sólo en el caso de que se tema que el niño no aumenta de peso, será conveniente pesarlo cada semana en cualquier edad; si las cifras del peso se anotan en una gráfica, seguramente el niño, cuando llegue a la edad adulta, tendrá un placer al repasarla. Además, será interesante la comparación de esta línea ascendente con las de los otros hermanos que puedan venir: nadie puede suponer cuán diversamente se desarrollan unos niños de parentesco tan próximo. Esta comparación será todavía más interesante si, complementando los datos de los pesos correspondientes, se anotan las habilidades que el pequeño va adquiriendo, o cualquier otra característica manifestada en la pesada de que se trate, porque, aunque parezca raro, hasta la madre más cuidadosa de su hijo olvida con una rapidez sorprendente cuándo empezó el pequeño a hacer o a dejar de hacer tal o cual cosa.

Cuando en este control semanal de peso se observe que un niño ha aumentado (aunque sólo sea cincuenta gramos), su crecimiento es normal. Si permaneciera, aun dos semanas, conservando el mismo peso, no hay ningún motivo para intranquilizarse. El bebé necesita entonces sus energías para el desarrollo psíquico, y por ello descuida durante un corto tiempo el crecimiento físico. Pero si el niño perdiera peso, se debe tomar este hecho como una señal de alarma y consultar con un médico.

El tema de la digestión

Una madre observadora puede fácilmente ver, por el contenido de los pañales, que su hijo está enfermo. Incluso el médico podrá diagnosticar más rápidamente y con mayor exactitud si puede ver de qué manera digiere el niño la alimentación recibida. La adecuada y regular actividad intestinal del bebé es, por tal motivo, un proceso del que toda madre ha de estar enterada y debe averiguar, para permanecer confiada o para recelar de un posible desarreglo. Por ello la madre debe saber ante todo qué debe entenderse por digestión «normal», cuándo ha de proceder contra la diarrea o cuándo ha de hacerlo contra el estreñimiento. Con relación a ello sigue siendo importante la distinción entre niños criados a pecho y niños criados con biberón.

Los niños de pecho, aunque estén sanos, a veces no realizan ninguna deposición en todo el día.

Frecuentemente, *los niños de pecho* asimilan tan bien y completamente la leche materna que no realizan ninguna deposición en todo el día. Esto no quiere decir, de ningún modo, que el niño sufra de estreñimiento, sino que demuestra cuán apropiada es la leche materna para las necesidades infantiles. Por otra parte, es muy raro que los niños criados a pecho sufran estreñimiento.

Contrariamente, si un niño criado exclusivamente a pecho llega a evacuar de cuatro a cinco veces cada día tampoco debe ser un motivo de alarma. Las heces del lactante pequeño que toma el pecho tienen una consistencia como de pomada y su color es ocre-amarillento, con un olor poco desagradable. Si la frecuencia de las deposiciones fuera mayor, o si en ellas hubiera mucosidades, o si quedara un halo acuoso en las heces de los pañales, o si hubiese algún cambio en el aspecto general, ya del color, ya de la consistencia o del olor, sin haber cambiado de alimento, habría un motivo de atención o de alarma. Una cosa hay que tener en cuenta sobre el color de las deposiciones; algunos minutos después de que el niño las ha expulsado es corriente que tomen un color verde más o menos intenso, que no debe alarmar porque se debe a que una sustancia normal, procedente de la bilis, llamada bilirrubina, se transforma al contacto con el aire en biliverdina. Es distinto cuando las heces ya son verdes en el momento en que salen porque puede ser indicio del comienzo de una enfermedad intestinal.

En *los niños criados con biberón,* las heces suelen tener la forma de bolitas blandas, que se pueden sacudir fácilmente de los pañales. Varía algo el aspecto y la consistencia de las heces de estos niños, según el tipo de leche que tomen; las leches ácidas y, sobre todo, las que además llevan cereales, suelen dar lugar a excrementos muy duros, con aspecto arcilloso, y pueden ocasionar estreñimiento y molestias abdominales, de modo que a algunos niños hay que cambiarles de alimento; claro que si se observan con cuidado las diluciones y la cantidad de biberón a dar, será poco probable que se produzcan trastornos.

Hay niños que durante los dos o tres primeros meses de su vida hacen una deposición blanda y ruidosa cada vez que toman el pecho o biberón, acompañándose de llanto porque, al moverse el intestino, tienen molestias en el vientre; esto es lo que se llama «cólico del primer trimestre», que no es ninguna enfermedad en sí, sino una manifestación de la falta de madurez que todavía puede tener el niño; al ir desarrollándose el bebé, este trastorno desaparece solo, pero el médico dispone de medicamentos eficaces que ayudan a corregir las deposiciones y, sobre todo, alivian las molestias. Lo normal, en los niños criados con biberón, son de una a tres deposiciones diarias.

Se presenta la sospecha de diarrea cuando el número de deposiciones aumenta (y entonces, en general son acuosas y las heces

Una escena bien conocida por todas las madres. El llanto inconsolable de esta señorita proviene de un dolor de tripa, provocado por algún desarreglo digestivo. Hay que preparar rápidamente el remedio adecuado.

La «dieta de té» en casos de diarrea.

no tienen forma alguna) y también cuando se produce en forma más o menos explosiva un líquido oscuro, de olor nauseabundo. En estos casos, el médico pediatra ordena una «dieta de té», es decir, suprime el azúcar y la leche de las comidas del bebé. Para conseguir un efecto restringente, en lugar de leche y azúcar el niño recibirá cucharaditas de agua de arroz o zumo de limón con té natural muy diluido, que tenga un color amarillo pajizo; si debe ser edulcorado, es preferible hacerlo con una tableta de sacarina, que no es perjudicial para el niño.

Para no excitar a su hijo con esta poción y no quitarle el sueño, la madre ha de cuidar de que el té esté suficientemente hervido, porque sólo de este modo quedan en la infusión las sustancias

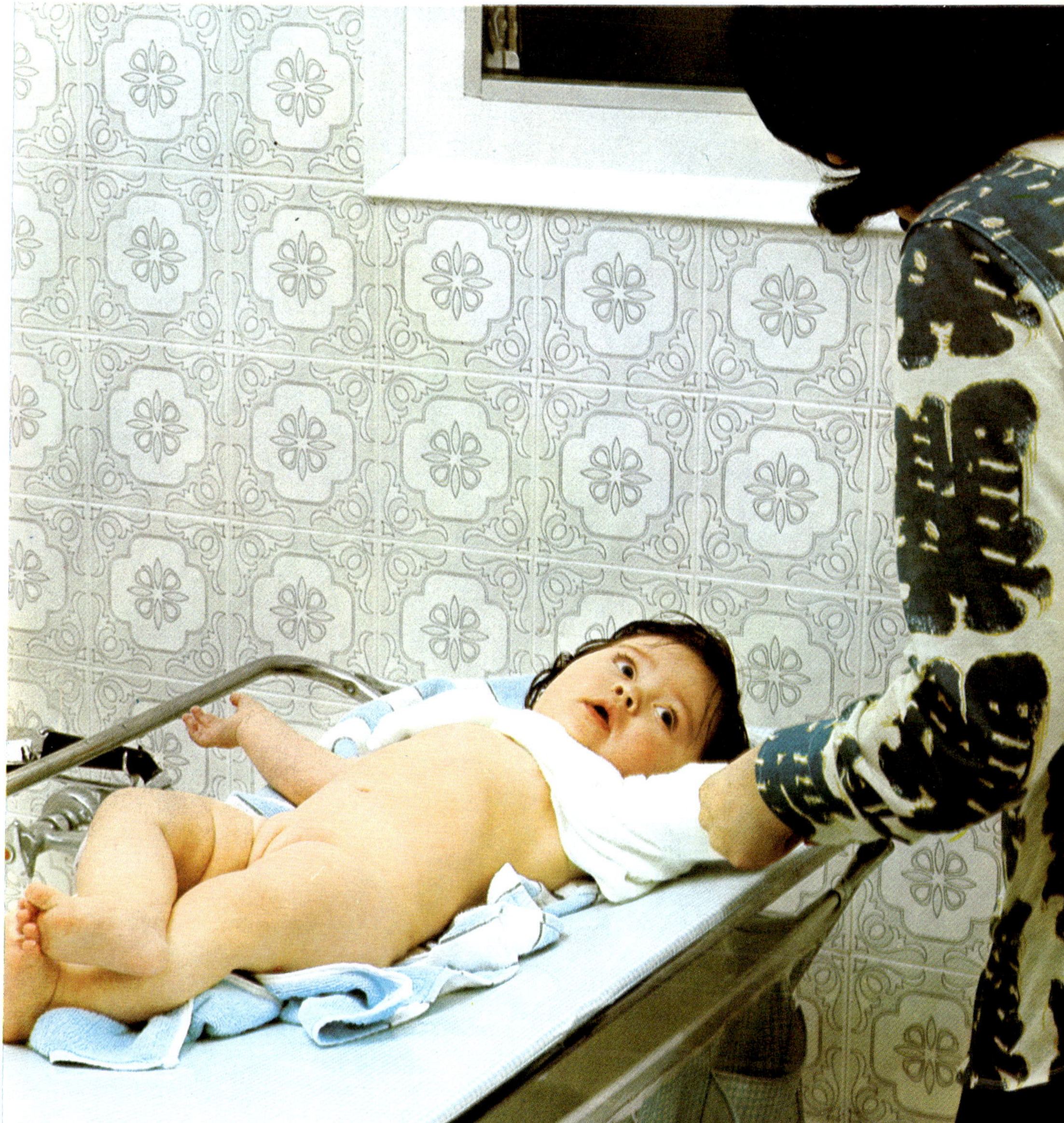

Después del baño, y antes de la cena. La madre ha secado bien a su hija, y ahora se ocupa en vestirla y abrigarla bien. Son trámites que deben cumplirse para que la digestión de la pequeña no corra peligro.

curativas de la planta, mientras que con un hervor demasiado breve sólo se desprenden las que tienen un efecto excitante.

En lugar de té se puede dar agua de zanahorias, más propiamente llamada «sopa de zanahorias», que tiene más ventajas. Se prepara la sopa con medio kilogramo de zanahorias peladas y cortadas en rodajas finas, que se ponen a cocer en dos litros de agua hasta que el líquido se reduzca a la mitad aproximadamente; se machaca la zanahoria y se pasa por un colador o tamiz de paño. Al líquido se le añade una cucharadita de sal.

También se usa mucho el polvo de algarroba, que se expende especialmente preparado para este fin.

El bebé no debe recibir otro alimento que estas bebidas durante 24 horas. Se le debe dar de beber en dosis pequeñas, tan a menudo como sea posible (inclusive por la noche). Para un lactante, el peligro mayor de la diarrea reside, no en la interrupción de la nutrición, sino en la considerable pérdida de líquido, cosa que ha de ser compensada. Es posible que el médico recete esta dieta estricta hasta que pueda volvérsele a dar la comida anterior. Muchas veces, el tratamiento se prosigue con una sopa de zanahoria relativamente salada, para que fije el líquido en el cuerpo, o bien una papilla de arroz, de efecto astringente. Téngase cuidado con la papilla de copos de avena demasiado espesa: en lugar de ser astringente, sirve para aumentar el efecto evacuante.

Lo que una madre atenta cree algunas veces estreñimiento no es, afortunadamente, otra cosa que hambre, mucho menos peligrosa. El niño no evacua y grita porque no recibe suficiente comida, no porque sufra estreñimiento. En tales casos, el remedio se halla fácilmente: aumentar la cantidad de biberón y dar unas cucharaditas de manzanilla.

La papilla especial de copos de avena no es astringente, ¡al contrario!

Si alguna vez el bebé sufriera realmente de estreñimiento, para combatirlo no se le debe dar ni plátano, ni manzana rallada, ni zanahoria. Si se utilizara papilla de arroz como complemento en el biberón, ésta deberá ser sustituida por copos de avena. Si esto no surte efecto, la madre puede añadir una cucharada de lactosa a cada biberón ya preparado y durante tres consecutivos. Deberá esperar dos días para ver el resultado. Si persistiera el estreñimiento, casi siempre podrá solucionarse con dos cucharaditas, de tamaño de las de café, de zumo de naranja dulce, dadas directamente al niño con la cucharilla.

Nunca deben hacerse experimentos con purgas.

Nunca debe intentarse resolver el estreñimiento con supositorios, lavativas o purgas. En las farmacias, estos medios auxiliares para lactantes sólo deberán expenderse bajo receta.

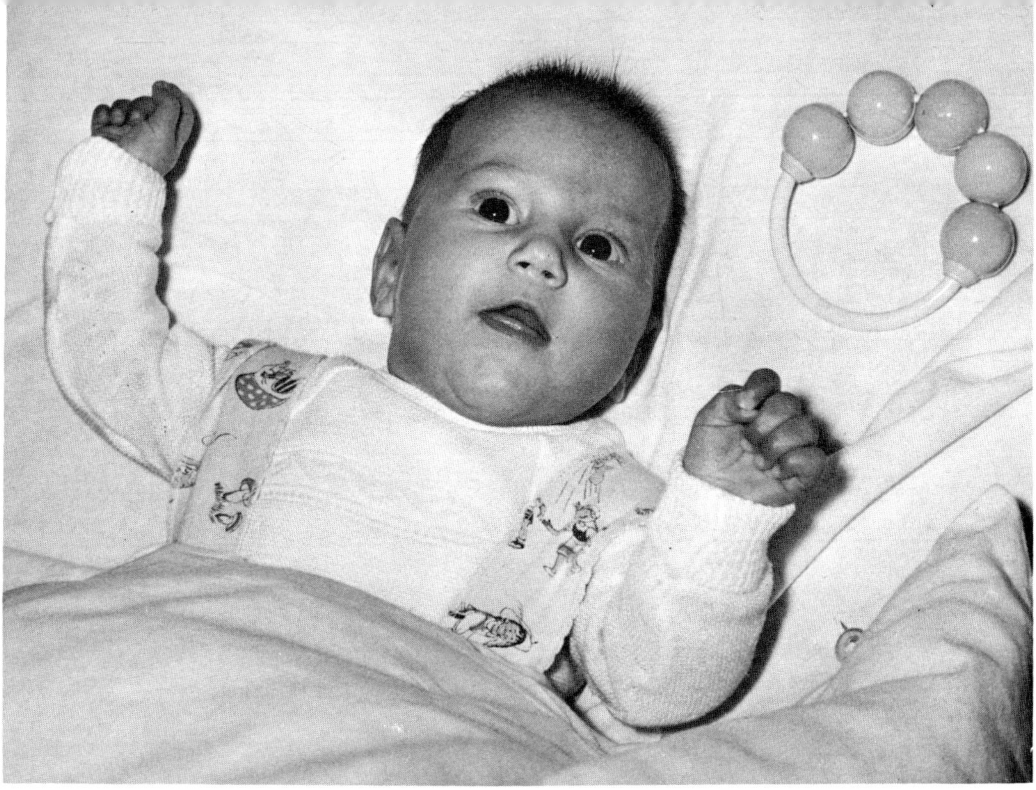

El bebé está tendido boca arriba, con la espalda bien apoyada en un colchón duro; la almohadilla es un simple paño. Así está a gusto, tiene libertad de movimientos y sus huesos se fortalecen.

Así está bien acostado

El recién nacido pasa la mayor parte del día en la cuna o en la cesta. Por ello, es de suma importancia que esté bien acostado y que no pase frío. Sus huesos, todavía demasiado tiernos, podrían deformarse muy pronto.

Por lo que se refiere al equipo para el bebé, ya se indicó antes lo que para la cuna y la cesta se necesitaba.

El colchón debe ser poco blando para que el niño no se hunda, porque podrían producirse deformidades de los huesos, sobre todo de la columna vertebral. Lo mejor es una lámina gruesa de gomaespuma o foamex, sobre un somier rígido, preferiblemente de madera. La lámina de goma se forra con una hoja de plástico blando, y sobre éste se coloca un lienzo normal de colchón, fácil de quitar para lavar. Cubierta la goma de esta forma, no se moja y es fácil

Cuando el bebé está fuera de su cuna, conviene tenerlo en posición horizontal y sujetar con cuidado su cabeza, demasiado pesada para que pueda aún sostenerla por sí mismo.

mantener siempre limpio el colchón. La fibra de crin o de miraguano (kapok), lo mismo que la lana o borra, además de acumular polvo ocasionan con frecuencia problemas de alergia (asma, eccema) en niños predispuestos.

No utilizar almohadillas voluminosas.

No deben utilizarse almohadillas demasiado voluminosas porque, al hundir en ellas su cabeza, el bebé podría no recibir suficiente aire; su grosor máximo ha de ser el de un cojín plano de crin vegetal. Pero lo mejor es colocar simplemente debajo de la

Durante el día, los pañales, la ropa de cama e incluso las pequeñas dimensiones de la cuna impiden que el bebé se mueva a gusto. Es muy estimulante para los niños de corta edad disponer de un rato diario de entera libertad de movimientos, sobre una superficie adecuada; así, vemos cómo disfruta la pequeña «ciclista» de la fotografía.

cabeza del niño una mantilla doblada que, en el caso de quedar mojada por babas, se puede cambiar fácilmente, y por otra parte se puede sujetar con firmeza si, doblada en cuatro, se coloca en forma de faja, trabándola por los extremos debajo del colchón.

Como cobertor, en habitaciones con calefacción o en verano, es suficiente un cubrecama de lana, sobre el que se colocará, en los días más fríos, un edredón ligero. Préstese atención a que el bebé, en su afán de moverse, no se ponga el edredón encima de la cabeza, porque se podría asfixiar al no saber cómo deshacerse de este peso.

En los primeros tiempos, el bebé, cuando está fuera de la cuna o de la cesta, ha de ser llevado en posición preferiblemente horizontal. Su cabecita es todavía un poco bamboleante y hay que retenerla siempre para que no caiga hacia atrás. Descansa mucho más seguro en el hueco del brazo, mientras con la otra mano se le sostiene la nuca. Si en algún momento sólo se le puede sujetar con un brazo, se hará, con el brazo arqueado, por los hombros y la nuca; de este modo la cabeza permanecerá apoyada y el resto del cuerpo del pequeño quedará afianzado entre el antebrazo y el cuerpo de la madre.

La posición correcta para sostener y sujetar al niño.

Así mismo, cuando se le saque de la cuna, una mano debe sostener la cabeza relativamente pesada del pequeño. Cuando se le ponga derecho, después de las comidas, hay que apoyar el bebé contra la parte superior del cuerpo de la madre, para que la cabecita descanse sobre el hombro de ella (una mantilla hará muy bien las veces de «servilleta»). Aun así, una mano debe sostener en todo momento la cabeza del niño, pues debido a su continuo mirar alrededor y a las sacudidas de sus eructos, las vértebras cervicales podrían resentirse. Además, en esta posición no debe estar sentado en la mano, sino que todo el brazo y la mano deben sostener todo el niño. La sujeción y el sostenimiento materno no deben realizarse nunca desde abajo y hacia el dorso del niño, sino desde arriba y alrededor del mismo.

Para un niño muy pequeño, el perneo es sano y estimulante. Por ello no debe impedírsele este placer. También es conveniente que los primeros cuartos de hora de ejercicio corporal se efectúen sobre una superficie adecuada: llana, sólida y acolchada. Puede servir la mesa donde se le viste, si ofrece seguridad de que el pequeño «ciclista» no pueda caerse. Sin embargo, la misma cama será menos peligrosa. Lo mejor es que se divierta de modo natural, sin nada que le pueda estorbar los movimientos, sin camisita ni pantaloncitos, por lo que se debe procurar que exista la temperatu-

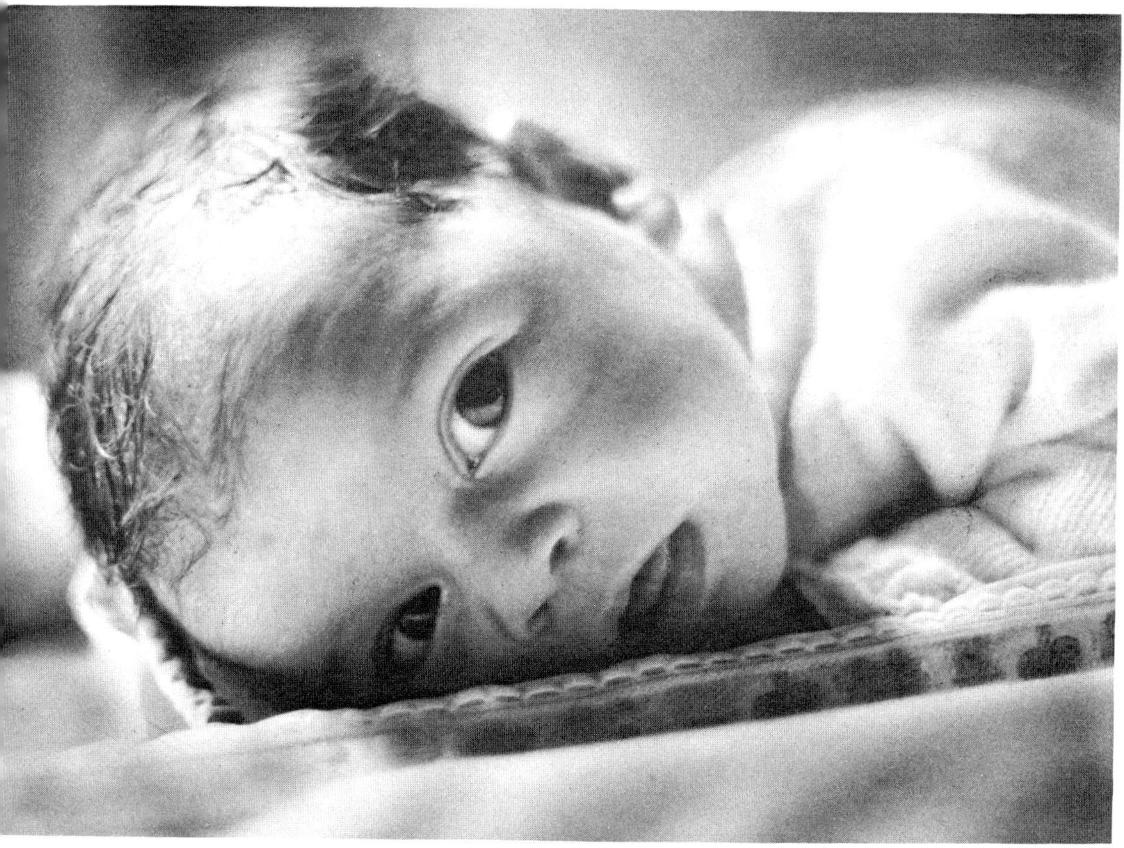

Desde su cuna, el pequeñín espía la llegada de la madre. Tan trascendental es para él, que elige siempre ese mismo lado para dormir. Una solución puede ser cambiar a menudo el sentido de la cuna, de modo que automáticamente varíe la posición preferida.

ra adecuada. En invierno, la temperatura normal de una habitación con calefacción ya será suficiente. En verano, si se le deja pernear delante de la ventana abierta, debe cuidarse de que el sol no dé directamente sobre su cabeza. Normalmente, a las dos semanas de edad el bebé ya da muestras de unas preferencias manifiestas. Por ejemplo, siempre dormirá sobre el mismo lado. Esto puede ser perjudicial para sus huesos, todavía demasiado blandos, y le puede ocasionar deformaciones. La mayoría de las veces, estas preferencias están motivadas porque el bebé se orienta hacia el lado de donde llega a su cuna lo que le es agradable: la luz, los ruidos y, especialmente, la madre. Todo ello se puede solucionar con una

No dejarle que prefiera un solo lado.

Cuando tienen bastante fuerza para sostener la cabeza levantada, muchos bebés prefieren estar acostados boca abajo y curiosear por encima del borde *de la cuna. Cuando el niño duerma, la madre cuidará de que la nariz y la boca no queden tapadas.*

pequeña artimaña: si la madre lo pone a dormir alternativamente en los dos sentidos, dentro de la cuna, el lado «interesante» cambia de posición por sí mismo. Mejor aún sería que la cunita pudiera ser desplazada fácilmente en todas las direcciones de la habitación (como, por ejemplo, un cochecito para niños), y fuera accesible por todos los lados. Entonces no se desarrollaría en el bebé una tal unicidad.

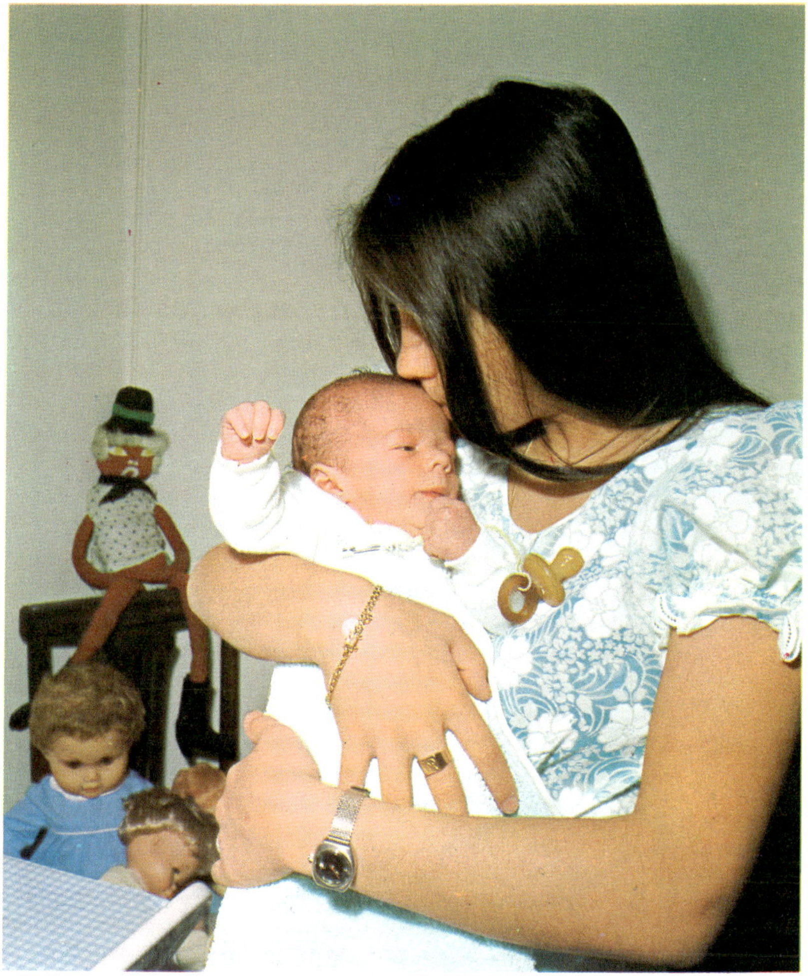

Ciertos lloros o gimoteos del bebé se calman en cuanto la madre le toma en brazos y le susurra tres o cuatro palabras con esa voz que él empieza ya a distinguir. Un par de paseos por el cuarto y un beso zanjarán la cuestión y el bebé volverá a adormecerse, feliz.

Hay niños que prefieren estar boca abajo, acostados sobre el vientre, e incluso en algunos países se ha generalizado la tendencia a adoptar esta posición para el descanso del niño, fundados en no siempre demostrados efectos beneficiosos. No hay inconveniente en permitir esta posición, siempre que se cuide de mantener la cabecita vuelta a un lado, para que el niño no se vaya a asfixiar al taparse su nariz y boca si las apoya en el colchón, y también porque,

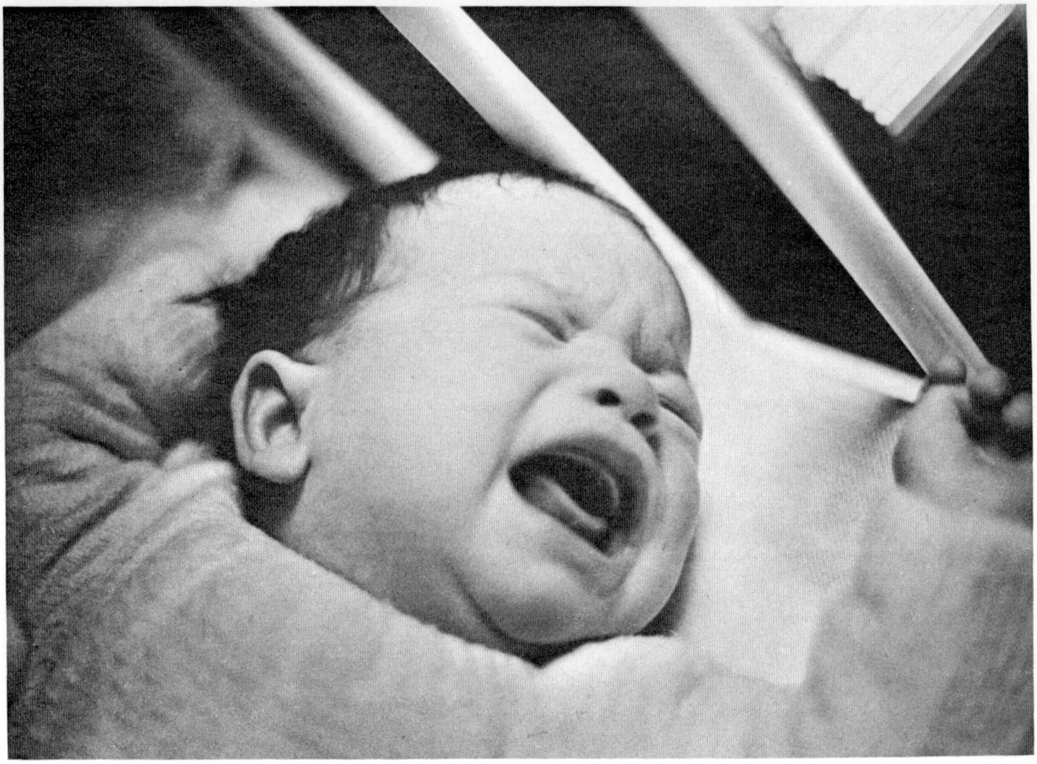

Cuesta trabajo muchas veces averiguar por qué llora el niño. ¿Hambre, frío, escoceduras, dolores? Otra posibilidad, menos alarmante, es que se trate de los «gritos de los tres meses», que se producen regularmente a la misma hora del día y cuyo único remedio es... paciencia.

si tiene algún vómito o eructo, en esa posición expulsará más fácilmente el alimento, sin asfixiarse. Debe cambiarse el lado al que se inclina la cabeza del niño, cada vez que se le acueste.

Lo que siempre hay que evitar es que el niño quede acostado boca arriba, postura que puede ser muy peligrosa si el niño regurgita o vomita.

Por lo demás, la antigua cuna balancín, tan entrañable, ha dejado de estar de moda sin motivo alguno. Los psicólogos han determinado que el moderado movimiento de vaivén de la cuna (no así el movimiento rápido y enervante) hace mucho bien a un recién nacido. Posiblemente le recuerda la silenciosa y balanceante seguridad del seno materno. Pero ¡cuidado!, que pronto se acostumbra al vaivén, y lo exige continuamente.

Y ahora, ¿por qué vuelve a llorar?

Todas las nuevas madres experimentan dificultades para comprender a su hijo durante las primeras semanas. Ello no sucede cuando el bebé queda satisfecho con un arrullo, ni cuando mira a su madre alegre y casi sonriente. Pero tan pronto como el pequeño se pone a gritar, dando así la impresión de que algo le duele, empieza el difícil acertijo de averiguar la causa de la protesta. El primer pensamiento es, casi siempre: ¡hambre! Cuando está cercano el momento de la próxima comida, esta puede ser realmente la verdadera causa. Los pediatras modernos no creen que sea perjudicial adelantar algo la comida, hasta media hora por ejemplo. De esta manera, quizás el bebé vuelva a quedar tranquilo durante un buen rato.

El hambre es una causa frecuente, pero no única, del llanto.

Si el bebé se pone a gritar poco después de la comida, seguramente se tratará de flato o de dolores de vientre que no le dejan descansar y que aliviará un suave masaje. Quizá todavía soltará uno o varios eructos. Esto sucede a menudo si se le levanta unos pocos instantes y se le golpea suavemente en la espalda.

No suele suceder que los pañales húmedos o sucios les produzcan incomodidad: casi todos los bebés se hallan muy bien en su calor húmedo. No es lo mismo cuando el bebé tiene diarrea o una escocedura en la piel desde unos días atrás. En tales casos es prudente ponerle ropa limpia entre dos comidas. Generalmente es mejor lavarle con agua hervida, con gasa estéril o algodón, aplicando después un aceite no irritante o una crema protectora de lanolina.

Muchos niños llevan a sus madres, y a menudo también a sus padres, casi a la desesperación. Lloran a determinada hora del día, durante sus tres primeros meses, sin motivo aparente alguno. En este periodo crecen y se desarrollan, tienen buen apetito y, aparte esta peculiaridad, son los bebés más buenos del mundo. Sus padres no deben envidiar a otros. No hay nada que les pueda ayudar: han de tener conformidad para la «hora de los gritos» de sus queridos hijos, que, en casi todos los casos, empieza, efectivamente, siempre a la misma hora, con una perfecta regularidad. En los EE.UU. llaman a este fenómeno «los gritos de los tres meses» (y tienen la seguridad consoladora de que las quejas desaparecerán, a lo más tardar, tres meses después). Muchos de estos pequeños seres necesitan este periodo para aclimatarse a su nuevo ambiente. Sus sistemas nervioso y digestivo requieren un mayor tiempo que los de otros niños para acostumbrarse a las nuevas circunstancias, tan

La hora de los gritos.

A un bebé despierto le gusta la vida social; juguetea con la madre, y hace rápida amistad con los niños de su edad. Pero quizá, repentinamente y en mitad de sus juegos, rompa a llorar. Es señal de que está cansado, y lo mejor será volverle a su cuna.

diferentes de las de aquellos nueve meses pasados en el seno materno.

Otra causa de la protesta incesante del bebé reside (aunque parezca increíble a muchas madres y abuelitas que tanto le quieren) en un cansancio excesivo. Cierto es que un recién nacido duerme casi continuamente durante las primeras semanas, a excepción de las horas de las comidas y de cambiarle. Pero, para él, a veces estos breves intervalos son demasiado; especialmente si la hermanita y otros seres no menos queridos se ocupan de él a todas horas y quieren divertirle. Hay que procurar que en la habitación del bebé no haya ruido, aunque esté despierto, porque el ruido le excita; las visitas, el televisor y los demás hermanitos, si los tiene, deben estar en otra habitación cuando el niño es muy pequeño. Sus gritos no querrán decir otra cosa, entonces, que esto: «¡Quiero descansar!». Y debería dejársele descansar.

¿Necesidad de descansar o aburrimiento?

Dos semanas después, sus gritos ya pueden significar totalmente lo contrario: el bebé se aburre. Desea entretenerse durante sus largos ratos en vela. ¡Naturalmente, la consecuencia no debe ser que la madre esté constantemente al lado de su cuna! Será suficiente con que se le acerque y le sonría de vez en cuando, le diga un par de palabras cariñosas y le deje algo para que se entretenga mirándolo: un balón coloreado, ligero, puesto al final de la cama, o un objeto móvil que el niño pueda ver fácilmente. Sobre este tema, léase el apartado: «Mucho tiempo, mucho amor, mucha conversación».

También es posible que un bebé grite, simplemente, porque tenga frío. Los experimentos realizados han demostrado que los gritos duplican el esfuerzo muscular del bebé (con lo que también aumenta el calor generado). Si además pernea, el consumo de energía aumenta inclusive en un 200%. Los mayores se mueven rápidamente, corren o se dan golpes en las zonas donde notan frío: el resultado es idéntico.

También el calor puede molestar al niño y hacerle protestar. Muchas madres creen que los niños pasan más frío que ellas y les arropan demasiado, y esto hay muchos bebés que no lo soportan; además, a veces la ropa les aprieta demasiado, bien toda ella, bien en alguna parte del cuerpo, con cintas o fajas innecesarias.

En definitiva, un consejo a las madres es que por mucho que el niño llore no se le debe coger a cada momento, pues pronto llorará porque quiere que se le tome en brazos, convirtiéndose así el «remedio» en enfermedad, emulando el conocido refrán castellano.

¿El pulgar o el chupete?

Siempre se desatan fuertes discusiones en el seno de la familia, y también entre madres competentes, con relación a esta pregunta: ¿es preferible que el niño se chupe el dedo, o es mejor darle un chupete? Los médicos, por su parte, tampoco están demasiado de acuerdo en sus respuestas. Unos son partidarios (por razones de estética o de otra clase) del pulgar. Otros prefieren el chupete por ser más higiénico, ya que se puede hervir (aunque, ¿cuál es la madre que lo hace siempre que lo recoge del suelo?).

El niño necesita chupar.

Los psicólogos han dicho siempre que los niños de corta edad, en su fase oral y también durante los primeros meses de su vida -en los cuales todo lo quieren asir, probar y conocer por la boca- necesita de algo que satisfaga su necesidad de chupar, aun entre las comidas. El niño que mama el pecho satisface cumplidamente su necesidad de succionar, ya que cada vez que lo hace ha de estar unos veinte minutos; en total, unas dos horas cada día. De este pequeño placer se ven privados los niños que toman biberón, porque lo vacían en pocos minutos. Según los psicólogos infantiles, estos niños, igual que necesitan que la madre los mime cada día algunos momentos, tienen necesidad de succionar al menos dos horas cada día, para mantener su equilibrio y buen desarrollo psíquico. Atendiendo a esta recomendación de quienes conocen bien los problemas del desarrollo psíquico, se puede permitir el chupete a estos niños; y también a los criados al pecho, si son algo nerviosos o irritables, porque no cabe duda de que tal utensilio es un buen sedante para el bebé y, desde luego, menos peligroso que cualquier medicamento que se administre con esa finalidad.

Suprimir el chupete a los seis o siete meses no supondrá un gran conflicto.

¿Cómo compaginar esa necesidad psicológica con los problemas higiénicos del chupete? Una solución aceptable es permitirlo solamente durante los primeros meses, no más de seis o siete, cuando la necesidad psicológica es más acusada y cuando, por otra parte, basta un poco de cuidado para mantenerlo limpio, porque será difícil que caiga y se ensucie la goma. Después de esa edad el niño va tomando contacto con el suelo y arrastra el chupete, que es la forma más segura de que esté sucio constantemente. Quitar el chupete a los seis o siete meses no origina ningún conflicto que no sea pasajero; el niño lo echará de menos los primeros días, pero pronto se acostumbrará a no usarlo, si los padres deciden ser rígidos y soportan algunos llantos a horas poco oportunas; los que sigan este consejo se alegrarán, pues cada día que pase será más difícil acostumbrar al niño a no tenerlo

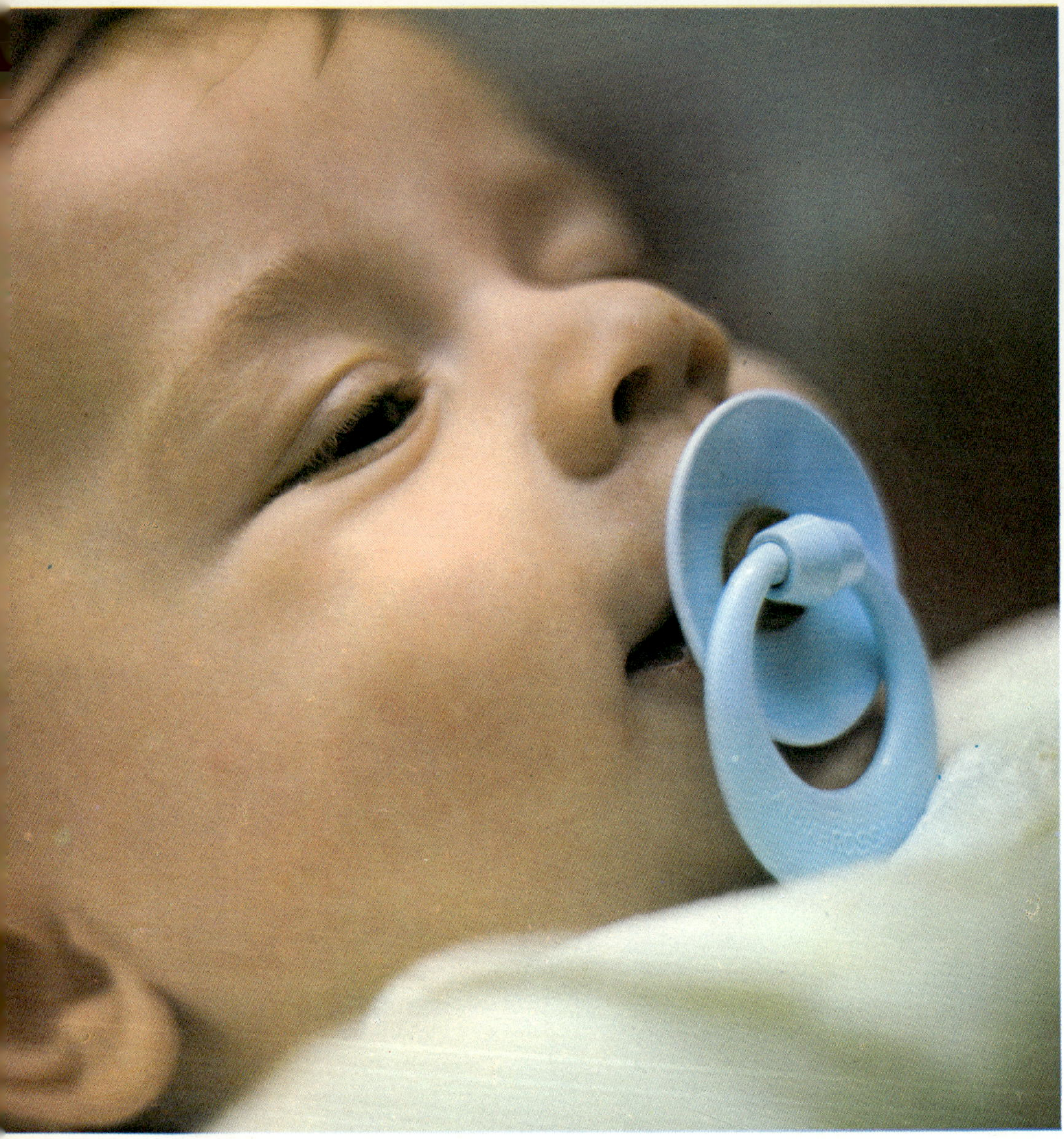

Chupete y pulgar son dos procedimientos para satisfacer la necesidad de chupar que tiene el bebé en los primeros meses. Ninguno de los dos es perjudicial, a menos que se prolongue demasiado tiempo y se convierta en un pequeño vicio.

constantemente en la boca, hasta el punto de constituir un verdadero vicio.

No sujetar el chupete con alfileres ni colgarlo alrededor del cuello.

Una recomendación sobre otros peligros del chupete: no sujetarlo con alfileres, ni aun esos especiales que se llaman de «cierre de seguridad» y no son tan seguros, porque todos los pediatras conocen niños que, jugueteando, han logrado abrirlos con sus manitas, se los han metido en la boquita y los han tragado. Tampoco es recomendable poner el chupete con una cinta alrededor del cuello, por el peligro de estrangulación. Lo mejor es atarlo mediante una cinta a un ojal de la camisita.

Otros bebés utilizan el pulgar para adormecerse y, por lo demás, están contentos y alegres sin nada en la boca; a ellos, breves chupadas al pulgar no les perjudicarán las maxilas. Este peligro sólo aparece aproximadamente en el cuarto año de su vida. En el periodo intermedio, el bebé chupa también todo lo que puede asir: una pieza de su vestido, la suave oreja del animalito de felpa con el que duerme o la manga de su pijama. Esta necesidad desaparece casi siempre al concluir su periodo de lactante. Algunas madres de chupadedos empecinados atan una manga de la camisa de dormir o del pijama encima de la mano que suele chuparse, o untan los dedos del pequeño con mostaza o con algún producto

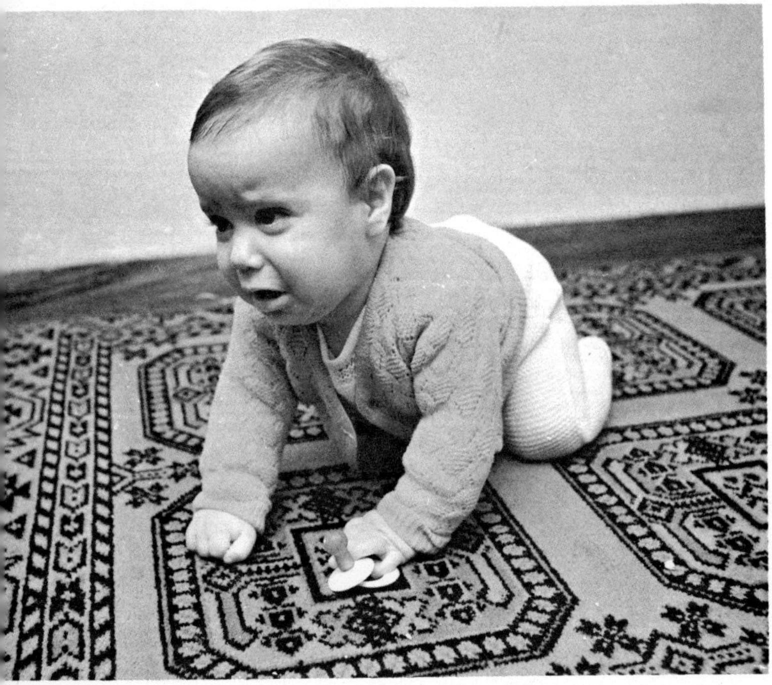

Cuando el niño empieza a gatear, el chupete se arrastrará por el suelo de toda la casa, convirtiéndose en un peligroso transmisor de gérmenes. Conviene que, desde el sexto o séptimo mes, el bebé vaya perdiendo la costumbre de la succión, y al llegar el momento del gateo pueda prescindir totalmente del chupete.

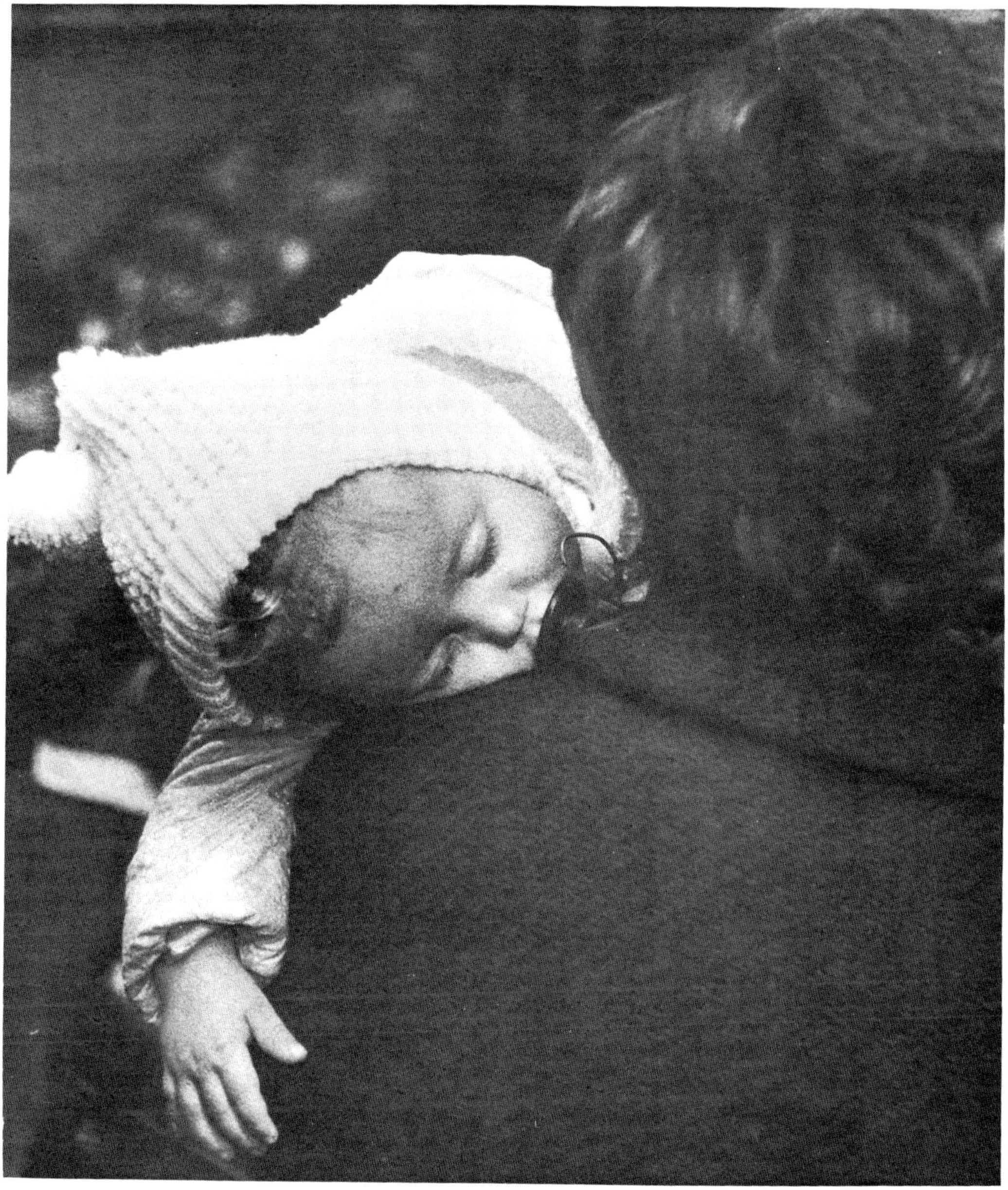

El chupete o el pulgar forman parte, a menudo, de los «ritos de la hora de dormir». Parece que sin ellos, sin palpar una tela suave, etc., el niño no consigue adormecerse. Estos hábitos desaparecen normalmente con el tiempo.

Lino, un personaje de las populares historietas de Carlitos, *sólo se siente seguro chupándose el pulgar y arropado en una mantita de franela. Es frecuente encontrar los mismos motivos psicológicos —desamparo, falta de seguridad— en aquellos niños que, pasados los cuatro años, siguen siendo empedernidos chupadedos.*

Chuparse el dedo a los cuatro años puede ser debido a falta de seguridad o a excesivos mimos.

adquirible en farmacias, para desacostumbrarles de este vicio. Pero cuando un niño de cuatro o más años sigue chupándose el pulgar es debido a motivos sólo psicológicamente aclarables. Las amenazas o castigos de sus padres, que se sienten abochornados, no sirven para nada. A estos niños les falta algo, ya sea el sentimiento de hallar su seguridad en los padres, ya, por el contrario, la sana conciencia de sí mismos, quizá debido a que los padres, con sus mimos continuos, han impedido, sin saberlo, que ella se desarrolle.